ZILDA ARNS
UMA BIOGRAFIA

ZILDA ARNS
UMA BIOGRAFIA

Ernesto Rodrigues

ANFITEATRO

Copyright © 2018 *by* Pastoral da Criança

Direitos desta edição reservados à
EDITORA ROCCO LTDA.
Av. Presidente Wilson, 231 – 8º andar
20030-021 – Rio de Janeiro, RJ
Tel.: (21) 3525-2000 – Fax: (21) 3525-2001
rocco@rocco.com.br
www.rocco.com.br

Printed in Brazil/Impresso no Brasil

Preparação de originais
PEDRO KARP VASQUEZ

CIP-Brasil. Catalogação na fonte.
Sindicato Nacional dos Editores de Livros, RJ.

R612z

Rodrigues, Ernesto
    Zilda Arns : uma biografia / Ernesto Rodrigues. – 1ª ed. – Rio de Janeiro : Anfiteatro, 2018.

    ISBN 978-85-69474-34-0
    ISBN 978-85-69474-38-8 (e-book)

    1. Neumann, Zilda Arns, 1934-2010. 2. Médicos missionários – Biografia – Brasil. 3. Obras da Igreja junto às crianças – Igreja Católica. 4. Obras da Igreja junto aos idosos – Igreja Católica. I. Título.

17-46882   CDD: 926.1
                                                                                                    CDU: 929:61

O texto deste livro obedece às normas do
Acordo Ortográfico da Língua Portuguesa.

SUMÁRIO

Introdução: O gari e a doutora 7
1. Forquilhas 13
2. Vida e morte em Betaras 29
3. A mesa no corredor 43
4. Lições do chão 64
5. Mistura explosiva 83
6. Namoros do Planalto 103
7. O preço da vitrine 127
8. Perdas e rumos 148
9. Cruzadas 172
10. Testamentos 194
Epílogo: A dona dos lírios 207
Entrevistados 219
Zilda Arns Neumann 223

INTRODUÇÃO

O GARI E A DOUTORA

No último fim de tarde que passou no Brasil, antes de sucumbir nos escombros do anexo de uma igreja de Porto Príncipe, num dos mais devastadores terremotos da história, Zilda Arns Neumann conversava com a nora Lycia na frente da casa da família na praia de Betaras, litoral do Paraná, quando se deu conta de algo que seu perfeccionismo não perdoava.

A equipe de garis do caminhão de limpeza urbana que acabara de passar deixara de recolher garrafas e outros materiais recicláveis que Zilda, propositalmente, tinha deixado separados, sob o cesto metálico fincado no passeio em frente à casa. E Zilda não hesitou em sair correndo atrás do caminhão:

– Espera, espera, espera!

O caminhão parou e um dos garis se aproximou, perguntando o que tinha acontecido.

– Eu tenho mais lixo lá em casa. Você pode fazer a gentileza de pegar?

Zilda nem se preocupou com a resposta, certa de que seria atendida. Mas não foi bem assim:

– Eu posso, sim, senhora, mas com uma condição...

Zilda não era, definitivamente, uma pessoa que, contrariada, costumasse sacar da soberba a conhecida pergunta sobre se o contrariante sabia com quem estava falando. Ficou apenas surpresa:

– Como assim?
– Eu pego o lixo desde que a senhora tire uma foto comigo.

Nova surpresa de Zilda.

– Mas você sabe quem sou eu?
– Claro! A senhora é a mulher que cuida das crianças do Brasil.

Àquela altura, aos 75 anos de idade, Zilda Arns não era política, não tinha cargo público, não trabalhava na televisão, não cantava profissionalmente e nem tinha assessores encarregados de passar notinhas para as colunas de imprensa. Não entrava, também, na lista de *top trends* das redes sociais da época.

Não foi possível saber o que exatamente o gari de Betaras queria dizer, quando se referiu a Zilda como a mulher que cuidava das crianças do Brasil. O que se podia dizer é que, naquele janeiro de 2010, a fundadora e líder maior da Pastoral da Criança realmente cuidava de aproximadamente um milhão e 350 mil crianças brasileiras, através de mais de duzentos mil líderes, capacitadores e voluntários espalhados por quase quatro mil municípios.

Não se sabe, também, se o gari sabia que Zilda Arns Neumann desempenhara um papel fundamental na mobilização da sociedade para acabar, praticamente, com a subnutrição e, em duas décadas, reduzir a mortalidade infantil brasileira para padrões europeus. Mais exatamente, de noventa a cem mortes em cada cem mil crianças nascidas para menos de 15 mortes por cem mil nascidos.

Os ex-presidentes José Sarney, Fernando Collor, Itamar Franco, Fernando Henrique Cardoso e Luís Inácio Lula da Silva, por exemplo, sabiam.

Talvez por esse motivo tenham acompanhado, com respeito cuidadoso, a peregrinação de quase três décadas de Zilda Arns por ministérios, conselhos e outros órgãos públicos, em busca de verbas para as mães e crianças do Brasil esquecido das periferias e de apoio para políticas públicas cidadãs.

Presidentes, ministros, senadores e deputados sabiam que a irmã do cardeal Dom Paulo Evaristo Arns não batia às portas do poder em Brasília com um pires na mão, pedindo favores. Com todo respeito, ela exigia direitos. Nas palavras do ministro petista Gilberto Carvalho, Zilda não precisou fazer média com governo algum para garantir repasses anuais em torno de 20 milhões de reais para os projetos da Pastoral.

Na outra extremidade do poder político, ela foi implacável com prefeitos e vereadores que usavam a distribuição de cestas de comida para extorquir votos de eleitores miseráveis, de quatro em quatro anos. E libertou centenas de comunidades desse tipo de política, com uma mistura de religião e informação lastreada na ciência e em pesquisas. Para espanto de muitos teóricos de esquerda que tentaram decifrá-la.

Zilda também causou espanto entre especialistas de gestão pública, ao separar os benefícios do voluntariado dos riscos do voluntarismo, formando um exército de milhares de líderes comunitários cuja eficiência o Estado brasileiro jamais conseguiu igualar. Mesmo pagando salário para outro exército ainda maior, o dos agentes comunitários do Ministério da Saúde.

Esse tipo de desempenho, nas barbas do poder público, rendeu a Zilda Arns e à Pastoral da Criança muita admiração e generosos recursos de altos executivos e de empresários como, por exemplo, Jorge Gerdau Johannpeter. Não por acaso, a Pastoral da Criança se tornou a organização não governamental mais apoiada pela maior emissora de televisão do país durante três décadas.

De um lado, Zilda provou, para os espantados sanitaristas com os quais se aliou para construir o Sistema Único de Saúde, o SUS, que nem sempre é preciso ser um servidor público para servir o público. De outro, viu-se obrigada a convencer bispos e cardeais conservadores da Igreja de que é, sim, missão do católico promover a vida em abundância, antes que todos passem desta para uma melhor.

Zilda também sacudiu dogmas, procedimentos consagrados e o culto à complexidade de poderosos setores da pediatria brasileira: adotou, nas frentes de trabalho da Pastoral, soluções simples, baratas e, acima de tudo, rápidas como o soro caseiro, no tratamento e prevenção da diarreia e de outras doenças que enchiam os cemitérios brasileiros de cruzes brancas e pequenos caixões.

Católica fervorosa e quase freira na juventude, cercada por todos os lados de irmãos, irmãs, primas e primos religiosos e brilhantes, Zilda criticou e foi criticada pelos dois lados do espectro moral e ideológico da sociedade.

De um lado, enfrentou a oposição de cardeais conservadores ao olhar científico e realista com que encarou a questão dos métodos contraceptivos. De outro, não hesitou em colecionar críticas de feministas, intelectuais e de parte da comunidade científica por sua luta vigorosa contra o aborto, em todos os fóruns e instâncias que frequentou, sem medo de ser solenemente derrotada.

Zilda aceitou que uma multidão suprapartidária de brasileiros articulassem oficialmente sua candidatura ao Nobel da Paz, a partir da premissa de que ela e a Pastoral da Criança estavam começando a repetir, em mais de vinte países, os prodígios de saúde pública obtidos no Brasil. O comitê do Nobel da Paz achou que não era o caso.

Pouco tempo depois da tragédia do Haiti, os católicos da arquidiocese de Curitiba passaram a defender que fosse protocolado, na Congregação para a Causa dos Santos, no Vaticano, um processo de beatificação para colocar Zilda no panteão dos poucos santos brasileiros.

Por envolver um caso raro de beatificação e canonização de leigo, o processo é ainda mais complexo e demorado que o normal: exige apoio de um número expressivo de bispos, inclui pesquisa do que o Vaticano chama de "moral doméstica", além das habituais "virtudes heroicas", exame de tudo o que ela disse e escreveu, entrevistas com testemunhas contra e a favor e até exumação para confirmar o local onde estão os restos mortais.

Católicos de todas as flexibilidades, ateus, evangélicos, muçulmanos, judeus, anglicanos, umbandistas, líderes indígenas e outras pessoas que conheceram e admiraram Zilda Arns, de presidentes da República a humildes voluntários da Pastoral da Criança, não precisaram esperar a decisão da Congregação para a Causa dos Santos para conferir a Zilda, cada um a seu modo, algum tipo de santidade. E milagres terrenos como, por exemplo, o de atravessar, incólume, com todos os sinais de dignidade preservados, o mundo da política e do poder.

Longe da vida pública, Zilda viveu a dor e a solidão de ficar viúva de Aloysio ainda jovem, com cinco filhos para criar, no padrão dos antepassados alemães que colonizaram o sul de Santa Catarina com fé cristã, devoção ao trabalho, muita disciplina e um compromisso obsessivo com os estudos. Mais tarde, sofreu a dor de uma tragédia ainda maior, ao perder a filha com quem começava a se entender melhor.

Os filhos Rubens, Nelson, Heloísa, Rogerio e Sílvia perceberam, desde cedo, que teriam de dividir Zilda com a medicina, a Igreja, as crianças desnutridas e as mães desamparadas do Brasil, não necessariamente nesta ordem. Aprenderam a conviver com esta condição. E deram netos que Zilda amou com exagero e despudor, como convém a toda avó, ou *oma*.

Zilda, a bela filha de Gabriel e Helena Arns que todos em Forquilhinha conheciam como Tipsi, começou na medicina brincando de ser médica. Depois, sonhou ser freira missionária na África, mas acabou casando e ficando no país, para a sorte de milhões de crianças brasileiras.

Como diria o gari da praia de Betaras.

1

FORQUILHAS

Seis décadas antes do terremoto de Porto Príncipe, na tarde do dia 6 de janeiro de 1951, Zilda, então com 16 anos, tinha escapado por pouco da morte quando um raio atingiu as casas da família Arns na cidade de Forquilhinha, no extremo sul de Santa Catarina. Uma tia de Zilda, Ana Arns, mãe de sete filhos, morreu instantaneamente quando o raio atravessou a cozinha de sua casa, no momento em que ela amamentava o filho caçula. Zilda e outros parentes que estavam nas casas próximas foram apenas jogados ao chão pelo deslocamento de ar.

A tragédia não impediria que Zilda passasse o resto da vida proclamando o orgulho de ter o umbigo enterrado em Forquilhinha. Muito menos que os Arns atravessassem o século XX sempre fisicamente muito próximos uns dos outros e unidos de forma visceral pela rigorosa disciplina dos colonizadores alemães e, acima de tudo, pela fidelidade absoluta aos princípios da Igreja Católica.

Na lembrança do Leonardo Ulrich Steiner, um primo de Zilda que se tornou frade franciscano, doutor em filosofia e secretário-geral da Conferência Nacional dos Bispos do Brasil (CNBB) eleito em 2011, a própria origem de Forquilhinha se confundia com a de uma obra religiosa:

– Quando as primeiras famílias cresceram, a primeira preocupação da comunidade foi enviar um jovem para o Colégio Santo Antonio, em Blumenau, para que ele se tornasse professor da comunidade. Professor e catequista.

Felippe Arns, engenheiro e irmão de Zilda, que espalhou dezenas de pontes rodoviárias e edifícios pelo sul do Brasil, lembra que o pai, Gabriel, tinha orgulho do modelo de organização comunitária que ele e outros pioneiros construíram na confluência, ou forquilha, dos rios Mãe Luzia e São Bento:

– O pai sempre dizia: quando você quer uma pessoa diferente, especial, vá às comunidades pioneiras. Lá você vai encontrar futuros padres, futuras freiras.

Números?

Em balanço feito em 2014 pela religiosa Beatriz Hobold, uma das filhas de Ana Arns que sobreviveram ao raio que atingiu o conjunto de casas da família em 1951, a quantidade de religiosos nascidos em Forquilhinha – três bispos, 58 padres e mais de cem irmãs de caridade – poderia até ser comparada, guardadas as proporções, à de padres e freiras cidadãos residentes nos 44 hectares do Estado do Vaticano.

Considerando apenas a casa de Gabriel e Helena Arns, a taxa de religiosos só não foi de proporções igualmente vaticanas porque, além de Paulo Evaristo, futuro cardeal, de Frei Crisóstomo e das freiras Hilda, Helena – nome religioso de Laura – e Maria Gabriela – nome religioso de Olívia –, o casal teve outros oito filhos, incluindo Zilda. O que não quer dizer, porém, que os filhos não religiosos tenham se tornado ovelhas desgarradas do rebanho de Jesus Cristo.

Nos anos 1940 e 1950, infância e juventude de Zilda, até mesmo o jogo de futebol e as reuniões de canto e dança que agitavam as manhãs e tardes de Forquilhinha, à época apenas um distrito de Criciúma com pouco mais que cem residências, só podiam acontecer depois que homens, mulheres e crianças se reuniam para a missa e para o ritual da "Bênção do Santíssimo".

Nas palavras de Dom Leonardo Steiner, Forquilhinha também "procurava ser Igreja" na assistência social e econômica. Para Flávio Arns, sobrinho de Zilda que fez carreira como deputado e senador, chegando a vice-governador do Paraná, um exemplo desse compromisso além da oração era o fato de não existirem órfãos no povoado. Se os pais morressem ou faltassem, os filhos, segundo ele, eram imediatamente adotados pela comunidade, qualquer que fosse o tamanho da família.

Eixos

Quando Zilda nasceu, em 25 de agosto de 1934, já fazia mais de cem anos que os antepassados alemães originários de Mosela tinham chegado ao porto do Desterro, hoje Florianópolis, e menos de cinco décadas que os Arns, os Back, os Berkenbrock, os Boeing e outros pioneiros tinham se deslocado de lá para as planícies próximas ao rio Mãe Luzia, que hoje corta o município de Forquilhinha.

Gabriel Arns, mesmo sendo líder do chamado "Grupo dos 12", formado pelos fundadores do povoado, e dono da casa em cuja porta todos batiam antes de qualquer decisão importante da comunidade, não era de muita conversa. Dom Paulo Evaristo, quase um século depois, confessaria não se lembrar de nenhuma conversa transcendental com o pai. Mas Zilda jamais se esqueceu de uma frase dita por ele, com o dedo indicador martelando suavemente o canto da testa:

– O que a gente tem na cabeça ninguém tira!

As lembranças de Zilda sobre a infância em Forquilhinha só confirmariam a enorme importância que o patriarca dos Arns dava à educação. A começar pelas filas que ela havia de respeitar, sempre depois das missas, para pegar e devolver livros na pequena biblioteca que os pioneiros já tinham montado no povoado muito antes de ela nascer. E uma carga horária de estudos que ela fazia questão de classificar como "padrão Alemanha": aulas na parte da manhã, almoço em casa e volta à escola na parte da tarde para reforço escolar, música, arte, coral e esporte, tudo com orientação de freiras especializadas.

Como Irma morreu pouco depois de completar 1 ano de idade, o agricultor Max, o sétimo a nascer, acabaria sendo o único dos treze filhos de Gabriel e Helena que não faria faculdade. Frei Crisóstomo e Dom Paulo Evaristo se formaram em letras e filosofia, Oswaldo chegou a reitor da Pontifícia Universidade Católica do Paraná, Felippe e Bertoldo fizeram engenharia, Zélia se tornou bióloga, Zilda médica e as irmãs Hilda, Olívia, Ida, Laura e Otília escolheram ser professoras, profissão que o pai indicava sem hesitar como a mais adequada para as meninas.

Nada mais natural em uma comunidade na qual "a primeira construção, antes de qualquer casa, foi uma igreja, e a segunda, uma escola", como a jornalista Dorrit Harazim observaria muito tempo depois, ao dirigir um documentário sobre a vida de Zilda. Dorrit também percebeu que a vida daqueles brasileiros do extremo sul de Santa Catarina se balizava em quatro eixos: fé, família, estudo e trabalho.

O eixo trabalho começou a valer para Zilda por volta de 1940, quando tinha 5 anos. A revelação, feita por ela, décadas depois, em uma entrevista ao programa *Roda Viva*, da TV Cultura de São Paulo, de que já naquela idade acordava às cinco da manhã para "segurar o rabo das vacas" e ajudar os mais velhos na ordenha, seria condenada como "apologia do trabalho infantil" por alguns integrantes do Conselho Nacional dos Direitos da Criança e do Adolescente (Conanda). A própria Zilda, no entanto, explicara na mesma entrevista:

– Não me prejudicou. A gente tinha aquela responsabilidade desde pequeno, de colaborar na casa, sem prejudicar o estudo e o lazer. E nós brincávamos demais, nós líamos muitos livros!

E não eram apenas livros e outras rotinas estudantis. Hilda, a irmã mais velha, ainda se lembrava, extasiada de alegria, em 2014, aos 88 anos, de ter ensinado Zilda a nadar, em idas quase diárias que eram "uma gargalhada só" às margens então límpidas do rio Mãe Luzia.

Mal sabiam os conselheiros do Conanda que os irmãos de Zilda, também desde os 5 ou 6 anos de idade, já trabalhavam na olaria de Gabriel Arns, ajudando na preparação dos tijolos para a secagem no forno ou fazendo viagens a cavalo entre Criciúma e Forquilhinha.

Sete décadas e muitas pontes e prédios depois, o engenheiro Felippe Arns brincou com o fato de ele, o primogênito Heriberto, futuro Frei Crisóstomo, e os outros irmãos terem sido "mão de obra barata" na olaria do pai, mas não deixou dúvidas de que tinha orgulho da educação que recebeu, ressalvando:

– Às vezes a gente gostaria de brincar um pouco mais, mas sempre havia hora pra tudo.

Da mãe Helena, Zilda guardou a "voz lindíssima" que ela conservou até quase os 80 anos, a paixão pela dança, noções básicas para tocar um pouco de gaita e violino nas noites de música da casa dos Arns, habilidade de parteira e uma frase que, além de eixo complementar da vida daquelas famílias de Forquilhinha, foi uma espécie de senha para a revolução que Zilda promoveria na saúde pública brasileira na segunda metade do século XX:

– Onde entram boa comida e sol dentro de casa, não entra médico.

Mesmo ouvindo o pai manifestar o desejo de vê-la se tornar mais uma integrante da pequena legião de professoras da família, Zilda se lembrava de não ter conseguido esconder o entusiasmo ao começar a acompanhar a mãe nas jornadas de parto pelo povoado.

Até então, os olhos verdes, as tranças louras e o sorriso radiante eram inspiração de um apelido que acompanhou Zilda Arns pelo resto da vida, sempre que estava em família: Tipsi, ou bonequinha, em alemão. Sem medo de melindrar as outras irmãs, Dom Paulo Evaristo considerava Tipsi a "mais fotogênica de toda a família". E a partir do momento em que ela começou a dar o ar da graça nas casas de Forquilhinha, auxiliando Helena no trabalho com mulheres à beira de dar à luz, surgiu outro apelido: Parteirinha.

Para o irmão Felippe, um exemplo de como a Parteirinha "sempre foi uma menina diferente" aconteceu quando o arcebispo de Florianópolis visitou Forquilhinha. Nesse dia, então com apenas 6 anos de idade, a mulher que décadas depois mobilizaria plateias de milhares de mães, voluntários e líderes comunitários dos quatro cantos do Brasil não teve medo de se expor e declamou uma poesia de uma forma que ele classificou de "encantadora".

Felippe também se lembra de a irmã ter escrito, aos 10 anos de idade, um pequeno livro. Se ele tinha ou não mais revelações e pensamentos de Zilda Arns sobre seus primeiros anos de vida, é difícil saber. Até porque, por senso crítico ou timidez da autora, o livro, segundo ele, "ficou no papel".

Inimigos

Hilda Arns, ao lembrar as divertidas aulas de natação que dava para Tipsi nas águas do rio Mãe Luzia, descreveu aqueles dias como "tempos de um Brasil manso, diferente e gostoso". E foi assim, segundo ela, até agosto de 1942, quando Forquilhinha começou a viver o que Frei Crisóstomo descreveria, anos depois, como "um ambiente de medo e terror", a partir da prisão do tio e professor Jacob Arns, do alfaiate Richard Steiner e de um alemão nato chamado Papior.

Dias antes das prisões em Forquilhinha, o torpedeamento de seis navios mercantes brasileiros por submarinos alemães ao longo da costa brasileira tinha precipitado a entrada do país na Segunda

Guerra Mundial, ao lado dos aliados, e a eclosão, em vários estados, de violentas manifestações da população contra pessoas e estabelecimentos comerciais que tivessem alguma ligação com os países do Eixo.

No calor da indignação popular, o Estado Novo de Getúlio Vargas, então impregnado do álibi nacionalista, se dava conta da existência daquelas populações às quais, um século antes, o governo entregara terras a explorar, sem maiores preocupações de integrar ou enquadrar os imigrantes aos sistemas legal e educacional vigentes. Não foi difícil, então, no rastro da tragédia dos náufragos brasileiros, promulgar uma série de medidas restritivas, entre elas a chamada "Lei da Fronteira", que dava total autonomia para as autoridades policiais e militares agirem no controle e na repressão às colônias alemãs e italianas no Brasil.

Gabriel Arns também seria preso no mesmo dia da incursão policial a Forquilhinha, mas já tinha fugido e se escondido quando invadiram sua casa à procura dele e de um suposto material de propaganda nazista. O pai de Zilda, sabendo que as autoridades não vinham demonstrando a menor preocupação em separar o que era alemão do que era nazista, tinha botado fogo nas revistas e livros que recebia regularmente da Alemanha.

Os policiais que invadiram as casas de Forquilhinha naquele dia, de acordo com o que sugere uma pesquisa de João Henrique Zanelatto, doutor em História da Universidade do Extremo Sul Catarinense, estavam sob a forte influência de relatórios das autoridades policiais da época, que consideravam a quase totalidade dos imigrantes alemães e seus descendentes "sob o controle do nazismo" e conspirando "sistematicamente" para a criação de um Estado independente sob o controle de Adolf Hitler.

Relatos menos paranoicos indicam, no entanto, que, da população de um milhão de teuto-brasileiros da época, então equivalentes a 2,5% da população total do país, no máximo 3.100 pessoas ingressaram efetivamente na filial do partido nazista alemão que foi fundada e andou exibido suásticas, bandeiras e hinos entre imigrantes alemães e seus descendentes que viviam em Blumenau, no Vale do Itajaí e no norte de Santa Catarina. No sul catarinense, que inclui Forquilhinha, não se encontrou nenhuma evidência histórica da organização do partido.

Nos dias que se seguiram à prisão de Jacob Arns, no entanto, Helena e os filhos tiveram de se entregar a um sofrido mutirão para dar sumiço a outros livros e objetos que comprovavam as origens germânicas da família. Daquele agosto em que completou 8 anos de idade, Zilda guardou lembranças que ficaram registradas num dos livros que escreveu:

"Vi, muitas vezes, minha mãe chorando e jogando livros e revistas escritos em alemão no forno de assar pães. Uma noite, ela me disse que deveria aproveitar a lua nova, noite escura para que ninguém nos visse, para enterrar o gramofone em buraco no mato, junto com outros cem discos maravilhosos."

Felippe Arns tinha 14 anos de idade na época das prisões. Em 2014, depois de ressaltar que o pai já fazia parte da terceira geração de descendentes brasileiros dos pioneiros alemães que haviam desembarcado em Florianópolis em 1847, ele ainda considerava "terrível" o fato de uma parte da história de Forquilhinha se perder para sempre "porque não podia existir nada em alemão":

– Foi uma pena porque minha mãe tinha muitos livros, inclusive de medicina e de homeopatia, que ela usava para tratar da comunidade.

Irmã Helena, então com 18 anos, guardou para sempre um momento para ela especialmente triste daquele mutirão. Foi quando a mãe pensou em correr o risco de manter em casa um livro de medicina e outro de orações, ambos muito usados pela família. Helena Arns acabaria desistindo quando um dos filhos advertiu:

– Mãe, é o pai ou esses livros...
– Leva, leva, então. O pai não pode ir para o campo de concentração em Florianópolis.

Em Santa Catarina, de acordo com a historiadora Marlene de Fáveri, os detidos na caça aos imigrantes e descendentes de alemães e italianos eram levados ou para o presídio político Oscar Schneider, em Joinville, ou para o presídio da Trindade, em Florianópolis. Apesar do nome idêntico aos congêneres alemães, as pesquisas históricas indicam que, nos 31 campos de concentração mantidos no Brasil durante a guerra, houve mais confinamento e humilhação do que violência, tortura ou morte.

Jacob Arns, por exemplo, chegou ao presídio da Trindade sob as vaias e ofensas de uma multidão formada por alunos e professores convocados na rede estadual. Ali conviveu com outros suspeitos como o austríaco Herbert Gustav Erich Molenda, morador de Florianópolis que ficou preso seis meses por cantar a música "Noite Feliz" em alemão. Menos de um ano depois da prisão em Forquilhinha, Jacob Arns voltaria para casa com trinta quilos a menos e um grave problema na coluna do qual jamais se livraria.

Em maio de 1945, a guerra acabou e o Brasil de Forquilhinha começou a recuperar a mansidão que tanto marcara a juventude de Tipsi. Mas Gabriel, Helena e os filhos ainda tiveram mais uma tristeza quando foram ao trecho de mata próximo da casa onde tinham enterrado o gramofone e as dezenas de discos de música alemã.

Tudo estragado.

Teste vocacional

Zilda Arns já sonhava em ser médica em dois cenários profissionais que não saíam da imaginação por volta de 1950 quando, aos 16 anos de idade, morava com os irmãos em uma casa em Curitiba. Nas duas situações, porém, ela não estava usando jalecos luminosos em consultórios médicos impecáveis equipados com instrumentos forjados em fino aço inoxidável alemão.

Num dos sonhos, lembrado por Zilda no discurso em que recebeu o Prêmio Woodrow Wilson, em 2007, ela se via lutando contra doenças e más condições de vida de famílias pobres às margens do rio Amazonas, "curando pessoas em camas que vibraram com o tremor provocado pela malária". Exatamente como num filme a que tinha assistido na biblioteca dos padres franciscanos de Curitiba.

Outro futuro profissional não menos "apaixonante" que a fascinava, também conforme outro filme que tinha visto, era o de um dia poder trabalhar nas favelas que à época já existiam no Rio de Janeiro, "curando dos vermes as crianças descalças e desnutridas que brincavam em poças de água".

Nesta época em que ela ainda apenas sonhava em ser médica, a vida na casa simples de madeira que Gabriel Arns mandara construir em 1947 para os filhos num terreno da rua Ângelo Sampaio, no bairro curitibano de Água Verde, não deixava de ser, segundo Felippe Arns, uma extensão do sistema e da filosofia que imperavam na casa dos pais, em Forquilhinha.

Gabriel, que não tinha passado mais de dois anos na escola, queria ver todos os filhos na faculdade, mas era basicamente um agricultor e não tinha condições de bancar, sozinho, os estudos dos dois rapazes e das seis moças que mandou para aquela casa. Não foi difícil, porém, para o patriarca, convencer aqueles jovens de que todos teriam de trabalhar e de dividir responsabilidades. Há muito eles já dominavam tarefas como segurar o rabo das vacas, preparar tijolos para os fornos de olarias e percorrer a cavalo longas distâncias, a trabalho.

Na lembrança de Zilda, a vida na casa dos Arns em Curitiba era uma sucessão intensa de atividades que incluíam, além do preparo das refeições e da limpeza e arrumação dos cômodos, torneios de tênis de mesa, criação de galinhas, plantio de horta, verduras e cultivo de flores. Sem contar as aulas de música que Hilda dava aos interessados, Zilda inclusive, num piano de segunda mão que Gabriel concordou em comprar para os filhos.

Até então, Zilda vinha percorrendo o caminho desejado pelo pai. Fora matriculada no Colégio da Divina Providência, uma escola só para meninas dirigida por uma congregação religiosa de origem alemã inteiramente alinhada com os princípios morais e éticos dos pioneiros de Forquilhinha: prioridade absoluta para o ensino religioso e um profundo envolvimento com campanhas humanitárias, à época voltadas para os flagelados alemães da Segunda Guerra Mundial e as vítimas da seca do Nordeste brasileiro.

A medida do rigor das regras no Divina Providência, Zilda daria muito tempo depois a Dorrit Harazim, com a ressalva de que aquela disciplina fazia parte da cultura de sua família e de que "quando faz parte da cultura não machuca".

"Quando chovia, a gente levava sapato e meia limpos numa sacola de pano, e calçava sapato de andar no barro até perto da escola. Depois, trocava um pelo outro para poder entrar com o uniforme impecável, senão tinha de voltar para casa."

Gabriel Arns foi o último a ser informado que Tipsi queria ser médica. A mãe Helena, ela própria médica por vocação e testemunha da desenvoltura da pequena assistente nos partos de Forquilhinha, tinha apoiado na hora. Mas todos sabiam que o pai gostava de dizer, especialmente para as filhas, que "a educação é o que mais falta a este mundo e é o que tem o maior poder de transformá-lo". O irmão Paulo Evaristo, muitos anos depois, resumiria o impasse:

– O pai que não queria que ela fosse médica. Advogada era o máximo que ele aceitaria. Então perguntaram ao pai e o pai disse não..

Caberia, no entanto, ao mesmo Paulo, nas férias de 1949, tentar o que nem o irmão mais velho, Frei Crisóstomo, tinha conseguido sozinho. A nova reunião foi entre o pai e os três irmãos mais velhos, no gramado em frente à casa de Forquilhinha. Uma conversa acompanhada com angústia, a distância, por Zilda, na varanda.

Em 2014, aos 93 anos de idade, Dom Paulo reproduziu o final da reunião, a partir do momento em que o pai usou, equivocadamente, um argumento relacionado à viagem de estudos que ele, Paulo, acabara de fazer à Alemanha:

– O Paulo voltou da Europa. Se ele, Paulo, disser que na Alemanha e na Inglaterra já estão formando médicos mulheres...

Paulo nem deixou o patriarca completar:

– Pai, eu tenho mais colegas moças na universidade do que rapazes!

Balançado, Gabriel convocou Zilda e pediu que ela confirmasse os planos futuros.

– Pai, eu quero fazer medicina.

A resposta, ao final de um longo instante, foi dada em alemão:

– Então pode ser...

Ao permitir que Zilda seguisse seu destino, Gabriel Arns, resignado, talvez tenha imaginado que, em alguns anos, ela estaria quem sabe envergando um daqueles jalecos luminosos, em consultórios médicos impecáveis, equipados com instrumentos forjados em fino aço inoxidável alemão, numa bela clínica no centro de Curitiba.

Ou até mantivesse o veto ao curso de medicina da filha, se pudesse prever que, em meio século, ela estaria, na verdade, atravessando os buracos da Transamazônica num fusca velho, o rosto cheio de picadas de mosquito, a caminho de mais uma capacitação de voluntários da Pastoral da Criança.

Ou não. Talvez até gostasse, se pudesse acompanhar, em 2009, outra viagem inesquecível de Zilda, desta vez pelas populações ribeirinhas e indígenas acompanhadas pela Pastoral da Criança na região do Alto Solimões, divisa do Brasil com o Peru e a Colômbia, e testemunhar o êxtase da filha ao despertar do sono profundo em uma rede e se ver cercada por vinte crianças da tribo ticuna, em silenciosa vigília por seu descanso.

Pioneiro que era, Gabriel provavelmente entenderia a emoção da filha.

Tipsi, como o pai, também tinha nascido para desbravar o Brasil.

Coração de estudante

A conversa que mudou a vida de Aloysio Bruno Neumann, um jovem esforçado que passava a semana pelo interior do Paraná vendendo doces e balas para um cunhado, reservando sábados e domingos para flertar com a bela Zilda na casa dos Arns no bairro de Água Verde, aconteceu dentro de uma igreja, no final da década de 1950.

Católico fervoroso, membro das congregações marianas que atuavam no Paraná e que se definiam como "escolas vivas de piedade e vida cristã operante", Aloysio tinha o aval de Felippe Arns, outro congregado mariano, e sabia que afinidade religiosa era um problema a menos para Zilda aceitar o pedido de casamento feito ali tão próximo de um altar. Mas a resposta de Zilda, revelada na época à irmã Helena, não foi exatamente inspiradora:

— Sabe que eu penso em não casar?

Zilda, então uma aplicada estudante de medicina da Universidade Federal do Paraná, ainda acalentava, segundo Helena, o desejo de seguir os passos de suas três irmãs mais velhas e tornar-se freira "para se dedicar aos pobres das favelas do Rio de Janeiro". E nem o fato de sua beleza ser sempre assunto dos rapazes de Forquilhinha, toda vez que ela ia passar férias na casa dos pais, alterava, segundo a prima Beatriz Hobold, sua dedicação aos estudos ou seu profundo envolvimento com a religião. O irmão Felippe também percebia:

– A Zilda nunca foi de namorar. Ela sempre estudou muito e fazia seus estágios nos hospitais.

Os hospitais curitibanos em que Zilda estagiou durante o curso de medicina já antecipavam a trajetória que ela seguiria. De um lado, o Hospital Nossa Senhora das Graças, fundado em 1953 pela Congregação das Irmãs Vicentinas para se dedicar à população pobre.

De outro, um "dispensário infantil", posteriormente batizado de Hospital das Crianças Dr. Cesar Pernetta e Hospital Pequeno Príncipe, e que futuramente seria considerado o berço da pediatria paranaense. Fundado por um grupo de mulheres, médicos e líderes da comunidade de Curitiba, o hospital, ao qual Zilda ficaria ligada até 1964, nascera de uma típica organização não governamental, ainda que em outubro de 1919 a sigla ONG não fizesse sentido algum para ninguém.

Zilda pensava, sim, em não se casar, mas, nas palavras da prima Beatriz, "a coisa foi mudando" e ganhando contornos de "crise" quando ela pôs de um lado a proposta de Aloysio e de outro o sonho de ser missionária na Amazônia, nas favelas do Rio de Janeiro ou até na África, como chegou a cogitar. Foi quando, segundo a irmã Helena, Zilda buscou o conselho de um frade que era seu "orientador espiritual":

– Ele disse pra ela: você espera um ano. Se depois disso você achar que deve casar, você casa.

Na lembrança do irmão Felippe, durante a quarentena sentimental que se seguiu, "Deus conduziu de tal maneira" que Zilda e Aloysio, "um rapaz muito bom, agradável, sério e trabalhador", acabaram namorando, noivando e escolhendo a casa do próprio Felippe, já casado, para encontros naturalmente muito comportados, "porque era mais fácil e mais perto do centro da cidade". No final de 1958, Zilda explicou para a irmã Helena como tinha chegado a uma decisão:

– Ela rezou, rezou, mas no fim resolveu: Eu vou é casar!

A prima e religiosa Beatriz tinha uma explicação muito particular para o desfecho do dilema sentimental de Zilda:

– Deus propõe, a gente escolhe, mas ele conduz.

Decisão tomada, Aloysio, de acordo com o relato que faria anos depois aos filhos, ainda teve de esperar mais um pouco quando tentou acelerar o calendário:

– Vamos casar logo então?

– Não! Não antes de eu terminar a faculdade!

Dito e feito: Zilda se formaria no dia 17 de novembro de 1959. E só em 26 de dezembro, 39 dias depois, ela subiu ao altar com Aloysio para um casamento que duraria dezenove anos e lhe daria seis filhos. Casada, sim, mas, como lembraria a irmã Hilda décadas depois, "com uma vida íntima com Deus muito grande".

Os contratempos da cerimônia, no entanto, não poderiam ter sido mais mundanos. Felippe Arns, motorista do carro da noiva, não se atrasou, mas a costureira, às voltas com o marido bêbado, acabou provocando uma grande correria ao entregar o vestido de Zilda sem anágua.

Dom Paulo Evaristo, então vivendo uma vida de frei franciscano em Petrópolis, no estado do Rio, sem licença, portanto, para participar de festas familiares, pediu que o frei responsável pela ordem em Curitiba articulasse uma participação dele como pregador em um retiro, exatamente na véspera do casamento de Zilda. A operação, no entanto, acabou não dando certo: o tempo fechou o aeroporto de Curitiba, o avião de Dom Paulo teve de descer em Paranaguá e ele perdeu a cerimônia.

O local escolhido para a lua de mel foi uma casa de madeira escondida no meio das dunas de Araranguá, no litoral de Santa Catarina, a praia onde ela costumava passar o verão nos tempos de solteira. Enganados pelo sol forte escondido pelas nuvens, Aloysio e Zilda passaram a primeira noite em claro, um abanando as queimaduras de pele do outro.

2

VIDA E MORTE EM BETARAS

O carro preto encostou junto à calçada da praia de Betaras, um entre as dezenas de balneários do município de Matinhos, a 110 quilômetros de Curitiba, exatamente na frente da casa de praia dos Arns. Zilda, os filhos e amigos da família estavam na praia, aproveitando o mar e o sol do início do verão de 1980.

A visão daquele carro oficial causou certa apreensão, já que aquele era o segundo ano do governo do general presidente João Figueiredo e o irmão mais famoso de Zilda, Dom Paulo Evaristo Arns, estava, na época, intensamente envolvido com o projeto "Brasil: Nunca Mais", uma iniciativa então clandestina de preservar milhares de documentos sobre a repressão política no Brasil.

O carro era mesmo oficial, tratava-se realmente de uma convocação, mas a ordem do motorista era levar Zilda Arns imediatamente para o gabinete do então secretário estadual de Saúde, Oscar Alves. Àquela altura da carreira, vinte anos depois de se formar e de passar por unidades pediátricas de hospitais públicos e particulares até chegar à direção de saúde materno-infantil do Paraná, Zilda era um dos nomes mais respeitados entre sanitaristas de todo o país, em matéria de políticas e programas de atendimento básico de saúde.

A urgência da convocação se devia a uma grave epidemia de poliomielite que eclodira em regiões do Paraná e de Santa Catarina, estados que apresentavam, na época, um nível considerado até satisfatório de vacinação contra a doença. Diferentemente do que as autoridades da ditadura tinham feito em 1971, quando uma epidemia de meningite escondida da população acabou se alastrando de São Paulo para o resto do país causando mortes e um gasto tardio de 40 milhões de dólares em vacinas importadas, o secretário Oscar Alves convocou a televisão e a imprensa para dar o alerta. E pediu que Zilda planejasse uma campanha de vacinação cujo prazo de entrega, de acordo com seu livro de memórias, era o dia seguinte:

"Quando cheguei em casa, as crianças dormiam e eu comecei a trabalhar. Criei a metodologia que previa o envolvimento das principais lideranças da comunidade no combate à doença."

Qualquer semelhança com os princípios que inspirariam a criação da Pastoral da Criança, três anos depois, era pura coerência. E ao envolver professores, escolas, líderes religiosos e voluntários numa campanha que teve resultados surpreendentemente rápidos nos focos de poliomielite no Paraná, Zilda chamou a atenção dos técnicos do Ministério da Saúde, cada vez mais preocupados com o alastramento da doença em outros estados.

– Hoje eu morro!

Era com essa expressão que Zilda descrevia aos filhos e netos o pânico que sentiu momentos antes de uma das façanhas que teve de encarar durante aquela campanha de vacinação: a de viajar para a Ilha de Superagui em uma lancha "voadeira" arisca e desconfortável que, tinha certeza, agravaria ainda mais as dores "terríveis" que ela sentia na coluna. Na lembrança do filho Rogerio, o resultado da aventura marítima foi oposto:

"Ela dizia que só pode ter sido uma bênção de Deus porque, depois daquele dia da lancha voadeira, ela nunca mais teve problema na coluna."

O cientista Albert Sabin, que já entrara para a história por ter desenvolvido a vacina oral contra a poliomielite, a famosa "gotinha", e criara laços com o Brasil depois de se casar com a carioca Heloísa Dunshee de Abranches, também tinha sido convocado pelo Ministério da Saúde para ajudar na campanha.

Sabin acabou até se desentendendo com os técnicos do governo federal, rompendo publicamente com eles em carta aberta ao general Figueiredo, em março daquele ano. Mas ficou tão impressionado com a metodologia da campanha de Zilda Arns no Paraná que resolveu passar uns dias com ela em Curitiba. Nelson Arns Neumann, então com 15 anos, guardou uma lembrança curiosa do encontro da mãe com o cientista:

– Ele comia treze bananas na hora do almoço. Um dia a mãe resolveu levá-lo pra almoçar na nossa casa, com todos os filhos e tal. Ela caprichou no almoço, mas ele só comeu banana.

Rogerio Arns, à época com 10 anos, lembra que a mãe também levou Sabin para jantar num restaurante tradicional do bairro de Santa Felicidade, em Curitiba. Mas o que o cientista levou mesmo, na volta para os Estados Unidos, onde morava, segundo Rogerio, foi a história de uma campanha vitoriosa:

– Se você for ver os registros brasileiros, o Paraná foi o primeiro estado brasileiro a erradicar a poliomielite e passar dez anos sem uma incidência sequer.

Rogerio teria oportunidade de constatar, 22 anos depois, que, para o casal Sabin, aqueles dias em Curitiba também tinham sido especiais. Foi quando Zilda recebeu o prêmio "Heroína das Américas" 2002 da Organização Pan-Americana de Saúde (Opas), por suas realizações na área de saúde pública.

Albert Sabin tinha morrido em 1993, aos 86 anos, e a viúva Heloísa, com mais de 90 anos, também receberia uma homenagem póstuma ao marido na festa que a Opas realizou num hotel de Washington. Ao encontrar Rogerio, Heloísa fez questão de lembrar 1980:

– Sua mãe é fantástica! O Albert adorava a Zilda e os conceitos que ela trouxe. Eram revolucionários!

A perda

Dois anos antes daquela interrupção de férias, no dia 18 de fevereiro de 1978, a mesma praia de Betaras tinha sido cenário de uma das tragédias da vida de Zilda Arns Neumann: aos 46 anos de idade, o marido Aloysio Bruno Neumann morrera no mar, provavelmente de infarto agudo, nos braços do filho Nelson, então com 12 anos, depois de salvar do mar agitado a filha adotiva Sandra Lúcia Martins, de 20 anos.

Era um sábado, mas Aloysio não estava ali para tomar banho de mar. Tinha ido inspecionar a obra recém-iniciada de construção da casa de veraneio da família, no lote comprado por Zilda e ele em 1969, a poucos metros da praia. À exceção de Nelson e de Sandra, não havia mais ninguém da família por perto.

Sábado era o dia da semana em que Aloysio podia inspecionar a obra, já que, de segunda a sexta, ele ficava por conta das tarefas domésticas que dividia com Zilda e de uma intensa carga horária como diretor da Faculdade de Administração e Economia do Bom Jesus, uma instituição da ordem dos franciscanos.

Zilda não estava por perto e nem tinha que estar. Mas nem mesmo a circunstância de ela estar trabalhando em Curitiba no momento em que Aloysio morreu a livraria de um peso que carregou para o resto da vida, de acordo com uma rara confidência que fez, anos depois, ao jornalista Elson Faxina, assessor de imprensa da Pastoral da Criança por oito anos. Eles estavam num carro, e Zilda, de repente, se transformou ao se dar conta de que aquele era mais um dia 18 de fevereiro:

– Eu tenho que ir à igreja hoje. É aniversário de morte do meu marido.

Elson ouvia em silêncio. Ela continuou:

– Ainda que eu estivesse lá, não poderia fazer nada. Mas ficou aquela coisa: o marido morre e a mulher não estava junto.

O raro momento de intimidade dentro do carro continuou, em frases cada vez mais pausadas.

– O Aloysio foi um pouco mãe...

Neste momento da conversa, nas palavras de Elson, Zilda travou. "Não falamos mais durante um bom tempo. Pra mim, aquela era uma questão que ela ainda não tinha resolvido internamente."

Nem a família, acrescentaria o filho Rogerio:

– Todo mundo, de alguma forma, sentiu. Era sagrado, por anos a fio, no dia da morte do pai havia uma missa em família. Os irmãos do pai, da mãe, vários primos, toda a família se reunia. Por muitos e muitos anos. Na hora de lembrar, você olhava na cara de cada um, e cada um estava no seu canto, chorando.

Rogerio Arns Neumann ainda não tinha completado 8 anos de idade e estava por perto da mãe, na chácara da tia Otília, para festejar o aniversário de uma prima, quando a notícia da morte de Aloysio chegou. Zilda foi levada à biblioteca, onde já estavam alguns dos seus irmãos e irmãs, assim que chegou. Ainda sem saber de nada, Rogerio estranhou o súbito desaparecimento dos primos e um comentário enigmático de uma das tias:

– Rogerio, uma onda passou sobre o seu pai.

Ele achou que não era nada, até porque adorava ficar sentado na areia, encaixado nas pernas do pai, sentindo as ondas passarem por cima dos dois. Logo depois, ofereceram-lhe brigadeiros antes do início da festa e um primo se aproximou para dizer que "alguma coisa" tinha acontecido com Aloysio. Logo depois, Rogerio ouviu um grito assustador e inesquecível:

– A mãe saiu na varanda da casa, eu saí junto pra ver o que estava acontecendo, ela ergueu as mãos para o céu e disse: Meu Deus, por quê? E aí foi um choro só, um desespero único que ela enfrentou.

Passados 36 anos desde aquele sábado na praia de Betaras, o médico Nelson Arns Neumann, herdeiro contido e pragmático de Zilda Arns no comando da Pastoral da Criança, ainda revelava discreta dificuldade para entrar em detalhes sobre o dia em que, impotente, viu o pai ir para o fundo e depois boiar, fulminado pelo infarto. E só contou a história toda na terceira vez em que foi instado a relatar o que aconteceu:

– Depois de ver a obra, o pai quis entrar na água, a gente foi e a correnteza puxou a Sandra para a parte mais funda. Começamos a nadar de volta, o pai e eu, e percebemos que ela havia ficado para trás porque não sabia nadar. Aí ele voltou pra ajudar.

Sandra acabou sendo levada para a areia pelo filho de um pescador que percebeu a gravidade da situação. Nelson, apesar da dificuldade que um menino de 12 anos tinha para salvar um homem de 46, ainda mergulhou por algum tempo para tentar manter pelo menos a cabeça de Aloysio acima da linha d'água. E recusou o pedido do pescador para que voltasse para a areia sem o pai.

O pescador voltou então à areia, pegou uma corda e mergulhou novamente, desta vez para encontrar Nelson no fundo, tentando trazer o pai para a superfície. Nelson segurou a corda com uma das mãos e o corpo do pai com a outra. Quando o pescador puxou, Nelson não aguentou. Soltou a corda. Continuou na inútil determinação de tirar do fundo um homem que pesava oitenta quilos:

– Eu não sairia do mar sem o pai.

Nelson acabou conseguindo arrastar o pai até a margem com a ajuda do pescador e ainda tentou fazer respiração boca a boca. Mas Aloysio já estava morto. Para a irmã Heloísa, ele viveu uma situação dificílima e "tomou atitudes que não eram para qualquer garoto".

Mas houve um preço: a partir do momento em que percebeu que não havia mais nada a fazer, Nelson passou a experimentar uma reação física que o acompanharia até o momento em que se despediu do pai no cemitério de Curitiba: suas pernas passaram a tremer de forma incontrolável.

"O Nelson foi forte. Ele fez aquilo que eu não fiz. Estava na praia, decidiu acompanhar o pai."

Aos 51 anos, o filho mais velho Rubens, herdeiro da paixão e da responsabilidade que o pai tinha pela criação de gado leiteiro na chácara da família, também tinha certa dificuldade para explicar por que não quis ir para a praia com o pai e os irmãos naquele sábado. Na noite da véspera, Aloysio tinha ido até o quarto de Rubens, na época com 15 anos:

– Vamos lá?

– Pai, acho que não. Este é o último fim de semana de férias. Eu tenho que organizar as coisas, tem égua com potrinho, prefiro ficar aqui organizando as coisas.

Mesmo ressalvando que não era muito de praia e que desde pequeno sempre preferira a chácara da família de onde nunca se mudaria, Rubens lembrou com tristeza que o pai voltou ao seu quarto e ainda insistiu no convite:

– Não vai mesmo?

– Não, pai, prefiro ficar aqui.

Para Rubens, o que aconteceu em Betaras no dia seguinte foi o início de um período barra-pesada durante o qual ele quase que se culpou por não ter tido mais tempo para "curtir mais o pai, trocar mais ideias com ele":

– Eu entrei em depressão. Hoje eu sei que entrei em depressão. Na época, a gente não sabia. Eu não queria saber de mais nada.

Lutos e lutas

Heloísa de muletas, porque tinha quebrado a perna. Nelson, ainda trêmulo com o choque do dia anterior. Rubens, completamente atordoado, sem saber o que fazer. Sílvia, muito criança ainda para perceber o que se passava. Rogerio, sem entender o que o pai estava fazendo naquele caixão, inerte, com chumaços de algodão no nariz. E Zilda de véu preto, sapatos pretos e roupa preta. Preto, uma cor que ela nunca usava.

A cena que Rogerio guardou do cortejo que precedeu o enterro do pai no domingo, 19 de fevereiro de 1978, foi para ele um emblema de uma fase especialmente difícil e decisiva não apenas para os filhos, mas para Zilda Arns, mais exatamente a médica Zilda Arns.

Viúva aos 43 anos e com cinco filhos ainda pequenos, Zilda perdeu dezessete quilos nas semanas que se seguiram à morte de Aloysio. A fragilidade emocional da mulher que no futuro intimidaria cardeais reacionários e presidentes relutantes era tanta que, durante algum tempo, Zilda preferiu morar no Lar Santa Helena, a casa onde viviam os irmãos, Frei Crisóstomo e as tias Ida e Otília, esta com seus seis filhos adotivos. Foi uma época em que Zilda juntou camas para ter Sílvia de um lado e Rogerio de outro, na hora de dormir.

E foram Sílvia e Rogerio que, de certo modo, inspiraram a retomada da vida profissional, ou "laborterapia", como Zilda descreveria a reação à perda do marido. Os dois filhos menores não entendiam as eternas roupas pretas do luto, ritual previsível para uma jovem viúva de origem alemã, católica e educada na zona rural. Tradicionalmente, a mulher tinha que usar preto durante um ano porque este seria o tempo necessário para ela entender e aceitar a perda do marido. Além de frequentar diariamente o cemitério. A inquietação dos filhos, no entanto, era mais importante, e Zilda, de acordo com Rogerio, decidiu encerrar o luto com menos de dois meses:

– Não dá. Isso está fazendo mal para os meus filhos.

Ao decidir se livrar das roupas pretas e apenas manter nos dedos o anel de Aloysio, o que fez por muitos anos como sinal de luto, Zilda acabou criando um problema com os círculos mais conservadores da família Neumann, que viram na decisão um ato de desrespeito ao momento da viuvez.

Nelson lembrou outro problema enfrentado pela mãe naquele período: dúvidas na família de Aloysio sobre se ela daria conta dos empreendimentos agropecuários do marido em Campo Largo e Antonina. Mas Zilda manteve tudo como estava e, na lembrança de Rogerio, foram os filhos a grande razão que ela encontrou:

– Minha mãe sempre disse pra nós: o que a ajudou naquele momento foi o fato de ter filhos. Nós fomos a luz no fim do túnel para ela. Tanto para dar esperança quanto pela certeza que tinha de que nós dependíamos só dela.

Matrizes

Ao assumir o desafio de cuidar sozinha da família depois de um casamento de dezenove anos com Aloysio, Zilda se viu diante de uma rotina que era bem diferente da de uma dona de casa comum do Paraná dos anos 1970. Em 2014, ao lembrar o tipo de família que formavam, Nelson propôs um exercício de imaginação:

– Se a gente tem uma sociedade machista hoje, imagine cinquenta anos atrás. Que homem você imaginaria, em 1973, por exemplo, ficar com quatro filhos em casa para a esposa grávida fazer um curso na Colômbia por três meses? Ou fazer o mesmo depois, em 1977, quando ela fez o curso de saúde pública, pegando ônibus todo domingo à noite para São Paulo e voltando só na sexta à noite para passar o sábado e o domingo com a família?

O impacto dessa agenda profissional na vida dos filhos não era necessariamente ruim. Para Rogerio, aquele tipo de equação afetiva nada mais era do que uma continuidade da disciplina, da família e da comunidade que já vinham marcando profundamente a vida de Zilda desde a infância.

Quando estava em Curitiba, por exemplo, era Zilda quem acordava os filhos, servia o café, fazia companhia para eles no almoço, no jantar e em duas rotinas sagradas: as orações e a "hora da vita", um leite com frutas que precedia o momento de ir para a cama. Na lembrança de Rogerio, até na hora de consentir que os filhos brincassem na chácara da família, Zilda não deixava de lado a disciplina:

– Claro que a gente brincava! A gente era criança! Mas eu lembro que ela virava para os irmãos mais velhos e dizia: Façam alguma coisa de útil! Querem cuidar do cavalo? Vão construir a baia do cavalo!

Como se Curitiba fosse Forquilhinha, os filhos de Zilda e Aloysio, cada um no seu estilo, não foram mal na escola, estudaram inglês e aprenderam a tocar piano e a cantar.

Zilda, ao justificar a maneira como distribuía o tempo entre a profissão e os filhos, defendia de forma obsessiva a independência dos filhos o quanto mais cedo possível, usando o exemplo da própria mãe, Helena. Pouco antes de morrer, com quase 80 anos, diante de um repórter que ficara chocado com o fato de, perto do fim da vida, não ter a companhia de nenhum dos doze filhos que criara, Helena respondeu:

– Pior seria se eles estivessem aqui assim: mãe, eu preciso disso, mãe, eu preciso daquilo.

Para a filha Heloísa, mais importante do que tudo, depois que Zilda voltou ao ritmo intenso de trabalho que tinha antes da morte do marido, foi ela mostrar e explicar aos filhos por que não podia ficar com eles o tempo todo. Nem precisava, já que os filhos foram testemunhas diárias de indicadores como, por exemplo, a frequente lotação do pequeno consultório que Zilda mantinha em casa.

A impressão de Rubens era de que a mãe não gostava de ficar parada nem mesmo nos fins de semana na chácara. Sempre havia um vizinho com um problema de família, outro sem dinheiro para pagar a consulta do filho. Fora de casa, Nelson, por exemplo, ficava até embaraçado com a desenvoltura com que a mãe aproveitava as oportunidades de falar sobre religião, ações básicas de saúde e de seu trabalho na Associação de Proteção à Maternidade e à Infância Saza Lattes. Ou todos esses assuntos combinados:

– Até na missa, quando o padre, na homilia, perguntava se alguém queria falar alguma coisa, ela levantava e não perdia a chance de dar seu recado. Nos fins de semana, a gente costumava ir à missa nas igrejas onde estavam construídos postos de saúde da Saza Lattes. E na hora do sermão, se o padre dava um espaço, ela sempre aproveitava.

Os agarrados

Todos os filhos de Zilda, em maior ou menor grau, foram compreensivos e desautorizaram enfaticamente a suposta interpretação de que eles podem ter sido deixados em segundo plano por causa da dedicação obstinada da mãe à missão da Pastoral da Criança de levar "vida em abundância" aos despossuídos. Rubens e Heloísa, no entanto, assumidamente mais agarrados a Aloysio, fizeram questão de ressaltar o papel que o pai teve, direta e indiretamente, na trajetória da mãe.

Aloysio cumpria três expedientes como diretor de faculdade, mas Heloísa, ao recordar com carinho a "convivência maior" que tinha com o pai, disse que ele sempre arranjava tempo para comprar roupa para os filhos, levá-los à chácara e à escola, sem deixar de lado a manutenção da casa e rituais como o que valeu em quase todos os finais de semana de 1977, quando Zilda fez um curso de Saúde Pública na Universidade de São Paulo: reunir os filhos para buscar e levar a mãe na rodoviária de Curitiba:

– Era uma alegria quando a gente ia buscar a mãe na rodoviária. E ela gostava de mostrar a pilha de tíquetes de ônibus que colecionou.

Rubens lembrou que neste período em que os filhos passaram "um ano inteiro só com o pai", Zilda só pôde ir a Curitiba "para passear, praticamente". No caso de Rubens, a identidade com Aloysio era ainda mais forte pelo fato de pai e filho serem apaixonados pela criação de animais e terem o costume de conversar horas a fio sobre o assunto na mesa de jantar:

– Sou veterinário e sempre gostei de animais, desde pequeno. E o pai também gostava muito. Fim de semana na chácara era o que o pai mais adorava.

Rubens deu ainda uma pista sobre "os tempos de revoltado" e uma certa dificuldade que teve para lidar com o temperamento da mãe, depois da morte de Aloysio:

– Para mim foi colocada uma posição um pouco difícil, na época: ter que assumir que era a figura masculina em casa e sentar na cabeceira da mesa, que era o lugar do pai. Umas coisas eu fazia porque queria, mas outras eu fazia porque os irmãos da mãe e as irmãs freiras queriam que eu fizesse.

Com o passar do tempo, Rubens voltou a se entrosar com a mãe, mas, quase quatro décadas depois da morte trágica, Aloysio Bruno Neumann, o discreto vendedor de balas que conseguiu fazer Zilda Arns desistir de ser freira missionária, continuava sendo uma referência muito forte na vida do filho mais velho do casal:

– Eu era mais ligado às coisas que o pai fazia. Então, pra mim, o que o pai fazia era certo e o que o pai não fazia era errado. Eu queria levar à frente todos os sonhos dele, como ele gostaria de tocar a chácara, cuidar dos animais. Era nessa questão que a gente tinha um pouco de discórdia com a mãe.

※※※

Heloísa, formada em psicologia, se casou e foi morar em Guarapuava, interior do Paraná, mas um projeto profissional que não deu certo a levou de volta para morar na chácara dos Neumann em Campo Largo, um bairro de grandes terrenos e ar de fazenda a poucos minutos do centro de Curitiba, onde já estavam instaladas, em casas confortáveis e sem cercas divisórias, as famílias dos irmãos Rubens, Nelson e Rogerio, este o último a se mudar para lá.

Em 2014, a chácara continuava sendo uma mistura de condomínio residencial familiar com fazenda de gado leiteiro ainda e sempre administrada por Rubens. As casas dos irmãos Nelson, médico e coordenador nacional adjunto da Pastoral da Criança, Rogerio, formado em administração e assessor em desenvolvimento comunitário da Fundação Odebrecht, e Heloísa continuavam tão próximas umas das outras como as que os Arns tinham em Forquilhinha na primeira metade do século XX. Só que agora protegidas por um poderoso para-raios.

Os netos de Zilda, como ela e os primos na infância em Forquilhinha, misturavam-se nos acampamentos de brinquedo montados na mata próxima, em uma pequena escola de equitação e nos quartos e salas das casas da chácara. Heloísa mantinha o costume de, aos domingos, convidar os irmãos que estivessem em casa e os tios Felippe e Alice, que também moravam no condomínio, para um piquenique ou um churrasco. E exatamente como acontecia quando Aloysio e Zilda estavam vivos:

– Chegava domingo todo mundo aparecia. A mãe fazia questão. Sempre tinha um aniversário. E era só reunir a família que já dava uma festa.

3

A MESA NO CORREDOR

Aquilo foi um insulto que Zilda não conseguiria esconder nem dos filhos, em casa, ao final de um dia de trabalho, por volta de março de 1983: depois de 25 anos de trabalho na secretaria estadual de Saúde do Paraná como pediatra e sanitarista, ela agora teria de se submeter hierarquicamente a uma jovem enfermeira. A nova chefe, no Departamento de Saúde Materno-Infantil, fora escolhida pelo novo secretário, Luiz Cordone, por sua vez recém-nomeado por José Richa, primeiro governador eleito democraticamente no estado, depois de quase duas décadas de ditadura militar.

Zilda tinha acabado de perder a sala que ocupava no prédio da secretaria na rua Piquiri, bairro Rebouças, e ver sua mesa de trabalho ser arrastada para um corredor. E o que mais a deixou "horrorizada", no relato indignado que fez daquele dia para o filho Rogerio, foi a maneira como foi recebida na sala da nova chefe:

— Era uma jovem que ia trabalhar de minissaia e botava os pés em cima da mesa pra conversar comigo! Isso eu não admito!

A petulância da enfermeira foi apenas uma das tristezas que Zilda dividiu com os filhos. Outra hostilidade ganhou contornos de um clássico expurgo político e ideológico, quando os novos chefes do novo governo decidiram incinerar, no pátio de estacionamento do prédio, à vista de qualquer um que passasse pelo local, todos os manuais, guias e livros remanescentes editados pela secretaria sob a responsabilidade dela.

Zilda pagava o preço de ter ocupado cargos de direção na secretaria ao longo de sete administrações estaduais identificadas com a ditadura. Sem contar, certamente, o fato de ela ter colaborado com o governo federal no combate a um surto de poliomielite no estado do Paraná, dois anos antes. E quem apresentava a fatura política, na lembrança do jornalista Elson Faxina, eram sanitaristas ligados ao Partido Comunista Brasileiro (PCB) à época abrigados, como acontecia em outros estados, na sigla do Movimento Democrático Brasileiro (MDB).

Ironicamente, eram médicos e pesquisadores historicamente comprometidos com programas e políticas de saúde pública muito semelhantes aos que Zilda tinha implantado no Paraná durante mais de 15 anos. Mas a necessidade de um acerto de contas partidário acabou prevalecendo, de acordo com Faxina:

– Doutora Zilda Arns era uma pessoa que aparecia na mídia como alguém que coordenava um programa de governo. E quando a turma do PCB assumiu a secretaria, não deu outra: ela foi imediatamente escanteada. Ficou no corredor, sem nada para fazer. Aquilo para ela foi a morte!

O constrangimento daqueles dias levou Zilda a antecipar a aposentadoria e a reativar o consultório pediátrico que abrira nos fundos de sua casa. Era o início do fim de uma carreira de uma servidora que, nos vários cargos que ocupou entre 1967 e 1982, não costumava recorrer a arranjos políticos.

Zilda passaria o resto da vida orgulhosa de ter sido, como gostava de dizer, "uma funcionária pública concursada" que reorganizou de forma radical o atendimento aos paranaenses, com ações básicas de saúde materno-infantil, reidratação oral, aleitamento materno e planejamento familiar.

Aquela não seria a única vez em que Faxina, futuro colaborador e confidente de Zilda nas lutas da Pastoral da Criança, testemunharia a dificuldade de um grupo de esquerda para entender uma pessoa e sua obra, "por querer reduzir a questão a uma escolha entre direita ou esquerda". Mas seria a própria Zilda, quinze anos depois, em 1998, que ouviria um pedido de desculpas inesperado pelas hostilidades e pela destruição de seu legado na Secretaria Estadual de Saúde no início do governo José Richa.

Era o governo Jaime Lerner, e Zilda participava do evento de lançamento de uma parceria da Pastoral da Criança com a rede de lojas Blockbuster. Um dos convidados era Armando Raggio, político ligado a José Richa e um dos mentores do ostracismo imposto a Zilda Arns na secretaria. Zilda reproduziu, reconfortada, ao filho Rogerio, palavra por palavra, o que ouviu, depois que Armando Raggio a puxou carinhosamente para um canto do salão:

– Doutora Zilda, eu quero lhe pedir desculpas. A gente, naquela época, achava que tudo que era do governo federal era ruim. Não soubemos aproveitar essa história de saúde pública que foi perdida aqui no Paraná.

Com ou sem pedido de desculpas dos sanitaristas do governo José Richa, a humilhante missão de despachar sobre nada num corredor da secretaria de Saúde acabaria permitindo que Zilda, como contou a Faxina, se preparasse para o projeto com o qual ela já estava profundamente envolvida desde maio de 1982 e que iria mudar para sempre a vida dela e a de milhares de voluntários e crianças brasileiras:

– Ela dizia que deveria agradecer ao pessoal que a escanteou na secretaria. Dizia também que às vezes um problema não é exatamente um problema. Afinal, foi ali mesmo, naquele corredor, que ela começou a desenhar o que seria a Pastoral da Criança.

Cruzes brancas

Maria Figueiredo era tomada pela angústia toda vez que ia ao cemitério e se deparava com a quantidade de cruzes pequenas. E ficava angustiada quase todo dia, ao acompanhar um, às vezes dois cortejos minúsculos nos quais, muitas vezes, eram meninas ou meninos com menos de 10 anos de idade que levavam pequenos caixões pintados de branco para covas rasas medidas com palmos:

– As crianças nasciam e não chegavam nem aos 5 anos de idade. Morriam de desnutrição, diarreia. Só tinha túmulo de criancinha.

Maria Figueiredo foi uma das mulheres convidadas a participar de uma reunião com Zilda Arns marcada para o dia 13 de agosto de 1983, na paróquia de São João Batista, em Florestópolis, cidade paranaense a oitenta quilômetros de Londrina. A terra de Maria Figueiredo fora escolhida para sediar um projeto-piloto da Igreja contra a mortalidade infantil ainda sem nome oficial, por produzir, na época, entre seus 14.700 habitantes, 73% deles trabalhadores boias-frias, a maior taxa de mortalidade infantil do Brasil: 127 mortos em cada mil crianças nascidas.

Sônia Baise, outra moradora de Florestópolis que ficaria ligada à futura Pastoral da Criança nos trinta anos que se seguiram à reunião na paróquia, também se angustiava quando ia ao cemitério e quando visitava o berçário da cidade:

– Chegava lá, dava tristeza, viu? Criancinhas com as costelinhas tudo de fora. Magrinhas, uma calamidade!

Do ponto de vista pragmático, para a implantação do projeto, aquele cenário desolador era o ideal para Zilda Arns. Ela não queria que os resultados do primeiro teste de sua metodologia, quaisquer que fossem, acabassem afetados ou confundidos com outras ações de saúde, como aconteceria nos cinco conjuntos habitacionais da periferia de Londrina que chegaram a ser cogitados para sediar a experiência.

A escolha de Florestópolis acontecera na residência de Dom Geraldo Majella Agnelo, arcebispo de Londrina, indicado pela Conferência Nacional dos Bispos do Brasil (CNBB) para apoiar e acompanhar a implantação do projeto. Zilda estava praticamente morando na arquidiocese e, juntamente com Dom Geraldo, tendia a escolher os conjuntos habitacionais de Londrina. Até o momento em que bateu à porta Eugênia Piettà, uma freira que, por falta de padre, respondia pela paróquia de Florestópolis:

– Tem que ser lá na minha cidade.

Entusiasmada com o projeto, irmã Eugênia saiu da conversa com Zilda e Dom Geraldo com o compromisso de levar pelo menos vinte pessoas, os futuros líderes, para a primeira reunião. A ideia era começar tudo num sábado, com uma missa a ser celebrada pelo próprio Dom Geraldo, logo seguida da palestra de Zilda.

No dia marcado, a igreja lotou e a adesão dos futuros líderes foi total.

De Alma-Ata à rua Pasteur

Do ponto de vista estritamente geográfico, antes de começar a acontecer de verdade em Florestópolis, a história da Pastoral da Criança passou por diferentes fatos e situações ocorridas entre o final dos anos 1970 e o início dos anos 1980.

Respectivamente, a fila de mães à espera de atendimento no Hospital de Crianças Cezar Pernetta, no centro de Curitiba; o salão de audiências do papa João Paulo II, na Cidade do Vaticano; um auditório da cidade de Alma-Ata, na República do Cazaquistão; a

Conferência de Paz, em Genebra, na Suíça; e a cozinha da casa 279 da rua Pasteur, também em Curitiba.

Na fila de mães do Hospital Cezar Pernetta, Zilda Arns descobriu que a dela era maior do que a dos outros médicos porque, nas palavras de uma das pacientes, ela explicava bem e gostava de conversar com as mães.

Na cidade de Alma-Ata, foi assinada, em setembro de 1978, uma inédita declaração que exortava todos os governos, a Organização Mundial da Saúde (OMS), UNICEF e outras entidades a reconhecerem a importância da atenção primária em saúde como fundamental para promoção de uma saúde de caráter universal.

No salão de audiências do Vaticano, o papa João Paulo II foi convencido, em 1982, pelo então recém-nomeado diretor-executivo do UNICEF, James Grant, de que a Igreja Católica deveria se engajar nas ações para o bem-estar da criança do projeto Child Survival Development Revolution, inspirado na declaração e nos compromissos da Alma-Ata.

Na Conferência de Paz em Genebra, meses depois, o então cardeal-arcebispo de São Paulo, Dom Paulo Evaristo Arns, indicado pelo papa João Paulo II para liderar a participação dos católicos no projeto do UNICEF, foi informado por James Grant sobre a missão e perguntou:

– Posso passar isso para a minha irmã?

Na cozinha da casa 279 da rua Pasteur, a viúva Zilda Arns reuniu os filhos Rubens, Nelson, Heloísa, Rogerio e Sílvia para discutir as consequências familiares de um telefonema que recebera do irmão Paulo Evaristo, comunicando a indicação, já aprovada por James Grant, e pedindo que ela refletisse sobre o desafio de liderar e tornar realidade "a proposta da Igreja de ajudar a reduzir a morte das crianças".

A conversa foi durante a tradicional vitamina da noite. Rogerio tinha 12 anos, não entendeu tudo o que Zilda disse, mas guardou uma frase que o deixou impressionado:

– O que a mãe vai fazer é salvar a vida de muitas crianças, que morrem sem às vezes saber o próprio nome. Não dá tempo pra batizar e elas já morrem. Esse é o mandato que eu tenho. Mas só vou conseguir fazer isso se tiver o apoio de vocês.

Àquela altura, mais de quatro anos após a morte de Aloysio, não houve maiores traumas. Filhos avisados, Zilda tomou um café preto para espantar o sono, rezou pedindo ajuda do Espírito Santo e desenhou numa folha de papel um esboço do projeto que entraria para a história dos movimentos sociais do Brasil: uma comunidade pobre, famílias com grávidas e filhos menores de 6 anos e líderes comunitários católicos e de outras religiões e culturas trabalhando de forma ecumênica.

O ecumenismo seria total entre os participantes, nas bases do projeto, àquela altura ainda sem o nome de Pastoral da Criança. Mas nem tanto nas instâncias superiores de decisão. Zilda e o UNICEF, por exemplo, concordavam inteiramente com a ideia de que as ações básicas teriam de ser a monitorização do crescimento dos bebês, a reidratação oral, o aleitamento materno e a imunização através de vacinas. Mas Zilda queria incluir o trabalho com as gestantes, e os técnicos do UNICEF, que decidiam para onde ia o dinheiro, não concordavam, alegando que mulheres grávidas eram outro departamento da ONU. O argumento de Zilda na época, segundo Nelson Arns Neumann:

– Nem a Igreja nem eu, como pediatra, conseguimos entender como se pode cuidar de criança sem cuidar da gestante.

Houve ainda outra adaptação que, segundo Nelson, faria toda a diferença e que seria decisiva no histórico sucesso da versão brasileira daquele projeto do UNICEF contra a mortalidade infantil. Depois de contemplar o orçamento que a entidade reservara para o projeto, Zilda concluiu que o dinheiro seria insuficiente para capacitar, remunerando, o número necessário de líderes comunitários. Foi quando ela introduziu um conceito a mais na equação:

– Não tem dinheiro para pagar. O trabalho tem que ser voluntário. Como é que eu vou capacitar uma pessoa pra tomar conta de uma comunidade? Essa pessoa precisa sobreviver! Em vez de capacitar uma, vou capacitar dez, quinze pessoas. Aí elas terão como trabalhar ou cuidar da casa, podendo também dedicar uma parte do tempo para acompanhar as famílias vizinhas.

Aquela mistura de pragmatismo com uma profunda crença religiosa no espírito solidário das brasileiras, principalmente, e dos brasileiros que viviam na divisa entre a pobreza e a miséria foi o embrião do movimento que, anos depois, muitos sanitaristas, administradores e políticos chamariam de "revolucionário".

O UNICEF acabaria recuando nas duas quedas de braço. Mas haveria outras colisões ao longo de dezessete anos de um lento e gradual afastamento até o fim da parceria financeira, em 1999.

Guerra santa

– Não existe Pastoral da Criança. O que existe é o Projeto Criança, dentro da Pastoral do Menor.

A frase, em tom de corretivo, deixou perplexas as voluntárias convocadas para uma reunião na paróquia de Florestópolis, ainda durante processo de capacitação de líderes e antes da decisão da CNBB sobre se aquele projeto seria ou não mais uma pastoral da Igreja Católica no Brasil.

E quem tinha se dado ao trabalho de viajar de São Paulo ao norte do Paraná para promover aquele enquadramento, exatamente no berço histórico do projeto, era a freira salesiana e pedagoga Maria do Rosário Leite Cintra, fundadora da Pastoral do Menor e futura integrante da comissão que elaboraria o Estatuto da Criança e do Adolescente. Zilda Arns, ao saber da intervenção da líder da pastoral veterana, reagiu com algo equivalente a um "isso não vai ficar assim", na descrição bem-humorada do filho Rogerio. E a partir daquele episódio, o comportamento habitualmente discreto, solidário e tolerante dos religiosos e leigos da Igreja no Brasil nem sempre foi capaz de evitar uma velada disputa de poder entre as pastorais supervisionadas pela CNBB.

Em 2014, aos 82 anos, Maria Olinda da Silva, uma ex-religiosa que trocou a coordenação da Pastoral da Saúde por função semelhante na Pastoral da Criança da Bahia e acompanhou muitas viagens de Zilda Arns pelo país, guardava na memória o "constrangimento" com a disputa de protagonismo que movimentou os corredores da CNBB e que chegou a exigir sua intervenção em algumas comunidades para "apaziguar os ânimos":

– Não houve agressões, mas muitos atritos nas dioceses. Isso porque a Pastoral da Criança começou muito bem organizada e a Pastoral da Saúde, por exemplo, não tinha condições de acompanhar, no sentido de organização e de preparo do pessoal.

Houve até uma espécie de aliança contra a Pastoral da Criança, de acordo com um perfil de Zilda escrito por José Maria Mayrink em 2010. Foi quando as pastorais da Saúde e do Menor se mobilizaram contra Zilda ao saberem que ela estava assinando um convênio com o INAMPS, sigla do antigo Instituto Nacional de Assistência Médica e Previdência Social. De acordo com Zilda, as duas pastorais "alegaram que o convênio ia amarrar a CNBB, não permitindo que a Igreja brigasse por melhores condições de vida para os pobres ou contra a corrupção no governo".

Na lembrança da irmã Helena Arns, então já integrada ao trabalho liderado por Zilda, "até na CNBB falavam contra, dizendo que não era necessário ter mais uma pastoral".

Em termos conceituais, o maior conflito era com a Pastoral do Menor, fundada em 1977 e desde então uma expressão organizada do compromisso da CNBB com as crianças, principalmente as crianças de rua. Em uma frase de um artigo da mesma irmã Maria do Rosário, comentando o artigo 227 da Constituição do Brasil, era possível perceber a diferença de enfoques:

– Não basta pôr um ser biológico no mundo. É fundamental complementar a sua criação com a ambiência, o aconchego, o carinho e o afeto indispensáveis ao ser humano, sem o que qualquer alimentação, medicamento ou cuidado se torna ineficaz.

Zilda fazia outro raciocínio para defender a existência autônoma da Pastoral da Criança. Para ela, se a criança estava na rua era porque a rua estava melhor que a casa, o que tornava necessário arrumar a casa. Ela argumentava também que se tratava de ações que tinham públicos, temáticas e estruturas diferentes:

– Pastoral da Criança no ambiente familiar e comunitário, para os necessitados de zero a 6 anos, e Pastoral do Menor para as chamadas crianças institucionalizadas e jovens de 7 aos 18 anos.

O andar de cima

Era um consenso, na CNBB, que seria temerário e quase profano deixar que uma disputa política no âmbito das pastorais se ampliasse. Não por outro motivo, o assunto passou a fazer parte de reuniões regulares e informais dos bispos e cardeais da entidade durante o ano de 1983.

Os bispos e cardeais, no entanto, também tinham discordâncias entre si.

De um lado, quando o assunto começou a se impor na Comissão Episcopal de Pastoral da CNBB, estava o secretário-geral da entidade, Dom Luciano Mendes de Almeida, fundador da Pastoral do Menor. De outro, Dom Geraldo Majella Agnelo, arcebispo de Londrina, fundador da Pastoral da Criança. Ao fundo, Dom Paulo Evaristo Arns, arcebispo de São Paulo, a maior diocese do país, irmão e líder espiritual de Zilda Arns.

Não houve alarde além dos portões da CNBB, mas José Maria Mayrink, como especialista em Igreja Católica, investigou a crise e identificou, entre os defensores mais notórios do enquadramento proposto pela irmã Maria do Rosário à Pastoral da Criança, o então bispo de Jales, Dom Luiz Demétrio Valentini, e o bispo de Imperatriz, Dom Affonso Felippe Gregory, responsável na época pelo setor social na CNBB.

Em depoimento à revista *Estudos Avançados*, anos depois, Zilda delimitaria o terreno arriscado por onde teve de caminhar:

– Havia, dentro da Igreja, pessoas conservadoras que me perguntavam a razão de as paróquias cuidarem das crianças, pesá-las e ensinar a fazer soro. Isso seria serviço da saúde pública, e o da Igreja era evangelizar. De outro lado, grupos de esquerda diziam: soro caseiro? O importante é lutar por saneamento básico, água potável etc.

O primo Dom Leonardo Steiner, ainda um vigário a caminho do bispado naqueles tempos, sentia que parte dos bispos "achava que a Pastoral não daria certo, não era necessária". Alguns, segundo ele, criticavam até o soro caseiro difundido pela prima, perguntando:

– Como chegar a uma comunidade e falar que água, açúcar e sal são um remédio?

– Se ele me deixar pôr o pé na porta, o corpo vem depois.

Foi assim que Zilda descreveu, para Elson Faxina, a determinação que teve de abordar até mesmo os bispos que nem queriam falar com ela e a evitavam. Ao fazê-lo, ela seguia mais um conselho de Dom Paulo: "Reforçar os amigos, conquistar os indiferentes e neutralizar os inimigos." Outra insistente recomendação de Dom Paulo era a de que ela nunca começasse a trabalhar numa diocese sem autorização do bispo.

Elson Faxina era identificado com outro grupo da CNBB que fazia ressalvas à esquerda à atuação de Zilda Arns. O grupo tinha, como líderes, Dom Tomás Balduíno, fundador da Comissão Pastoral da Terra e líder do Conselho Indigenista Missionário, Frei Leonardo Boff, ícone da Teologia da Libertação e Frei Betto, futuro coordenador do programa Fome Zero do governo de Luís Inácio Lula da Silva:

— Esses religiosos respeitavam o trabalho dela, sabiam que era importante, mas o foco era o enfrentamento político, no bom sentido, de transformação da sociedade.

Para os críticos desta banda do espectro ideológico da Igreja, incluindo Faxina, Zilda tinha uma resposta pronta:

— Até que o governo consiga resolver toda essa pobreza, já morreu metade das crianças.

Ela também teve o irmão Dom Paulo na hora em que o destino da Pastoral da Criança foi decidido. Ele procurou os bispos que não queriam conversa, pedindo que eles a recebessem. E com um deles, lembrou a irmã Helena, Dom Paulo chegou a cometer um exagero:

— Se a Zilda não tivesse cinco filhos eu ia pedir pra ela vir pra São Paulo trabalhar na favela.

Como, nas palavras do sobrinho Nelson, Dom Paulo "abria algumas portas entre os progressistas e fechava outras entre os conservadores", a expectativa sobre o formato com o qual a CNBB implantaria o projeto proposto pelo UNICEF continuou até uma reunião ocorrida no segundo semestre de 1983 na qual o voto decisivo foi o de Dom Serafim Fernandes de Araújo, arcebispo de Belo Horizonte, então responsável pelo setor de comunicação social da entidade. Sua justificativa:

– Os argumentos contra não são nada mais que ideologias.

Vinte anos depois, o mesmo José Maria Mayrink constataria que Dom Affonso Felippe Gregory já reconhecia que a Pastoral da Criança se impusera pela "magnitude" e por estar "presente na vida humana nos momentos mais delicados". O próprio Dom Luciano Mendes de Almeida não demoraria muito a concordar com a coexistência das pastorais do Menor e da Criança.

No final das contas, para Gilberto Carvalho, ministro poderoso dos governos Lula e Dilma Rousseff e à época um dedicado militante das Comunidades Eclesiais de Base e da Pastoral Operária, Zilda Arns deu sorte de estar na "CNBB nas melhores fases":

– Nós tivemos a CNBB do tempo de Dom Aloísio, Dom Ivo e depois de Dom Luciano, que foi um tempo luminoso da Igreja no Brasil.

Luminoso e sutil, já que uma particular consequência da disputa política dentro da CNBB em 1983 demoraria mais de vinte anos para acontecer: a separação das pastorais do Menor e da Criança em dois organismos autônomos, especificamente na diocese da cidade mineira de Mariana, comandada por Dom Luciano Mendes de Almeida, de 1988 até o ano de sua morte, 2006, só foi formalizada em 2014.

Andar de baixo

– Tem política? Se não tem, estamos dentro!

A resposta entusiasmada do professor Romeu Edson Paulino, então diretor do colégio de Florestópolis, e da mulher Idalina, ambos entrevistados tempos depois por José Maria Mayrink, representava o pensamento de uma parte da comunidade que tentava enfrentar o flagelo da mortalidade infantil na cidade.

Junto com irmã Eugênia Piettà, as enfermeiras Cléo Edith Nascimento e Maria Alexandrina Vargas Scalassara e outros voluntários que se envolveram com o projeto a partir do período de capacitação iniciado por volta de agosto de 1983, Romeu chegaria a ser chamado de "subversivo" por fazendeiros da região, por ter enviado ao então governador José Richa um levantamento das doenças na região, ilustrado por fotos do cemitério da cidade, cheio de cruzes pequenas pintadas de branco.

Outra parte da comunidade não reagiu bem à chegada dos pioneiros da Pastoral da Criança. Na lembrança de Sônia Baise, por exemplo, algumas pessoas temiam que Florestópolis se tornasse, como se já não fosse, "um exemplo de miséria". Maria Figueiredo também sentia "que o povo tinha vergonha", mas não desanimou:

— Era tudo pobre e, quando fala de pobre, o povo já fica áspero.

Outro foco de aspereza, na lembrança de Maria, eram os maridos, incomodados com a chegada dos voluntários, que geralmente instalavam balanças de pesagem dos bebês em galhos de árvores nos quintais e ali mesmo ensinavam as mães a cuidar dos filhos:

— Teve marido que falava assim com as mulheres: para que todo dia isso? Pra que todo mês isso? Não vai adiantar de nada! E na época tinha muita mãe que achava que não adiantava lutar porque aquilo que a gente vivia era uma maldição.

Eunice Vicente Cardoso, outra participante da reunião pioneira com Zilda Arns e que se tornaria coordenadora da Pastoral, contou a José Maria Mayrink que a desconfiança dificultou muito o início do trabalho:

— A gente perguntava sobre os hábitos da família, salário e renda, e as pessoas não gostavam. Parecia indiscrição.

Maria Alexandrina Vargas Scalassara, uma londrinense que também estava na paróquia de Florestópolis no primeiro dia, relatou a Mayrink outro tipo de obstáculo:

– Não era fácil porque algumas pessoas queriam alguma coisa em troca.

Mayrink registrou ainda um tipo tão cruel como sutil de reação à chegada da Pastoral:

– Numa das primeiras reuniões em Florestópolis, levaram uma criança que estava quase morrendo. Era um teste para a doutora Zilda. Ela teve certeza de que os médicos, ou quem mandou, queriam ver se o que ela propunha dava certo. E a criança, tratada com os sais de reidratação oral, reagiu e sobreviveu.

Os filhos Nelson e Rogerio acompanharam de perto os primeiros desafios de Zilda em Florestópolis. E puderam perceber que houve também defecções, à medida que os voluntários iam ensinando às mães como preparar o soro caseiro dos bebês. Um dos que abandonaram o barco e passariam a denunciar a Pastoral da Criança como "obra de comunistas", segundo Nelson, era dono de uma farmácia:

– Este senhor chegou até a dar depoimento sobre a coisa maravilhosa que era a Pastoral. No momento em que as mães aprenderam a fazer o soro caseiro em casa, o faturamento dele caiu em 70%.

Era um caso típico de mazela social que havia gerado uma consequência e uma atividade econômica ou, no caso de Florestópolis, um alto consumo de remédios relacionados com a diarreia. Não surpreendeu, portanto, que outros dois farmacêuticos da cidade, segundo Rogerio, também acabassem se insurgindo contra a Pastoral. E com um detalhe:

– Não eram só três farmacêuticos. Eles eram também três vereadores e tiveram grande acolhida na Câmara Municipal para a tese de que a Pastoral estava prejudicando a economia local.

Dom Geraldo ainda tentou apaziguar, indo até a Câmara Municipal e pedindo a compreensão dos farmacêuticos vereadores:

– Alguém aqui é contra salvar vidas? Não é essa a luta de um farmacêutico, de alguém que tem uma farmácia? Salvar vidas? Nós estamos fazendo!

Não adiantou.

A usina

Nenhuma força contrária à Pastoral seria mais poderosa e intimidadora do que a da Usina de Porecatu, que à época detinha a propriedade ou controlava quase todas as plantações de cana da região de Florestópolis e que, na lembrança de Dom Geraldo Majella Agnelo, "pagava os boias-frias com vales que eles tinham de gastar no mercado da fazenda, comprando coisas de que não precisavam".

A usina pertencia ao grupo de Jorge Atalla, então o maior produtor de açúcar do Brasil, presidente da Copersucar, detentor de poderosas ligações com os governos militares e protagonista de manobras históricas para escapar de dívidas bilionárias junto a bancos brasileiros.

A ameaça à Pastoral, na época, chegou embalada em boatos fortes, não desmentidos categoricamente nem confirmados integralmente, de que, caso a equipe de Zilda Arns continuasse atuando na cidade, a usina repensaria a parte que considerava sua no latifúndio de responsabilidade social que vinha erguendo havia décadas no norte do Paraná: o pagamento de parte dos salários dos professores municipais de Florestópolis.

Foi quando Zilda percebeu, com mais intensidade, a importância de ter boas relações com a imprensa e a televisão. Uma equipe da TV Globo do Paraná estava para chegar a Florestópolis para produzir uma reportagem sobre o projeto. De acordo com seu relato ao filho Rogerio, Zilda fez chegar à usina uma réplica em forma de desafio:

— Não pode cortar o salário das professoras! Vai chegar aqui uma equipe da Globo. E se vocês fizerem o que estão dizendo, aproveitem pra vir aqui dar uma declaração, porque a Globo vai filmar e divulgar o que vocês estão fazendo. O nosso papel é salvar vidas. E o de vocês, qual é?

A equipe da TV Globo foi realmente a Florestópolis no dia marcado, mas a ameaça de suspensão de pagamento dos professores não se consumou. A usina do grupo Atalla apareceu na reportagem por outro motivo: os índices de doença entre as crianças boias-frias que viviam nas três fazendas da área da usina eram os mais altos da região.

Em setembro de 1998, nas comemorações dos quinze anos da Pastoral da Criança em Florestópolis, Rogerio presenciaria o momento em que sua mãe foi abordada por uma produtora local encarregada de organizar o palco da celebração de uma missa, no pequeno estádio de futebol da cidade. Dom Geraldo Majella Agnelo, na época trabalhando no Vaticano, e outros pioneiros estavam presentes.

— Doutora Zilda, a gente tem que chamar as várias pessoas que apoiaram a Pastoral para o palco e não podemos deixar de chamar o pessoal da usina. Ninguém apoia mais a Pastoral aqui em Florestópolis do que a usina.

A resposta de Zilda foi imediata:

— No palco, não! Você pode citar. Mas no palco eles não vão subir!

Os anos passariam e, no dia 1º de março de 2014, cerca de 500 famílias do Movimento dos Trabalhadores Rurais Sem Terra (MST) ocupariam a Fazenda Porta do Céu, em Florestópolis, pertencente à família Atalla. Montaram um acampamento, acusando a fazenda de ser improdutiva e o Grupo Atalla de submeter seus empregados a uma situação "degradante, semelhante ao trabalho escravo". A ocupação fazia parte do "Carnaval Vermelho", uma mobilização nacional do MST. Nome dado ao acampamento: Zilda Arns.

O começo do céu

A ditadura militar estava acabando e ainda era forte o ranço que associava ação comunitária a atividades ilícitas ou proibidas. E Rogerio, cada vez mais atento ao trabalho da mãe, chegou a duvidar, no auge das dificuldades da experiência pioneira em Florestópolis:

— Mãe, como é que mulheres que nem sequer às vezes têm tempo para enterrar seus filhos podem ser grandes promotoras da vida em abundância?

Dificuldades à parte, o que estava chamando a atenção e, em alguns casos, provocaria discreto ciúme, eram os resultados imediatamente palpáveis que a Pastoral da Criança estava obtendo. E o entusiasmo com que até líderes de outras pastorais estavam aderindo à causa de Zilda Arns.

Ana Ruth Goes, missionária leiga, conciliava a atuação na Pastoral da Saúde com o cargo de enfermeira-chefe do Serviço de Enfermagem do Hospital Infantil da Universidade Federal da Bahia até 1982, quando conheceu Zilda durante um seminário sobre aleitamento materno. Ana, que mais tarde seria coordenadora da implantação da Pastoral da Criança na região Norte-Nordeste, foi testemunha da grande adesão de religiosos ao projeto comandado por Zilda e Dom Geraldo:

— Era um jeito novo de construir um reino. As religiosas foram vendo isso e, a cada dia, mais religiosas iam aderindo. A Igreja falava num novo jeito de evangelizar, que era chegar perto das pessoas. Antigamente, era sofrer aqui para ganhar o céu. Não! O céu tem que começar aqui!

Hilda Arns, uma das freiras que abraçaram a causa da Pastoral da Criança, depois de obter autorização de sua congregação para se fixar em Forquilhinha a partir de 1985, levou alguns meses para integrar ao projeto cerca de cinquenta paróquias da grande diocese de Tubarão, em Santa Catarina. "Tudo funcionando, organizado, planejado bem como devia funcionar", comemoraria ela em 2014, ainda orgulhosa e sem esquecer do dia em que encontrou um padre cético pela frente:

– O padre gritou assim: Pastoral da Criança? Como? Não damos conta nem dos grandes e dos adultos, e agora começa essa freira com pastoral de criança? Aí eu disse: padre, deixa eu falar só cinco minutos. Trabalho não vai dar pra vocês. E foi o suficiente para conseguirmos mais um núcleo de voluntários.

Outro fator que colocava a disputa entre pastorais na sua devida dimensão de importância, dissipando egos e diferenças conceituais, era o fortíssimo componente religioso que inspirava tanto os líderes, voluntários e coordenadores da Pastoral da Criança quanto as famílias atendidas por eles. A pioneira Maria Figueiredo, por exemplo, quase sempre tinha de rezar um Pai-Nosso e uma Ave-Maria antes de qualquer palavra sobre aleitamento materno ou reidratação oral:

– Eu acho que a gente trabalhava mais era pra Deus, né? Na hora em que saía de casa a gente já se benzia e falava: Meu Deus, me acompanha que eu estou precisando.

A fé católica, em alguns casos, era a única arma que os líderes da Pastoral podiam usar para combater o preconceito e a desinformação. Ana Ruth Goes, por exemplo, entrou em muitas casas ouvindo que vacina "ou matava ou aleijava":

– Aí vinha o pessoal da Igreja, dizia que a vacina era importante e que realmente não ia fazer mal. Aí só a Igreja tinha uma força para convencer as pessoas.

Ana Ruth também nunca se esqueceu de outra característica da Pastoral da Criança que, segundo ela, fez toda a diferença naquela fase de implantação: a distribuição de conhecimento e de autonomia em vez de comida. Acontecia em cidades do interior onde, antes, políticos nem hesitavam em dizer que faziam, de cestas básicas do governo, moeda eleitoral. E onde as mães, muitas vezes, deixavam de amamentar para receber sacos de leite.

"Não tinha aquilo de vou ganhar comida, vou ganhar isso e aquilo. Nós também estávamos acostumados a dar. Não! Eles mesmos iriam trabalhar, eles mesmos iriam produzir."

Irmã Helena Arns, acostumada a ser uma "líder de fora" que ia até os morros de Porto Alegre fazer caridade, também começou a se dar conta de que eram os próprios integrantes das comunidades, conhecendo cada rua e cada morador do lugar, que estavam adquirindo conhecimento e aprendendo a preparar as condições para cumprir a missão pastoral de "dar vida em plenitude às crianças".

Gilberto Carvalho, na época, já trabalhava nas comunidades, seguindo a linha da Teologia da Libertação, "de uma fé engajada na mudança concreta da vida do povo". Mas ficou impressionado com o avanço da Pastoral da Criança:

"Eu vi o trabalho da Pastoral da Criança se multiplicar de maneira vertiginosa em todo o país. É claro que o fato de a Igreja ter essa presença tão capilar na sociedade permitiu esse avanço. Mas foi surpreendente."

Encalhe

Um ano depois da hesitação de Rogerio com aquele início sofrido das cinco ações básicas de saúde da Pastoral da Criança em Florestópolis, o índice de mortalidade infantil no município despencaria espetacularmente de 127 para 28 mortes a cada mil nascimentos.

Era um resultado cujo marco inesquecível para Flávio Arns, outro da família que se engajou na Pastoral da Criança antes de se tornar um parlamentar identificado com projetos e políticas de educação especial, aconteceu quando ele esteve numa pequena cidade do interior do Paraná, entre 1983 e 1984. Ao passar em frente à funerária da cidade, assustado com a grande quantidade de urnas funerárias infantis à venda, Flávio entrou na loja.

– Pelo jeito, morre muita gente aqui na cidade, não é, amigo?

– Que nada! Isso é estoque antigo. Depois que começou essa Pastoral, encalhou tudo. A gente não vende mais nada.

4
LIÇÕES DO CHÃO

Mais de duas décadas antes de se tornar um aliado importante de Zilda Arns nos labirintos da burocracia do governo e nos congressos de pediatria, o médico mineiro Márcio Junqueira Lisboa teve um dia de trabalho em que resolveu provocar a equipe de jovens pediatras que chefiava na Maternidade Alexander Fleming, em Marechal Hermes, Rio de Janeiro.

Por volta das 9 da manhã, ele exibiu duas garrafinhas de Coca-Cola e um pacote de biscoitos à equipe. Em seguida, anunciou, misterioso e com propósital exagero, que estava inaugurando um novo tratamento para as crianças que não paravam de chegar ao hospital vomitando, desidratadas, e ordenou:

– A primeira criança que aparecer vomitando, vocês me chamem.

Minutos depois, chamaram. Márcio, após examinar a criança, resolveu dar um exemplo radical de simplicidade que até seria revisto pelos pediatras no futuro: mandou que eles dessem à criança a primeira garrafa de Coca-Cola, bem gelada e aos pouquinhos, junto com pedacinhos de biscoito. Deram. Cerca de duas horas depois, ele voltou à enfermaria, reuniu a equipe e perguntou:

– Deu certo?

Sim, tinha dado certo. A criança estava recuperada, e um dos pediatras quis saber o que fazer com a outra garrafa de Coca-Cola que fazia parte do novo tratamento.

– Essa eu vou beber. Vocês não acham que eu mereço?

※ ※

Reinaldo Menezes, outro fiel defensor de Zilda Arns no meio acadêmico, vinha de uma experiência não muito bem-sucedida, ao aceitar o convite dela para conhecer o projeto-piloto da Pastoral da Criança, em Florestópolis, no final de 1983. Ele fora presidente da Sociedade Brasileira de Pediatria até o ano anterior e tinha sido um dos responsáveis, junto com a equipe do Ministério da Saúde, pela aplicação, no Brasil, de um programa de reidratação oral criado pela Organização Mundial da Saúde.

Reinaldo vira o programa "tecnicamente perfeito" da OMS naufragar na falta de abrangência e de alcance e, ao chegar a Florestópolis para avaliar a preparação da equipe da Pastoral da Criança a pedido de Zilda, foi instado por ela a perguntar o que quisesse às líderes e voluntárias. E perguntou:

– Quando é que as crianças devem começar a ser alimentadas?
– Logo depois do parto. Terminou o parto, já põe no peito.

Ao final da longa sabatina, ainda impressionado com as respostas precisas das líderes, Reinaldo foi com Zilda até a maternidade de Florestópolis, onde, depois de acompanhar um parto, se deu conta de que "estava tudo errado onde deveria estar tudo certo e tudo certo onde tudo deveria estar errado":

– Para começar, o parto não foi parto. Foi cesariana. Depois, a criança foi mandada para o quarto, longe da mãe, tudo ao contrário. A maternidade e o serviço médico estavam fazendo tudo errado. E as líderes comunitárias sabiam a cartilha, tudo certinho.

※ ※

O médico gaúcho Cesar Gomes Victora, epidemiologista reconhecido internacionalmente e parceiro científico fundamental de Zilda Arns em mais de três décadas, nunca se esqueceu do dia em que detectou uma falha nos procedimentos da Pastoral da Criança, depois de muitos anos de trabalho com Zilda Arns.

Especialista em programas de amamentação, subnutrição infantil e diarreia, Cesar chegou à conclusão de que as gestantes assistidas pela Pastoral estavam sendo descobertas muito tarde, com sete ou oito meses de gravidez, quando boa parte das ações preventivas para garantir que os bebês nascessem sadios tinha de ser efetuada nos primeiros meses de gestação. Cesar jamais esqueceu a reação de Zilda, quando ele deu a notícia:

— Estamos descobrindo tarde? Então vamos de casa em casa! Vamos achar quem está no primeiro, segundo, terceiro mês de gestação e colocar essas mulheres no pré-natal.

A rapidez com que Zilda acatou o argumento científico e, sem hesitar, se lançou num "mutirão das gestantes", mobilizando líderes da Pastoral e até simples paroquianos de Florestópolis para corrigir a falha metodológica, foi uma praxe nos trinta anos da parceria que nasceu naquele primeiro encontro: em agosto de 2014, no exato momento em que dava uma entrevista para um documentário sobre a vida de Zilda Arns, Cesar e sua equipe da Universidade Federal de Pelotas estavam perto de concluir a revisão técnica e científica de mais uma edição do *Guia do líder da Pastoral da Criança*. E Zilda já tinha morrido havia mais de quatro anos.

Nas palavras da irmã Vera Lúcia Altoé, sucessora de Zilda na coordenação nacional da Pastoral da Criança, em 2014 a entidade já não tinha qualquer enfrentamento de ordem científica porque todo o material de trabalho dos líderes continuava sendo certificado:

"Fé e ciência têm que andar juntas."

Vaivém

A ligação de Cesar Victora, Reinaldo Menezes e Márcio Lisboa com Zilda Arns e a Pastoral da Criança nunca foi, portanto, de natureza religiosa. O que ela sempre buscava neles, mais do que resgatar ovelhas desgarradas do rebanho de Cristo, era sustentação científica para seu profundo compromisso com a saúde pública.

A contrapartida para a chancela científica, na avaliação dos três, foi até maior. Para Reinaldo Menezes, por exemplo, a Sociedade Brasileira de Pediatria, ao fazer o acompanhamento do programa da Pastoral, teve oportunidade de corrigir um erro histórico no tratamento da diarreia:

– Nós, durante décadas, mandávamos as crianças ficarem na chamada dieta zero, sem comer nada enquanto estivessem com diarreia. Imagine o que era isso para uma criança desnutrida! Esse erro nós, pediatras, cometemos não só no Brasil, mas no mundo inteiro. Os livros mandavam fazer isso. Ficávamos dando água de arroz e coisas que não alimentavam, o que agravava tremendamente um estado de nutrição que já era ruim.

Zilda praticava o que Reinaldo conceituou como "benemerência bem-orientada", alternativa de intervenção às linhagens "tecnocrática e ligada ao complexo médico-industrial", "regulamentadora tipo Estatuto da Criança", "de crítica social tipo Dom Hélder" e "mais espiritual, contemplativa", que, segundo ele, "acha que as pessoas precisam melhorar para que a sociedade seja melhor".

Benemerência bem-orientada, sim, como não se poderia deixar de concluir, à simples leitura do currículo acadêmico de Zilda a partir do diploma de medicina pela Universidade Federal do Paraná: nada menos do que nove cursos de especialização e aperfeiçoamento em instituições como a Faculdade de Saúde Pública da Universidade de São Paulo, a Organização Pan-Americana de Saúde, a Organização Mundial da Saúde, Universidade de Antioquia, a própria Sociedade Brasileira de Pediatria, a John Hopkins University e o Miami Hospital de Ohio, nos Estados Unidos.

O que Zilda tinha e que também enchia os olhos dos cientistas que acompanharam seu trabalho era o que Elson Faxina chamou de "vaivém" que ela fazia entre a universidade e o conhecimento popular, entre "o pessoal que tem uma facilidade muito grande para navegar no abstrato" e "o conhecimento milenar, histórico e cultural".

Como aconteceu no dia em que Faxina testemunhou um encontro dela com uma comunidade indígena do Mato Grosso. Zilda tinha falado muito de higiene e, quase no final do encontro, ensinou:

– Olha, as crianças não podem ficar muito sujas.

Ao que uma líder da Pastoral interveio:

– Doutora Zilda, a senhora me desculpe, mas não estamos sujas. Isso é terra.

Na volta da viagem, ela saboreou a lição com Faxina:

– Ali eu percebi que, para o índio, terra não é sujeira.

Na conta dos dedos

Foi durante essas viagens, por lugares onde terra não é sujeira e onde a maioria dos índios só consegue contar um, dois, três e "muitos", que Zilda e os voluntários da Pastoral foram fazendo descobertas inesperadas. Devido a uma limitação semelhante de aprendizado, por exemplo, a Pastoral teve de mudar todo o processo de preparação do soro, baseado na dosagem de oito pitadas de açúcar por uma de sal, depois de perceber que a maior parte das mães não sabia contar até o número oito sem se perder.

Outra descoberta lembrada por Nelson foi a de que a solução preparada com os sais de reidratação oral do Ministério da Saúde, feita para diluição em um litro de água, acabava tendo uma concentração quase sempre maior do que devia porque quase nenhuma daquelas famílias tinha vasilhas de um litro em casa. O soro caseiro da Pastoral não provocava esse tipo de problema porque era sempre feito em copos de 200 mililitros.

No vaivém entre os dois mundos de Zilda, ela deixou registrada, em seu livro de memórias, a tristeza de encontrar milhares de mães que trocavam o leite materno por mamadeiras diluídas em água suja, outras que não vacinavam as crianças quando não havia cestas básicas para serem doadas nos centros de saúde, as que limpavam o nariz de todos os filhos com o mesmo pano ou sofriam e apanhavam de maridos que chegavam em casa bêbados.

Em outra entrevista, para o programa *Roda Viva*, em vez de tristeza, Zilda mostrava sua indignação com os descaminhos da ação do governo, "um serviço centralizado impossível de supervisionar", com a "máfia nacional dos medicamentos" e o "horror" que era a distribuição da cesta básica.

Outras lições do contato direto com as comunidades, na lembrança do filho Rogerio, foram decisivas para o próprio sucesso do trabalho dos líderes e voluntários. Como num dia em que a Zilda repetiu, como fazia todo mês, a mesma enxurrada de perguntas sobre a situação dos bebês, óbitos, aleitamento e vacinação, e uma das líderes da Pastoral em Florestópolis não resistiu:

– Doutora Zilda, pelo amor de Deus! Será que a gente não pode ir ao mercadinho comprar um caderno e começar a anotar isso?

Surgia, naquele dia, o Caderno do Líder, embrião do sistema de informações da Pastoral, que anos depois seria motivo da admiração de executivos e administradores públicos. E até mesmo ações que tinham sido iniciadas por Zilda nos tempos da secretaria estadual de Saúde do Paraná avançaram, com o trabalho da Pastoral.

Uma professora do município paranaense de Cidade Gaúcha, por exemplo, tinha descoberto, através de um manual de identificação precoce de doenças distribuído por Zilda na época da secretaria, que uma quantidade atípica de crianças da rede escolar da cidade não enxergava direito e precisava de óculos. Inexplicavelmente. Até a professora se tornar coordenadora local da Pastoral e descobrir, com o sistema de informações do projeto, que a dieta da região carecia de vitamina A, o que aumentava, e muito, a incidência de problemas de visão.

O próprio roteiro das reuniões da Pastoral seria aprimorado a partir da observação atenta de Zilda ao comportamento das mães. Ao sobrinho Flávio, ela explicou um dia que o soro caseiro era o "carro abre-alas" da Pastoral:

– A criança estava lá na palestra junto com a mãe, mal, desidratada, e tia Zilda começava a dar o soro no início da palestra, depois dava o treinamento e continuava dando o soro. No final da tarde, a criança já estava se sentindo melhor e a mãe dizia: funciona mesmo.

O soro da discórdia

– Imagine querer transformar essas mulheres analfabetas em médicas!

Frases como esta começaram a surgir em certas rodas de conversa de médicos, à medida que os resultados das ações básicas de saúde da Pastoral da Criança iam redesenhando o mapa da mortalidade infantil no país. Alguns até criaram, ironicamente, a categoria dos "médicos dos pés descalços". Zilda, orgulhosa do diploma que tinha, não escondia de Rogerio a mágoa com as críticas. Mas respondia no ato:

– Não! Eu quero transformar essas mulheres em mães!

Começava, como não poderia deixar de ser, mais uma rodada do antigo debate entre a medicina de doença, hospital e ambulatório, de um lado, e a medicina de prevenção e de promoção da saúde, do outro. Márcio Lisboa tinha sido coordenador da Comissão Criança Constituinte do Distrito Federal e atuara em sintonia total com Zilda, integrante da comissão nacional do mesmo nome, criada em 1986 para defender os interesses das crianças junto aos constituintes de 1988. Lutaram juntos, na época, por uma conquista que acabaria sendo garantida num artigo do Estatuto da Criança, em julho de 1990: o direito da "mãe acompanhante" ou, se fosse o caso, do pai, de acompanhar, 24 horas por dia, os filhos internados em hospitais. Antes, os hospitais podiam proibir.

Aos 87 anos, membro de várias academias médicas e com uma carreira pediátrica pontilhada de cargos e títulos na Universidade de Brasília, no Ministério da Saúde e na Organização Pan-Americana de Saúde, Márcio ainda mantinha em funcionamento um consultório em sua casa no Lago Sul de Brasília, em 2010. Mas já não escondia a impaciência ao falar dos colegas que, no início dos anos 1980, criticaram a Pastoral da Criança:

– Era aquele velho pessoal que achava que o simples não funcionava. O que a Zilda mostrava? Que o aleitamento materno diminuía, e muito, a mortalidade infantil. O ministério sabia disso, todo mundo sabia, os pediatras sabiam! O soro caseiro também diminuía a mortalidade. Custava caro? Não! E a amamentação? Não! E a educação sanitária? Custava nada! Por que o Ministério da Saúde não mandava fazer? Porque tinha médicos formados naquela mentalidade do complexo, do complicado.

Reinaldo Menezes foi mais longe, deixando no ar algo mais pesado do que o fascínio de certos colegas pediatras pelo complexo e pelo complicado:

– Quem se opunha ao trabalho na linha da Pastoral da Criança frequentemente estava movido por interesses econômicos. Mas quem estava movido por interesses econômicos não dizia que estava movido por interesses econômicos.

O próprio UNICEF, apesar de ser patrocinador técnico, institucional e financeiro do projeto da Pastoral, flertara com soluções opostas. Foi entre 1982 e 1983, ao oferecer à freira Helena Arns, através de seu escritório em Brasília, uma bolsa de estudos para um curso hospitalar. A irmã e então colaboradora de Zilda, ao agradecer e declinar da oferta do que chamou de "curso de um pequeno hospital para pobres", explicou:

– Não queremos hospital. Queremos trabalho na comunidade.

Para Reinaldo Menezes, propostas como a de Zilda Arns e de outros sanitaristas só prosperaram porque os anos 1980, que os economistas chamaram de "década perdida", abriram espaço, acidentalmente, para uma "época de ouro" da saúde pública no Brasil:

– Com a falta de recursos, começaram a lançar mão de ações preventivas de baixo custo e que tiveram eficácia.

E a eficácia foi tanta que, nos dez anos da campanha que teve seu auge em 1987, a terapia de reidratação oral implantada pela Pastoral da Criança, com água, sal e açúcar misturados pelas próprias mães, dentro de casa, "teve um efeito maior do que o conjunto de hospitais pediátricos que estavam à disposição da população", de acordo com Nelson Arns Neumann.

No setor das farmácias, percebeu-se, previsivelmente, uma multiplicação em escala regional, depois estadual e finalmente federal, da reação dos três farmacêuticos vereadores de Florestópolis que acusaram a Pastoral da Criança de ser uma célula comunista. Nos cálculos de Nelson Arns Neumann, metade do lucro das farmácias, na época, estava vinculada à venda de remédios para tratar ou maquiar a diarreia. E para ilustrar a situação, ele propôs um raciocínio:

– Imagine que 80% dos leitos de hospitais infantis eram ocupados por crianças com desidratação, todos recebendo soro pela moleira, na cabeça, porque não se conseguia pegar outra veia para fazer a reidratação por via venosa.

Nelson, mestre em epidemiologia pela Universidade Federal de Pelotas com doutorado em saúde pública na USP, tinha trabalhado num desses hospitais, em Curitiba, nos tempos de estudante. Em sua lembrança, às vezes 100% das vagas da UTI do Hospital de Clínicas chegavam a ser ocupadas apenas por crianças desidratadas. E para ilustrar o que acontecia no setor de pediatria, ele propôs mais um raciocínio:

– Imagine que para fazer o equilíbrio de acidose, a gente tirava o sangue arterial e tinha de espetar o bracinho da criança. Depois, saía correndo para o laboratório de plantão pra poder continuar o processo. A cada três dias, a criança precisava receber transfusão de sangue, de tanto sangue que a gente tirava pra fazer exames. Imagine o sofrimento dela, os riscos hospitalares e o custo para o sistema.

Longe da moderna Curitiba onde Nelson atuava, mais exatamente nas comunidades rurais de Colônia 13 e Campo de Crioulo, dois povoados miseráveis do município sergipano de Lagarto, a 78 quilômetros de Aracaju, a professora Josefa de Lourdes Pacheco, a Udinha, líder comunitária da Igreja e futura coordenadora da Pastoral da Criança, sofria ainda mais. Lá, as crianças desidratadas morriam:

– Em cada comunidade, por semana, em média, eram três ou quatro crianças. Era muita agonia. Tinha dias em que as freiras sofriam muito e até dormiam com as crianças no colo pra ver se isso ajudava a salvar.

O médico pediatra e futuro ministro da Saúde Alceni Guerra conhecia Zilda Arns do tempo em que ela trabalhava na Secretaria Estadual de Saúde do Paraná e ele na Superintendência de Medicina Assistencial do antigo Inamps no estado. Como outros de sua geração, ele pertencia à escola que achava que todas as crianças com desidratação mediana ou pequena "tinham que ter a fortuna de encontrar um pediatra que as hidratasse por via intravenosa para repor os sais minerais, o sódio, o potássio e mesmo a glicose que elas perdiam com diarreia e vômito". E foi severo ao duvidar do soro caseiro:

– Zilda, se a criança está vomitando, como é que você quer que ela retenha o soro caseiro oral que você está dando? Ela vai vomitar também!

A resposta de Zilda, na lembrança de Alceni, foi imediata e serena:

– Alceni, em pequenas quantidades e com muita paciência, não vomita. Retém todo o líquido!

Aquele cenário mudaria tanto que o Ministério da Saúde, que na época tinha levado adiante a instalação de salas específicas equipadas só para reidratação, dentro dos postos de saúde, viu-se obrigado, três anos depois, a desativar as salas porque não existia mais demanda. As mães, cada vez mais treinadas pela Pastoral da Criança, em vários pontos do país, já estavam se apropriando daquele conhecimento.

Ao lembrar sua própria mudança de posição, Alceni Guerra a definiu como "uma transição entre o pensamento de um pediatra exaustivamente treinado para dar socorro hospitalar a crianças doentes e o de um futuro ministro de Estado e administrador de sistema de saúde que tinha consciência de que o Brasil não tinha recursos pra fazer isso com todos os brasileiros":

– Era preciso um sistema comunitário que ajudasse o Estado brasileiro a socorrer as crianças.

Medida certa

Em muitos casos, o desafio era separar exatos 200 mililitros.
Ou saber o que eram mililitros.

A tarefa aparentemente banal de manusear quantidades, num país onde pessoas se atrapalhavam na contagem de um a dez, estava na origem de uma imprecisão que parte dos pediatras atribuía ao soro caseiro, questionando a eficácia do programa liderado por Zilda Arns.

Para enfrentar o desafio, as equipes da Pastoral da Criança recorriam a expedientes criativos que, no caso dos liderados pela coordenadora Ana Ruth Gomes, na região Norte-Nordeste, incluíram até contribuições involuntárias e sem fins lucrativos, só nesta ordem, da Nestlé, dos fabricantes de penicilina e de fornecedores de marcas populares de esmalte:

– A gente fazia uma coisa bonita. Pegava aqueles vidros de Nescafé, lavava e esterilizava, tudo junto com as mães. Aí, com o esmalte, marcava os 200 mililitros em vermelho, fervia, fechava com a tampinha e botava também a colher de soro dentro, pra não ter contaminação.

Os vidrinhos de penicilina? Depois de devidamente lavados, eram usados para acondicionar óleo de amêndoa e, depois de benzidos pelo padre mais próximo, eram entregues às grávidas, para prevenção de estrias.

Bonito, sim, mas insuficiente para responder completamente aos críticos que defendiam um uso mais restrito do soro caseiro, entre eles o próprio Márcio Lisboa, um velho aliado que, em 2014, apontou "um certo radicalismo e aquela coisa germânica" na prescrição apaixonada de Zilda Arns para o combate à desidratação:

– Se você está na Amazônia, não tem farmácia, não tem nada, você tem que ter uma fórmula de ajudar a população. Se a desidratação é leve, o soro caseiro é uma coisa fácil de fazer. Faz em casa! A criança começa a vomitar à meia-noite? Faz o soro caseiro, que tem uma indicação muito precisa. Mas se a criança estiver com uma desidratação de certo nível, o soro caseiro não vai resolver.

Com o que concordou Reinaldo Menezes, outro aliado insuspeito que, a pedido de Zilda e do UNICEF, chefiou por algum tempo o chamado Grupo de Coordenação da Campanha do Soro Caseiro. À época secretário da Sociedade Brasileira de Pediatria, ele apoiava a campanha porque, embora soubesse que as mães não faziam o preparo com perfeição, "era melhor um soro imperfeito do que nenhum soro". Mas também sentiu que houve "um momento de radicalização".

"Havia um grupo de pediatras e às vezes não pediatras e enfermeiros que achava que o soro caseiro resolvia tudo, o que não era verdade."

Diagnósticos à parte, a tarefa que Reinaldo se impôs foi distribuir, em escala nacional, o método mais preciso de preparo do soro caseiro que Zilda Arns tinha conhecido em novembro de 1984, quando implantou a Pastoral na diocese de Bacabal, no Maranhão: uma colher-medida de plástico que Hildegard Richter, especialista em planejamento de saúde pública, e o frei franciscano Klaus Finkam tinham trazido de missões na África.

Com a ajuda do UNICEF e da rede de supermercados Pão de Açúcar, milhões de colheres-medida seriam distribuídas em todo o país, a partir de 1988. Mesmo, segundo Reinaldo, com "alguma resistência" do Ministério da Saúde ao que considerava ser uma falta de exatidão das colheres.

De quebra, muitas crianças pobres acabariam usando a colherinha azul para brincar na areia. E com passar dos anos, o soro caseiro, assim como os sais de reidratação, acabou sendo incorporado à pediatria brasileira e mundial. No final, na avaliação de Márcio Lisboa, "não sobrou radical nem de um lado nem do outro".

Os canhões

O impacto da distribuição de milhões de colheres-medida e o próprio crescimento da Pastoral da Criança talvez não tivessem sido tão expressivos se não fosse uma reunião ocorrida em 1986, na sede da Rede Globo de Televisão, na rua Lopes Quintas, Rio de Janeiro, entre o então representante do UNICEF no Brasil, o americano de origem irlandesa John Donahue, e o diretor da Central Globo de Comunicação, João Carlos Magaldi, encarregado do relacionamento da emissora de Roberto Marinho com a sociedade e suas instituições.

O jornalista Luiz Lobo, que cuidava de projetos especiais da central dirigida por Magaldi e também participou da reunião, não esqueceu o tom desafiador com que John Donahue abriu a conversa:

– Olha, vocês têm um canhão de comunicação, um instrumento de uma enorme potência e não usam a favor da criança.

De primeira, Magaldi rebateu:

– E vocês têm um canhão, que é um organismo das Nações Unidas para defender a criança e não me consta que vocês saibam usá-lo, pelo menos no Brasil.

Tensão no ar, risos constrangidos de ambos os lados. E Donahue propôs:

– Então nós precisamos aprender a trabalhar.

– Vamos trabalhar. Vamos fazer alguma coisa juntos e usar os dois canhões. A imagem do UNICEF no Brasil é de vendedora de cartão de Natal. Vocês só aparecem no fim do ano, vendendo cartão de Natal para angariar dinheiro.

John Donahue assimilou o tranco e, em pouco tempo, as equipes da TV Globo e do UNICEF estavam definindo as linhas mestras do projeto "Criança Esperança", o mais importante projeto de responsabilidade social da história da emissora e que arrecadaria mais de 120 milhões de dólares para serem repassados a mais de três mil instituições dedicadas aos interesses de crianças e dos adolescentes.

Já no ano seguinte, como representante da TV Globo nas reuniões para decidir para onde iria o dinheiro arrecadado pelo "canhão" do projeto Criança Esperança, Luís Lobo se viu no meio da disputa de duas correntes entre as entidades que tinham o apoio técnico do Unicef.

De um lado, na definição de Lobo, estavam os "sobrevivencionistas", que trabalhavam com saúde, basicamente. De outro, os "educadores", principalmente os educadores de rua, cujo pensamento era o de que não adiantava sobreviver sem ter uma vida digna e com educação. Aplicando-se os conceitos de Lobo às duas pastorais da CNBB à época voltadas para a infância e apoiadas pelo UNICEF, a da Criança era "sobrevivencionista" e a do Menor era mais próxima dos "educadores".

Luís Lobo era mais impressionado com os números "terríveis" da mortalidade infantil no Brasil. E conhecer o trabalho de Zilda Arns foi o que bastou para que escolhesse a linha que sugeriria à direção da TV Globo:

– A situação era de calamidade. Nós estávamos entre os piores números do mundo. E era uma vergonha. E descobrimos através da doutora Zilda, que além de pediatra era médica sanitarista, que com pequenas providências nós poderíamos mudar o quadro da mortalidade.

Defender a entrega dos recursos à Pastoral da Criança, de certo modo, era uma decisão de risco àquela altura, já que, na época, as experiências anteriores com o soro caseiro haviam falhado no Egito, nas Filipinas, na Indonésia e na Índia. Daí o sentimento de gratidão que Zilda sempre manifestou, nas conversas com o filho Rogerio, a Luís Lobo e à TV Globo:

"Aquele foi um momento crucial. A Pastoral já tinha resultados, mas o sistema de informações ainda estava começando e faltava um apoio institucional de maior envergadura que atingisse as políticas públicas. É por isso que o Luís Lobo foi uma pessoa-chave na história da Pastoral, e a mãe sempre foi muito grata a ele."

O governo brasileiro, na época em que a Pastoral da Criança recebeu o apoio da TV Globo, resistia em dar apoio à campanha do soro caseiro. Tudo mudou, porém, em 1988, quando o Ministério da Saúde se engajou no Pacto pela Infância, o acordo com várias organizações da sociedade civil que turbinou definitivamente a disseminação do soro caseiro.

E não deu outra: na hora de decidir como a Igreja ia participar do pacto e da campanha do soro, as pastorais do Menor e da Criança se viram de novo na mesma rota de colisão que movimentara os corredores e grupos políticos da CNBB em 1983, durante o projeto-piloto em Florestópolis. Foi quando Zilda Arns viu o parceiro fundador da Pastoral, Dom Geraldo Majella Agnelo, perder o costumeiro sangue-frio e ficar vermelho, durante uma reunião difícil com os religiosos e leigos da Pastoral do Menor.

Mas seria o próprio Dom Luciano Mendes de Almeida, às vésperas de trocar o comando da Pastoral do Menor pela diocese de Mariana, quem decidiria a disputa. Ele se rendeu ao fato de que a natureza eminentemente médica da ação e a faixa etária dos beneficiados pelo soro eram uma clara indicação de que a missão deveria ser entregue, sim, à Pastoral da Criança.

O recuo de Dom Luciano a favor de Zilda coincidia com uma decisão tomada pela direção da TV Globo e que seria transmitida ao UNICEF por Luís Lobo. Preocupada em garantir que os recursos do projeto Criança Esperança chegassem "na ponta", sem perdas com burocracia e estruturas inchadas, a emissora decidiu que 27,5%

do dinheiro arrecadado pela campanha teriam que ir, direto, para a Pastoral da Criança.

Zilda Arns nem teria muito tempo pra festejar.

Segunda guerra

Primeiro ela se trancou no banheiro e chorou muito por alguns minutos. Depois, lavou o rosto e se recompôs com calma diante do espelho. Em seguida, começou a se perguntar se voltaria ou não para a sala de um prédio em Brasília onde quase todo o corpo técnico do UNICEF estava reunido. E não demorou muito para decidir, depois de dizer a si mesma:

– Eu acredito no que faço. Não vou demonstrar fraqueza diante daquele homem...

O homem a quem Zilda Arns se referia, no relato sentido que fez do episódio ao filho Rogerio, era Cesare Florio La Rocca, um educador italiano discípulo de Paulo Freire e Jean Piaget, contratado em 1985, três anos depois de Zilda, como representante-adjunto do Unicef no Brasil e muito ligado aos educadores leigos e religiosos da Pastoral do Menor. Momentos antes, depois de elogiar outros participantes da reunião, La Rocca tinha apontado o dedo para Zilda:

– Essa mulher aqui não faz as coisas certas...

O episódio descrito por Zilda aconteceu no auge de um desgaste que tinha começado no final dos anos 1980 e se aprofundaria muito a partir de 1990, quando John Donahue foi substituído pelo libanês Agop Kayayan no comando da representação do UNICEF no Brasil.

Futuro fundador e líder do Projeto Axé de Defesa e Proteção à Criança e ao Adolescente e considerado por alguns "o pai da arte-
-educação", uma metodologia de resgate de crianças em situação de risco por meio da estética, La Rocca, de acordo com Rogerio,

confrontava Zilda sistematicamente, colocando-a sempre "como o centro dos problemas".

O brasileiro Jair Grava, que acompanhou alguns daqueles embates a partir de 1984, na condição de gerente de mobilização de recursos financeiros e materiais do UNICEF e integrante do grupo que implantou o projeto Criança Esperança, classificou-os não como indícios de "inimizades mortais", mas "caneladas" naturais que aconteciam "no fervor do encontro de egos, num ambiente de pessoas de alto nível intelectual, convictas de suas missões e da legitimidade de suas causas".

La Rocca e Kayayan não economizariam caneladas, adotando um rigor e um detalhamento sem precedentes que deixavam Zilda Arns indignada, na hora em que eles analisavam as prestações de contas da Pastoral da Criança. O médico Halim Girade, que passou pelo UNICEF antes de comandar projetos de saúde pública no governo federal e no estado de Goiás, foi testemunha não só daquele gradativo rigor nas prestações de contas e da irritação de Zilda Arns, mas também, no final das contas, da lisura da situação da Pastoral da Criança.

Na definição de Rogerio Arns, falando como filho e também um especialista em desenvolvimento comunitário, o UNICEF que tinha contratado Zilda como consultora a partir de 1982 era o UNICEF "estratégico", influenciado pelas ideias do argentino Eduardo Bustelo e outros especialistas que defendiam uma linha divisória bem clara: a Organização Mundial da Saúde trabalhando com governos e o UNICEF com a sociedade civil organizada.

Primeiro representante do UNICEF na Argentina, Bustelo defendia equipes enxutas em escritórios pequenos, com uma conectividade mundial que permitisse o aprimoramento de projetos. Um aprimoramento que tinha acontecido com as ações contra a mortalidade infantil que não tinham dado certo em quatro países, antes de começarem a funcionar muito bem sob a liderança de Zilda Arns, no Brasil.

Rogerio sugeriu que La Rocca e Kayayan não tinham tanto compromisso com a leveza de estrutura e o aprendizado a partir da conectividade mundial. Mas Jair Grava, com a experiência de quase três décadas na área, apontou para uma causa menos conceitual: dinheiro.

"Na área social, a alocação de recursos é sempre um tema quente e difícil de resolver. Os idealismos, as pretensões e os projetos normalmente extravasam as possibilidades financeiras. Quando existe um orçamento anual, com um programa a cumprir, ocorre sempre uma disputa para ver quanto de recursos alocar, e onde."

La Rocca e Kayayan, de acordo com Nelson Arns Neumann, aos poucos foram desidratando as verbas e o apoio técnico do UNICEF à Pastoral da Criança e concentrando o dinheiro e os esforços nos projetos da Pastoral do Menor e do Movimento de Meninos e Meninas de Rua. Em números, os recursos entregues a Zilda passaram de R$ 372.666,00, correspondentes a 11,99% do orçamento da Pastoral em 1992, para R$ 64.000,00, ou 0,44% da verba de 1992, ano em que o último centavo do UNICEF pingou no caixa da Pastoral.

5

MISTURA EXLOSIVA

— Que coisa horrível isso aqui!

O general João Figueiredo, com seu então conhecido déficit de ternura, já tinha comprometido seriamente o futuro do leite de soja como alternativa de alimentação nos programas sociais do governo. Acontecera no início dos anos 1980, quando o presidente general rejeitou, com uma careta, o líquido extraído de uma vaca mecânica que tinha sido instalada em uma unidade da Legião Brasileira de Assistência (LBA), em Brasília, para uma degustação que seria documentada, como o foi, pela imprensa.

Zilda Arns, então trabalhando na Secretaria de Saúde do Paraná, chegara a contemplar a adoção das vacas mecânicas na alimentação escolar, até pelo fato de o estado já ser um grande produtor de soja. Pelo mesmo motivo, ela distribuíra, na rede escolar, um manual de preparo e criara até um campeonato estadual de receitas de bolinhos e outros quitutes à base de soja. Mas a reação desastrosa do presidente, aliada ao fato de as vacas mecânicas serem máquinas que podiam quebrar e parar de funcionar no meio do nada, azedara de vez o cardápio.

Alguns anos depois, já como consultora do UNICEF designada para implantar o projeto de combate à mortalidade infantil em torno do qual seria criada a Pastoral da Criança, Zilda fora ao Peru conhecer a experiência das "cozinhas comunitárias", mas voltara da viagem não muito entusiasmada com a alternativa. A procura do projeto de alimentação terminou quando Zilda foi a Santarém, em 1985, e conheceu a multimistura, solução que a médica e nutróloga paulista Clara Takaki Brandão vinha adotando, havia alguns anos, em uma rede de creches da região.

A solução, que também seria uma dor de cabeça para Zilda no futuro, era uma farofa que incluía casca de banana, grandes quantidades de óleo de soja e folhas como as de dente-de-leão, jongomes e mangueira. Essa multimistura, que era acrescentada à alimentação de crianças com diarreia, anemia e desnutrição, tinha uma característica incomum: todos os seus ingredientes eram normalmente jogados fora.

Zilda tinha um motivo a mais para se empolgar: a multimistura, como ela lembrou na entrevista ao programa *Roda Viva*, nada mais era do que a repetição do que a mãe, Helena, já fazia em Forquilhinha nos tempos de Tipsi:

— Minha mãe, quando tinha galinhas que botavam ovo mole, dizia pra gente guardar as cascas, torrar e dar para as galinhas. Três dias depois, as galinhas estavam com os ovos duros.

Meio século depois, o desafio de Tipsi, de acordo com seu livro de memórias, agora era ter uma resposta para a pergunta angustiada que ela não parava de ouvir, à medida que o soro caseiro da Pastoral da Criança ia salvando milhares de vidas, Brasil afora:

— Doutora Zilda, é fantástico! Antes a criança morria. Hoje ela vive, mas passa fome, doutora Zilda! O que a gente faz agora?

O princípio, então, era aproveitar o cálcio contido na casca de ovo, os nutrientes e vitaminas das sementes e demais substâncias nutritivas disponíveis em cada lugar, como, por exemplo, a pupunha do Amazonas, rica em vitamina A, a soja, o gergelim, o amendoim e o girassol de outras regiões, e misturar tudo às farinhas de mandioca, milho ou trigo. E se o governo ou o prefeito fornecesse leite no local, como costumava acontecer, a multimistura ficava "muito gostosa", de acordo com a entusiasmada descrição de Zilda à época.

Quase trinta anos depois da ida de Zilda a Santarém, a multimistura continuaria sendo produzida e consumida na unidade da Pastoral da Criança em Forquilhinha, sob rigorosa supervisão da irmã, Hilda Arns, de 88 anos:

"Eu fico de olho em cima! Olho para que tudo seja do melhor para todos terem saúde. Eu como a multimistura desde 1985. Meu café é multimistura. Com banana."

⁂

O problema é que nem sempre as pessoas ficaram de olho como deveriam, quanto mais a receita ia se espalhando pelas paróquias assistidas pela Pastoral da Criança em todo o país. Josefa de Lourdes Pacheco, a Udinha, coordenadora da Pastoral em Sergipe, primeiro se empolgou com a novidade. Depois, ficou preocupada:

– A gente tinha folha de abóbora, folha de batata-doce e macaxera. E dava a folha desidratada e essa mistura com as sementes como complementação do alimento. Mas muita gente começou a interpretar de modo errado.

Udinha enfrentaria uma interpretação ainda mais grave, decorrente da entrada em cena da velha mão invisível do mercado: começaram a produzir multimistura para ganhar dinheiro e, ao agregar valor ao produto, acrescentavam sal. Resultado:

– Pessoas que tinham pressão alta comeram e ficaram doentes. E fui parar na Justiça meia dúzia de vezes porque era coordenadora estadual da Pastoral. E tive de provar que quem preparava aquilo não era a Pastoral, mas uma fabriqueta escondida.

Outras fábricas muito maiores e não necessariamente escondidas, de acordo com o pediatra Reinaldo Menezes, patrocinavam o "enfoque tecnocrático" segundo o qual o alimento preparado em condições caseiras ou na horta não tinha qualidade industrial:

– E não tinha mesmo! Era inviável querer isso. Só que esse tipo de ação, como o soro caseiro, era direcionado para as populações pobres. Naquela época, a faixa da população de pobreza no Brasil era muito grande. Havia muita gente que não tinha dinheiro para comprar produtos industrializados.

Mercado livre à parte, do ponto de vista técnico e científico, o que os nutricionistas começaram a dizer era que uma coisa é existir o micronutriente num determinado produto, outra é a criança conseguir absorvê-lo. Era o que os cientistas chamam de biodisponibilidade. Sem contar a necessidade de evitar a eliminação de ácido cianídrico, a ação do fitato e o risco de salmonela na casca de ovo, entre outros efeitos colaterais da preparação da multimistura.

Nelson Arns Neumann, como filho e médico já inteiramente engajado no projeto, começou a ficar muito preocupado. E chegou a criar o apelido de "tetramistura" para se referir a uma receita de Clara Takaki Brandão que previa o uso de apenas quatro pós: farelo de trigo, farelo de arroz, pó de casca de ovo e folha de mandioca. Uma interpretação, segundo ele, pobre e insuficiente da receita da multimistura que estava prevalecendo em todo o país, sob os auspícios da Pastoral da Criança.

A polêmica persistiria até depois da virada do milênio, e, no caso do Conselho Nacional de Nutrição, as resoluções iam variar da cassação dos nutricionistas que tivessem algum vínculo com a multimistura, como chegou a ser deliberado em 1996, às posições mais flexíveis adotadas a partir de agosto de 2009, recomendando que os profissionais não fossem punidos.

Clara Takaki Brandão, no entanto, à época integrada ao comando da Pastoral da Criança para implantar a multimistura, defendeu a manutenção do programa que criara. Zilda Arns discordou, preferindo buscar uma resposta científica para as críticas, coerente com uma das qualidades que a coordenadora da Pastoral na região Norte-Nordeste, Ana Ruth Goes, mais admirava: o respeito simultâneo à ciência e à cultura popular.

Hora da verdade

– Doutora Zilda, isso pode ser denunciado! O que vocês estão recomendando é muito ruim! É um desastre!

Cesar Victora, parceiro científico da Universidade Federal de Pelotas, convidado por Zilda Arns, em 1990, para pesquisar e dar uma resposta aos críticos da multimistura, estava preocupado com um dos resultados da pesquisa que fizera em Timbiras, cidade do interior do Maranhão, e em uma favela de São Luís, capital do estado.

Os líderes da Pastoral da Criança em Timbiras estavam recomendando que a comunidade tomasse, três vezes ao dia, uma sopa rala conhecida como cuim, que nada mais era do que farelo de arroz. Em 2014, Cesar ainda reconstruía, no semblante, o espanto da descoberta:

– Quando eu cheguei lá, eu me apavorei. Não podia ser! Primeiro que criança até os 6 meses de idade não precisava de nada, só do leite da mãe. E depois de 6 meses, a gente queria que ela comesse pelo menos cinco vezes por dia. E comida com densidade de calorias! Na verdade, aquela sopa de cuim estava ajudando a piorar a subnutrição.

E o agravante, na lembrança de Nelson Arns Neumann, era o fato de muitas mães estarem dando apenas a sopa de cuim para as crianças. Cesar comprovaria, dez anos depois, aquele resultado preocupante, ao fazer outra pesquisa, esta em Pelotas, dando a multimistura durante um ano para metade das crianças da rede municipal da cidade.

Halim Girade, então consultor do UNICEF para acompanhar a polêmica da multimistura, tinha sido convidado por Zilda para ir a Curitiba assistir à apresentação dos resultados da pesquisa conduzida por Cesar Victora. Ele já desconfiava de qual seria o resultado e estava mais preocupado com a reação de Zilda. Mas se surpreendeu quando Cesar fez a demonstração que, de certo modo, desmoralizava a receita que ela já vinha prescrevendo havia cerca de cinco anos:

– Ela foi para a frente da sala, fez alguns breves comentários e depois disse: Esses são os resultados verdadeiros da multimistura. Nós, da Pastoral, vamos levar o resultado a sério.

Cesar também ficou impressionado com a serenidade com que Zilda acatou o resultado e determinou a imediata correção das orientações sobre o preparo e o uso da multimistura, um dos carros-chefes da ação da Pastoral da Criança. A partir daquele momento, a orientação era de que cada criança pequena fizesse ao menos cinco refeições diárias, que se acrescentasse uma colherinha de óleo às refeições dos meninos e meninas que estivessem desnutridos. E mais: que não se utilizasse mais sopa de cuim, pelo fato de ela ter baixo conteúdo energético e muito volume, "podendo dar sensação de saciedade e levar à desnutrição".

Clara Takaki Brandão discordou. Mais ainda quando, já em 1991, por determinação de Zilda Arns, a expressão "alimentação alternativa" com a qual Clara carimbava todo o seu trabalho foi substituída, nos guias e manuais da Pastoral, por outra, "alternativas alimentares". Sinal de que, depois da frustração com a multimistura, a preocupação de Zilda era reforçar a intenção de não substituir, mas acrescentar, se fosse o caso, novos alimentos ao cardápio das crianças.

"Havia um pouco de choque de egos também. De parte a parte..."

Com este comentário e um sorriso peralta nos lábios, Nelson Arns Neumann lembrou os dias em que a discordância entre Zilda e Clara fermentaram a primeira crise interna da história da Pastoral. Naquela crise, Elson Faxina conheceu de perto um lado decisivo da personalidade da chefe:

— Ela sabia o que queria. E sai da frente, porque ela passava! Ela era um trator.

É consensual, entre os que testemunharam a crise, a certeza de que Clara jamais teve poder de desafiar a liderança de Zilda. Mas num encontro da Pastoral durante o Congresso Eucarístico de Natal, em 1991, o rompimento foi inevitável. Depois de tentar obter, sem sucesso, o apoio de Dom Geraldo Majella Agnelo, Clara passou a questionar abertamente a capacidade de Zilda como coordenadora da Pastoral e as decisões que tinham sido tomadas em relação à multimistura.

A partir de 1993, Clara deixou de ser convidada para qualquer evento da Pastoral, embora, de acordo com Nelson Arns Neumann, ainda tenha passado algum tempo se considerando integrante da entidade. Na visão de Elson Faxina, Clara tinha "um trabalho bacana, mas restrito", e não soube reconhecer que a Pastoral da Criança popularizou a multimistura pelo Brasil inteiro. Do outro lado da fronteira do ego, o que Halim Girade encontrou foi outro sentimento:

— Eu sabia que não havia uma situação confortável entre as duas. Uma vez eu perguntei à doutora Clara e ela disse que gostaria de ser mais reconhecida em todo o processo.

O desabafo descrito por Halim Girade aconteceu já depois que Clara Takaki Brandão tinha se afastado da Pastoral e passara a ser vizinha dele no andar de cima, no Ministério da Saúde, em Brasília. Na condição de representante do ministério, ela participaria, em 1994, da criação de um programa de orientação alimentar que, ao recomendar a adoção da alimentação alternativa nos programas do Ministério da Saúde, desencadearia novas polêmicas.

O motivo era semelhante ao que movera Zilda Arns anos antes. De acordo com o estudo "A controvérsia sobre o uso de alimentação 'alternativa' no combate à subnutrição no Brasil", publicado em agosto de 2001 pela Casa de Oswaldo Cruz, pesquisadores da área de nutrição recomendaram "uma rigorosa investigação científica e um amplo debate com a comunidade interessada sobre o 'real' (sic) valor das fontes de nutrientes utilizadas na multimistura".

O leite das crianças

"Eu sempre dizia para as pessoas: não venham discutir se tem riqueza nutritiva ou não! A ação da Pastoral com a multimistura levava agentes comunitários e a família a olhar para a criança e pegar sinais de alerta da desnutrição. Isso ultrapassava qualquer potencial nutritivo que a multimistura tivesse ou não."

Este balanço da polêmica, feito em 2014 pelo médico católico e militante histórico do Partido dos Trabalhadores (PT) Alexandre Padilha, já depois de ter ocupado o Ministério da Saúde do governo Dilma Rousseff, apontava para um legado de saúde pública que Zilda Arns e Clara Takaki, gostando ou não muito do que uma e outra fizeram, deixaram, juntas, e que poucos ousaram contestar. Halim Girade, lembrando seus tempos no UNICEF, concordou:

– A multimistura tinha nutrientes? Tinha. Eles faziam muita diferença? Não, pouca diferença. Mas eu nunca falei: "Parem com isso!" Por quê? Porque a Pastoral estava ensinando as mães a aproveitar alimentos, a preparar alimentos.

Ao longo dos mais de vinte anos que se seguiram à controvérsia, no entanto, a Pastoral faria sempre questão de informar oficialmente em seus documentos e, posteriormente, no site que "pesquisas realizadas em parceria com universidades demonstraram que o farelo multimistura, composto por farelos de arroz, de trigo, casca de ovo e folha de mandioca, não melhora significativamente o quadro nutricional das crianças, principalmente no que se refere à taxa de ferro e à prevenção da anemia". E a conclusão:

– A Pastoral da Criança não encoraja seus líderes e voluntários a utilizarem a multimistura para prevenir ou tratar a anemia.

Também contribuiu, e muito, para que a Pastoral se afastasse da receita de multimistura defendida por Clara Takaki Brandão, uma pesquisa feita a partir de 1989 pela equipe da Universidade Federal de Pelotas chefiada por Cesar Victora e cujas recomendações foram imediatamente acatadas por Zilda Arns.

Cesar e sua equipe constataram que nada poderia substituir o leite materno e que os bebês, ao receberem leite de vaca ou leite em pó, em vez de mamarem no peito, ficavam sujeitos a uma perversidade da condição social das mães:

– A família acabava diluindo o leite de vaca, metade leite, metade água. No caso do leite em pó, colocavam uma medida pequena na mamadeira e guardavam o resto. Resultado: muita criança morria porque recebia uma quantidade menor de nutrientes e tomava leite em pó ou de vaca misturado, muitas vezes, com água contaminada.

A descoberta transformadora da pesquisa indicava ainda que as crianças, até os 6 meses de vida, não deveriam tomar nada além do leite materno. Era o conceito do "aleitamento materno exclusivo", que a Organização Mundial da Saúde passaria a "proteger, promover e apoiar" oficialmente a partir de 1991, com a participação do próprio Cesar Victora, na condição de perito em nutrição infantil da entidade.

Plim-Plim

Se a TV Globo foi a grande aliada da Pastoral da Criança na fogueira de boas intenções do UNICEF, Zilda Arns também foi uma aliada importante do projeto Criança Esperança entre 1993 e 1995, uma fase em que a campanha de arrecadação só não foi abandonada pela direção da emissora porque o dono, Roberto Marinho, disse que ela ia continuar e ponto.

Em seu depoimento ao projeto Memória Globo, um resgate da história da emissora através de entrevistas com ex-funcionários e ex-diretores, Luís Lara Resende, diretor da Central Globo de Comunicação entre 1989 e 1997, lembrou que Roberto Marinho usava sempre a mesma frase para descartar qualquer possibilidade de a Globo desembarcar do Criança Esperança:

– Nós estamos devolvendo um pouco daquilo que o público nos dá.

O problema, que alguns executivos da emissora estavam levando cuidadosamente ao conhecimento do patrão, era que uma parte do público estava tendo dificuldade para perceber o alcance do projeto. E a outra ficava cada vez mais suscetível à recorrente teoria de que por trás de tudo o que a Globo fazia sempre havia uma grande mutreta.

Zilda Arns e o assessor de imprensa da Pastoral da Criança, Elson Faxina, estavam na época entre os cerca de cinquenta representantes de entidades convidadas pelo UNICEF e pelo Ministério da Saúde para um evento em que seriam discutidas questões da criança como o combate à mortalidade infantil e à diarreia. O jornalista Luiz Lobo representava a TV Globo e, ao ser convidado a falar do Criança Esperança, deixou escapar a preocupação:

– A gente tem um problema. Nós não conseguimos dar retorno de onde nós investimos o dinheiro arrecadado. O UNICEF faz um trabalho muito bom, mas é difícil ter o retorno desse dinheiro. Qual o resultado? A falta de resultados palpáveis está começando a criar uma imagem negativa do Criança Esperança.

Quando Lobo revelou que a emissora estava até rediscutindo, internamente, a continuidade do projeto, Zilda virou-se para Elson e resolveu entrar em ação:

– Vamos conversar com ele depois da reunião. Vamos propor uma parceria.

O passo seguinte foi um almoço no qual Zilda, de certa forma, repetiu o script do encontro de 1986 no qual John Donahue, pelo UNICEF, e João Carlos Magaldi, pela Globo, tinham dado o primeiro passo para a criação do Criança Esperança:

– Vocês têm um problema com o Criança Esperança. E nós, na Pastoral da Criança, temos outro. Acho que eu posso resolver o seu problema, se você resolver o meu.

– Como assim?

– O seu problema é falta de retorno de onde investiu o dinheiro. O nosso é que nós temos esse retorno, mas ninguém conhece. Nós temos necessidade de estar na mídia. Se vocês repassarem uma parte desse dinheiro do Criança Esperança para a Pastoral, nós damos o retorno pra vocês em seis meses. Vocês vão ter onde fazer reportagem e mostrar onde foi parar o dinheiro.

– Põe no papel isso pra mim?

No dia seguinte, depois de mandarem uma página e meia com o esboço da parceria para Luiz Lobo, Zilda e Elson já estavam na sede da emissora em uma reunião de trabalho com a equipe da Globo. E Zilda, de acordo com Elson, não escondia um ponto fundamental para ela:

– Eu preciso desse dinheiro direto. Não é uma crítica, mas o UNICEF tem uma estrutura de prestação de contas que dificulta muito o trabalho da Pastoral.

Não demorou muito, no entanto, para Zilda Arns descobrir que a parceria com a TV Globo seria questionada não apenas pelos antigos adversários no UNICEF, mas dentro da própria Pastoral da Criança. Na primeira assembleia nacional dos coordenadores em que o acordo com a TV Globo foi posto em discussão, em Curitiba, um grupo deles se mostrou disposto a lutar contra a assinatura do contrato. Preocupado, Elson Faxina perguntou à Zilda qual seria a linha do discurso dela durante a assembleia.

– Eu vou falar da importância da Pastoral, dizer que a gente vai fazer uma parceria somente num trabalho pontual num projeto importante que é o Criança Esperança e você faz o seu papel.

O papel de Elson, como jornalista, seria mostrar como era importante que a Pastoral fosse conhecida nacionalmente, para, desse modo, conseguir mais recursos para fazer o trabalho chegar a todas as crianças do Brasil. Ele também lembraria que a Pastoral, àquela altura, ainda não estava em todas as dioceses do país. E finalmente, para convencer os coordenadores mais radicalmente contrários ao acordo com a TV Globo, Elson, devidamente autorizado por Zilda, terminaria sua fala com uma mistura de humor com pragmatismo:

– Vai depender de vocês! Têm que decidir agora. Entre os donos dos meios de comunicação do Brasil não há nenhum santo, gente. Todos são seres humanos que também têm seus problemas. Agora, se a gente quiser assinar acordo só com santo, quando a gente morrer a gente assina lá no céu. Enquanto estivermos na Terra, tem que assinar com seres humanos que estão por aí.

Deu certo.

Ao final da negociação, em números exatos, a Pastoral da Criança passaria a receber, sem a intermediação do UNICEF, 27% de tudo que fosse arrecadado em cada campanha do Criança Esperança. O dinheiro, inicialmente, financiaria a atuação da Pastoral em 25 municípios brasileiros que tinham um alto índice de mortalidade infantil e de desnutrição. Em um ano, os resultados teriam de ser absolutamente palpáveis.

Em 1996, os 27% já estariam sendo aplicados no Criança Viva, um projeto específico da Pastoral para o Criança Esperança: em quatro anos, ele beneficiaria 630 mil crianças de quatrocentas mil famílias, com a realização, pelo SUS, de exames de pré-natal de 25 mil gestantes em cerca de cem mil consultas por mês, nos 245 municípios que o Instituto Brasileiro de Geografia e Estatística (IBGE) considerou os mais pobres do país, na época.

Assunto não faltaria para as equipes da Central Globo de Jornalismo.

Nem nas reuniões, artigos e fóruns nos quais a parceria com a emissora de Roberto Marinho foi apenas mais um ingrediente na polêmica ideológica que sempre acompanhou a história da Pastoral. Antes, Zilda Arns já fora criticada pelas ligações consideradas por alguns de natureza "assistencialista" com o UNICEF. E pelo fato de "pegar dinheiro" do governo do general Figueiredo. Parte das críticas vinham de um discreto fogo amigo cuja origem o jornalista José Maria Mayrink identificava nos defensores de "políticas transformadoras" dentro da própria CNBB:

– Nas Comunidades Eclesiais de Base certamente havia resistências e críticas não tanto à doutora Zilda, mas ao projeto, considerado assistencialista, por incorporar os governos municipais, estaduais e federal.

Nelson Arns Neumann, testemunha e protagonista da polêmica, viu a mãe ter de enfrentar até um abaixo-assinado nascido e turbinado dentro da Pastoral da Saúde e que insinuava que a Pastoral da Criança estaria sendo "comprada" pelo governo militar. Nelson sentia que o trabalho da Pastoral não era bem-visto pelos que combatiam a ditadura com indicadores sociais:

– A ideia era mostrar a mortalidade infantil muito alta como prova de que a ditadura não funcionava. Então, ao combater a mortalidade infantil, a gente estaria mostrando que o governo era bom.

Zilda, na lembrança de Nelson, tinha uma resposta quase indignada para essas críticas:

– Eu estou salvando vidas! Se isso tem influência ou não numa visão de governo, eu não vou deixar uma criança morrer simplesmente para dizer que o governo é ruim!

Havia também um temor, dentro da CNBB, de que o acesso da Pastoral da Criança às verbas do governo pudesse ser usado como bandeira política e comprometer a autonomia da entidade. Três décadas depois da polêmica, Dom Geraldo Majella Agnelo, o eterno aliado de Zilda Arns na CNBB, deu as dimensões que, segundo ele, aquelas críticas mereciam:

– Sempre tem um que é do contra, não é? A gente nunca acreditou nessa história de assistencialismo. Nós acreditamos foi no trabalho eficaz das próprias pessoas, as mães, as primeiras que devem ter cuidado com seus filhos. Queríamos que elas se tornassem capazes de transmitir para os filhos aquilo que estavam aprendendo.

E aprenderiam bem mais do que preparar soro caseiro e monitorar a saúde dos bebês sem médicos por perto. Para a coordenadora Josefa de Lourdes Pacheco, a Udinha, muitas mães da Pastoral da Criança aprenderam também a resistir à abordagem mais comum e próxima do assistencialismo: o clientelismo de prefeitos e vereadores que guardavam até em suas próprias casas as cestas básicas do governo para usá-las como alavanca de votos:

– Esse mundo não é tão santo como a gente quer que ele seja. Mas o pessoal que começa a fazer um trabalho, a ter uma consciência, eles reconhecem sem você dizer nada. Sabem quando existe interesse. Isso porque, quando as pessoas tiram a venda dos olhos, elas conseguem enxergar.

Aquele abraço

– Doutora Zilda, se a senhora não tivesse inventado a Pastoral da Criança, a senhora teria feito o quê?

– Olha, eu acho que já teria morrido atrás da mesa de um consultório. Consultório pra mim é prisão.

A pergunta de Elson Faxina, feita por volta de 1994, depois de uma viagem ao lado de Zilda Arns como assessor de imprensa da Pastoral, era uma tentativa de entender melhor o fenômeno de carisma em que ela havia se transformado, uma década depois do projeto-piloto de Florestópolis.

Na época em que Elson começou a acompanhar Zilda, cerca de 41 mil líderes comunitários da Pastoral já estavam atendendo a mais de quatrocentas mil crianças, em boa parte das 210 dioceses da Igreja no Brasil. E a cada viagem, a eletricidade que a presença de Zilda desencadeava nas pessoas tornava mais difícil para ele encaixá-la num único figurino, entre os disponíveis e previsíveis.

Médica? Sanitarista? Religiosa? Ativista da sociedade civil? Ídolo pop?

O americano John Donahue, que também acompanhou Zilda pelo interior do Brasil para conferir, *in loco*, a qualidade da parceria que o UNICEF mantinha com a Pastoral, acrescentou outro complicador ao desafio de decifrá-la:

– Ainda que seja verdade que ela era chamada de comandante, ao mesmo tempo você podia ver a Zilda alcançar e se comunicar com as pessoas com uma sensibilidade de mãe. Ela conseguia falar como presidente, mas poucas presidentes conseguiram falar como mãe como ela conseguiu.

A coordenadora Josefa de Lourdes Pacheco, a Udinha, confirmou a capacidade que Zilda tinha de multiplicar o comportamento maternal para as pequenas e grandes multidões de mães que a recebiam extasiadas, como se ela fosse uma santa em carne viva. E chamou a atenção para uma particularidade:

— Quando chegava, doutora Zilda geralmente pegava aquela criança que não estava tão arrumadinha, colocava a criança no braço e a beijava. Aquilo era uma fortaleza! Um momento lindo que não existia.

Outro gesto tradicional de Zilda, ao encontrar com as comunidades em pequenos estádios, salões e auditórios, era comer a mesma comida que todos estavam comendo. O que foi uma descoberta para Vânia Lúcia Ferreira Pereira Leite, secretária de Zilda Arns em Brasília por muitos anos e acostumada apenas com a "lady" que assessorava nos gabinetes do poder. Até começar a acompanhar a chefe pelo interior e perceber que, para Zilda, "não tinha esse negócio de está feio, está sujo":

— Eu não tinha noção de tanto que ela era amada. A gente chegava aos municípios, éramos recebidas às vezes por três, quatro mil pessoas, todas querendo abraçá-la, beijá-la, tocá-la, ganhar autógrafo e tirar fotografia. E ela fazia questão de abraçar, beijar e tirar fotografia sem hesitar. Mesmo estando muito cansada, ela nunca falou: não, eu não posso.

Quem tinha de dizer não por Zilda eram as coordenadoras que a acompanhavam. Como aconteceu num grande espaço para eventos em Bom Jesus da Lapa, a chamada "capital baiana da fé", depois de uma missa sob o sol do meio-dia. Por cerca de três horas, na lembrança de Udinha, uma multidão "inconcebível" de mães e líderes cercou

Zilda, num empurra-empurra a que ela resistia sorrindo, alegre e com o estômago vazio. Até Udinha se dar conta de que ela poderia ter uma hipoglicemia ou algo parecido:

– Aí eu disse: Chega! Não dá, vamos parar! A doutora Zilda vai almoçar, descansar uns 30 minutos e depois volta para tirar foto com vocês.

José Serra, conhecedor do carisma de Zilda, futuro interlocutor como ministro da Saúde e um político que nem sempre, qualidades à parte, teve capacidade de encantar multidões pela simpatia, acrescentou mais uma explicação para o carisma da irmã do amigo Dom Paulo Arns:

– Zilda não tinha um poder na forma tradicional do poder, através de governo, do poder econômico, de influência partidária ou até uma popularidade via meios de comunicação. O poder dela era sua vocação pra ser feliz tornando os outros felizes. Aquele tipo de gente que só se realiza, só tem felicidade quando sente que está levando felicidade aos outros.

Antes de partir para a viagem em que acompanharia Zilda em mais uma de suas jornadas pelo Nordeste, o pediatra Reinaldo Menezes ficou se perguntando como seria a interação de uma pessoa com "o perfil, o feitio e o físico de uma genuína alemã" com as comunidades pobres da região.

Não demorou muito para que ele testemunhasse um momento crítico em que Zilda interagiu "espantosamente bem" e com "um jogo de cintura que ninguém podia esperar de uma descendente de alemães". Foi durante uma reunião em que líderes começaram a discutir, num ambiente de grande tumulto:

– Quando a coisa começou a esquentar, o que a doutora Zilda fez? Começou a cantar! Isso mesmo! E era uma canção que, não por acaso, falava em fraternidade, tinha muito a ver com o momento. Daí a cinco minutos todo mundo tinha esquecido o motivo da discussão.

Santa alemã

– O que está acontecendo que você não cumpriu as tarefas? Se você acha que não tem capacidade, então nós temos que conversar sobre isso imediatamente!

A autora desta e de outras frases semelhantes também costumava ser Zilda Arns Neumann, no comando da Pastoral da Criança. A "mulher também muito dura" com a qual Elson Faxina aprendeu a conviver por mais de oito anos e cujo perfeccionismo não precisava nem ser verbalizado, por exemplo, para a coordenadora Vânia Lúcia Ferreira Pereira Leite, para quem Zilda "era a mãe que sabia puxar a orelha na hora certa". Na lembrança de John Donahue, a característica que às vezes criou problema para Zilda foi ela não ser "exatamente uma administradora":

– Nada disso. Ela foi comandante do negócio! Ela foi general! Sabia o que fazer e como fazer. E fazia de qualquer jeito. Isso foi a força dela!

Quem quisesse argumentar tinha apenas um caminho, de acordo com Elson Faxina:

– Para ela não existia a palavra não. Para ela, existia o seguinte: "Me convença."

O jornalista Luis Erlanger, que conviveu com Zilda por mais de dez anos como interlocutor pela Central Globo de Comunicação, tentou fugir do "clichê germânico" ao descrever a personalidade dela. Acabou conseguindo, parcialmente:

– Você pensa Zilda Arns e vem aquela imagem da doçura em pessoa. Mas ela não era assim. Era uma pessoa simpática, extremamente cordial, mas era dura. Era uma santa alemã. Não era, definitivamente, uma santa nordestina nossa, não.

Halim Girade também guardou, no caso das reuniões da Pastoral da Criança com o UNICEF, "a doçura, o abraço aconchegante e a abordagem calma da doutora Zilda", mas...

"Era também uma postura enérgica! Era impressionante quando ela queria defender o que achava correto."

Elson Faxina, calibrando o perfil da ex-chefe "que não deixava correr solto", classificou o estilo enérgico de Zilda como "uma dureza muito pontual" que não afetava a relação de amizade com seus colaboradores, e que era aplicada sempre da forma mais discreta possível. Como numa ocasião em que ela decidiu afastar uma coordenadora envolvida, "mais por desleixo do que por malandragem", em irregularidades administrativas:

– Ela disse que sua missão era convencer a coordenadora a deixar o cargo, sem que ela se tornasse inimiga da Pastoral. Chegamos, ela entrou na sala com essa pessoa e disfarçou, dizendo: "Faxina, eu tenho um assunto particular, de mulher, pra conversar com a nossa coordenadora, e você não pode participar."

Dentro da sala, porém, a conversa foi franca. Na lembrança de Maria Olinda da Silva, que estava por perto, Zilda estava muito contrariada com o fato de a coordenadora diocesana estar usando a verba da Pastoral para a construção de um centro comunitário:

– Foi o único dia em que eu vi a doutora Zilda brava. Ela chamou a atenção da coordenadora com muita franqueza e nos disse: "A partir de hoje, a coordenadora diocesana não vai receber nenhuma verba. Não vai passar mais dinheiro nenhum pelas mãos dela."

A mão firme também afagava, como lembrou outra coordenadora, Ana Ruth Goes, ao comentar a moldura carinhosa de uma ordem que recebeu de Zilda:

– Ana Ruth, minha filha, toda vez que você está dando capacitação, informação, depois do almoço descanse nem que seja dez minutos pra você recuperar. Lembre-se de que o bom vinho às vezes se transforma num amargo vinagre.

Uma soneca de dez minutos. Essa medida de tempo para um descanso após o almoço, de fazer a sesta mexicana parecer uma eternidade, era muito coerente com o ritmo que Zilda Arns se impunha diariamente. E que a sobrinha Lilian tentava manter em 2014, trabalhando na sede da Pastoral da Criança em Forquilhinha:

– Tudo pra ela era pra ontem. Tudo tinha que ser muito rápido. Eu costumava brincar que ela era um dínamo.

6

NAMOROS DO PLANALTO

Na última conta feita por Zilda para o filho Nelson, incluindo-se os interinos e os titulares, eles totalizaram 28, a partir de 1986, quando ela começou a frequentar Brasília mais regularmente, em busca de recursos para a Pastoral da Criança. E ela se referia apenas aos que ocuparam o Ministério da Saúde ao longo de 24 anos. Eram os "namorados", na comparação bem-humorada que ela fez ao assessor Elson Faxina, para descrever sua peregrinação pelos gabinetes do poder:

– Mudava o ministro e geralmente ele não entendia muito de Pastoral da Criança. Aí ela dizia: "Lá vou eu de novo paquerar e depois namorar, pra poder casar com ele."

O "casamento", para Zilda, era quando o ministro da vez, depois de muita catequese, reconhecia a importância do convênio, autorizava a renovação e liberava as verbas que, em quase três décadas, somariam mais de 350 milhões de reais, equivalentes a cerca de 70% do orçamento da Pastoral da Criança. Nas recordações de Halim Girade, a semelhança das jornadas de Zilda pelo Planalto com namoros durava até a antessala do ministro:

– Ela chegava se desmanchando, como chegava nas comunidades. Uma doçura impressionante. Mas depois que entrava na sala do ministro virava uma leoa. E quando a verba atrasava dois, três meses, ameaçando o planejamento da Pastoral, ela ficava irritada e procurava o presidente da CNBB, os presidentes da Câmara e do Senado e até o presidente da República.

Com Alceni Guerra, em março de 1990, não foi necessário recorrer a ninguém. Pediatra como Zilda e ex-parceiro dela em ações de saúde básica no Paraná, ele no Inamps e ela na secretaria estadual, Alceni teve uma atitude que Zilda nunca esqueceria. Foi logo no primeiro encontro dos dois no ministério, quando ela ofereceu a rede já então poderosa de líderes e voluntários da Pastoral da Criança para um trabalho nacional que poderia abranger mais de quatro mil municípios.

Vinte e quatro anos depois, Alceni lembrou que ali mesmo, naquela reunião, ele decidiu liberar o equivalente a 500 mil dólares. Era a primeira verba de governo mais significativa a entrar nos cofres da entidade, depois de cinco anos de dependência quase exclusiva dos recursos do UNICEF:

— Eu assinei com a convicção de pediatra, o presidente Collor com a convicção de que era uma aproximação preciosa com a Igreja e a Zilda com a convicção de que tinha encontrado o acesso que tanto queria às verbas da saúde.

Ironicamente, uma tentativa de Alceni de pôr em prática um sistema semelhante ao que Zilda Arns comandava na Pastoral da Criança acabaria coincidindo com sua queda espetacular no ministério, num episódio que ele passaria a chamar de "o maior massacre da história da imprensa brasileira".

No final de 1991, durante um sobrevoo da selva amazônica a bordo de um helicóptero do Exército brasileiro, em visita a uma área onde uma epidemia de cólera vinda do Peru avançava perigosamente pelo território brasileiro, Alceni se lembrou de Zilda. Ele se deu conta de que só uma rede de agentes de saúde como os voluntários da Pastoral poderia evitar uma tragédia:

– Olhei uma aldeia lá de cima e perguntei, a um capitão do Exército que estava comigo, quantos dias levaria um barco para socorrer aquela gente, já que o cólera mata em poucas horas. Ele me respondeu que, de barco, uma semana, e de lancha voadeira, um dia. Aí eu concluí: se não houvesse agentes como os voluntários da Zilda na Pastoral da Criança, milhares de pessoas poderiam morrer.

Foi quando Alceni decidiu tirar do papel o Programa de Agentes Comunitários de Saúde (PACS), posto em funcionamento oficialmente por ele ainda naquele ano, com um pessoal treinado para atuar contra a cólera e outras doenças:

– Zilda me estimulava muito, mas me dizia: Alceni, a gente lida com os agentes da Pastoral com uma paixão chamada fé. Você tem que achar alguma motivação para os seus agentes para que eles também tenham essa nossa fé de atender bem.

Alceni não teria tempo de enfrentar a eventual falta de motivação dos agentes de saúde. Ao adquirir o kit básico de trabalho do PACS, composto de uma mochila para os equipamentos de saúde, um par de tênis e uma bicicleta, ele decidiu realizar uma única licitação. Significava comprar, de uma só vez, as 23 mil bicicletas previstas para o contingente inicial de agentes. Mais de vinte anos depois, Alceni continuava convicto de que agiu corretamente, "para ganhar em escala, com um preço mais baixo para o ministério, numa época de inflação rodando a 45% ao mês".

Zilda Arns e outros especialistas em saúde pública aplaudiram o projeto, mas a licitação das bicicletas seria o epicentro de uma onda de reportagens negativas contra Alceni, num cenário já deteriorado pelas denúncias de corrupção e crises políticas que resultariam no processo de impeachment e na renúncia de Fernando Collor, em dezembro de 1992.

Alceni guardou o clipping da fritura que sofreu na mídia nos onze meses que se seguiram ao anúncio da licitação. Foram, segundo ele, 29 horas de telejornais da TV Globo e outras 104 horas de telejornais das outras emissoras.

Para ele, a intensidade da cobertura negativa se devia especialmente ao fato de ele ter atuado com desenvoltura na articulação de uma aproximação de Fernando Collor com o então governador do Rio, Leonel Brizola:

— Na assessoria do doutor Roberto Marinho, havia um sentimento de que eu pudesse estar promovendo Brizola para futuro candidato a presidente da República. Confesso com muita humildade que o meu candidato a presidente da República era eu mesmo.

No meio do bombardeio, quando já estava perdendo de vista amigos e aliados políticos, Alceni recebeu a visita de Zilda Arns, com palavras de ânimo que ele não esqueceu:

— Calma, Alceni. Você está certo, esses equipamentos são necessários. Conheço você e sei que você está fazendo tudo com toda a seriedade possível. Reze, tenha calma, trabalhe e tudo vai acabar bem.

No dia 23 de janeiro de 1992, Alceni entregou sua carta de demissão ao presidente Collor. Sete meses depois, seria submetido a um insulto concebido pela professora da filha Ana Sofia, então com 4 anos, na festa do Dia dos Pais na escola: Ana recebeu o pai vestida com roupas dobradas dele e portando um cartaz cheio de colagens com as piores reportagens sobre ele.

Em 2014, depois de ter sido inocentado das acusações de prevaricação e de corrupção e de ter retornado à vida pública como prefeito da cidade paranaense de Pato Branco e deputado federal, Alceni Guerra falou das humilhações do "massacre das bicicletas" com um sorriso resignado nos lábios. A alegria só iluminou seu rosto quando comemorou o sucesso do projeto de saúde pública que acalentou, na época, com Zilda Arns:

– Hoje todos os 350 mil agentes de saúde no Brasil usam bicicletas.

Central da periferia

Elas eram geralmente mulheres e mães que não trabalhavam fora e tinham tempo para receber uma capacitação de quarenta horas, durante uma semana. Capacitar uma só pessoa da comunidade, sabendo muito, era bom, mas também arriscado porque essa pessoa podia não ter tempo de compartilhar. A Pastoral preferiu então reduzir o conteúdo ao essencial para poder capacitar mais voluntárias que, por sua vez, poderiam democratizar esse conhecimento.

Um dos maiores trunfos de Zilda Arns diante de todos os sucessores de Alceni Guerra no Ministério da Saúde nas décadas seguintes foi a capacidade sem precedentes que os agentes voluntários da Pastoral da Criança tinham de chegar e de serem recebidos nas comunidades mais pobres do país. Um trunfo que Dom Leonardo Steiner, o primo de Zilda que chegou a secretário-geral da CNBB, considerou "um marco histórico" da entidade:

– A Pastoral da Criança conseguiu entrar em todas as casas, em todos os recintos, em todos os âmbitos. Colocou realmente os pés na lama, na favela.

Para o médico sanitarista Nelson Rodrigues dos Santos, professor da Unicamp, consultor da OMS e um dos criadores e dirigentes do futuro SUS, os agentes da Pastoral da Criança eram tão bem treinados que "resolviam entre 80 e 90% das necessidades de saúde da população".

O problema, segundo ele, era uma parte dos médicos, que criticava muito o trabalho de agentes e de enfermeiras, dizendo que eram eles, os médicos, que tinham de ir para a periferia cuidar das pessoas:

– O problema é que nem a enfermeira nem o médico iam para a periferia.

Nelson Rodrigues dos Santos se identificou com Zilda porque tinha certeza de que ela não estava apenas sendo capaz de mexer com a solidariedade das pessoas e eficiente no levantamento de verbas públicas preciosas para a Pastoral:

– A doutora Zilda tinha consciência do terreno que ela estava palmilhando. Ela sabia que a evolução daquele trabalho desaguaria num sistema público completo cuja base era a atenção primária à saúde. Em qualquer país que tenha grau maior de civilização o sucesso dos seus sistemas públicos é a atenção primária à saúde.

Halim Girade ainda era secretário estadual de Saúde em Goiás, em 1990, e se deu conta de que algo estava acontecendo de diferente nas comunidades quando uma líder da Pastoral da Criança entrou em seu gabinete:

– Eu já sabia da existência da Pastoral da Criança, mas fiquei impressionado com a postura altiva e firme da líder, ao reivindicar um atendimento e uma internação para uma criança. Era uma postura diferente, de sociedade se mobilizando pra exigir seus direitos, direitos constitucionais.

Na outra ponta, a da comunidade, Nelson Rodrigues dos Santos percebeu que os voluntários da Pastoral tinham "uma defesa política poderosa" para enfrentar as restrições de muitos médicos locais que pressionavam os secretários para vetar ou inviabilizar experiências comunitárias daquele tipo:

– A Pastoral da Criança tinha uma respeitabilidade nacional. A CNBB tinha uma respeitabilidade nacional. Os secretários municipais, que eram mais vulneráveis às críticas da medicina especializada, começaram a mudar de atitude.

O epidemiologista Cesar Victora, entre um e outro trabalho para a Pastoral, também percebeu uma mudança de posição da classe médica em relação às líderes da Pastoral:

– Primeiro, porque as líderes não faziam nenhuma intervenção médica, a não ser o soro caseiro, que já era amplamente aceito em todo o mundo. Segundo, porque as líderes serviram de base para o PACS do Brasil, que também se tornaria um sistema reconhecido internacionalmente.

O olhar de jornalista e militante do movimento popular de Elson Faxina identificou outras duas características decisivas naqueles voluntários da Pastoral e em sua líder. Uma era a obsessão com que Zilda se preocupava em dar retorno, sistematicamente, dos resultados da ação nas comunidades, deixando sempre claro que a autoria deles era das líderes. A outra característica, segundo ele, era um sonho perseguido e nem sempre alcançado pelas organizações mais politizadas em que ele costumava atuar:

– Zilda dizia que nós tínhamos de mudar a cultura de esperar que tudo viesse do governo, que viesse de cima. A transformação social não acontece quando você faz um trabalho grandioso, mas quando você começa a mudar uma cultura interna. Ela repetia isso à exaustão.

O partido de Zilda

"O grande problema do pobre não é ele ser pobre. É que o amigo dele também é pobre."

A frase era muito usada por Adib Jatene, outro dos ministros da Saúde com quem Zilda Arns se relacionou, respectivamente nos governos Collor e FHC, em seu garimpo de verbas públicas em Brasília. A frase é também um diagnóstico feito em 2014 pelo cardiologista que sempre foi um exemplo raro de especialista em medicina de alta tecnologia que adquiriu grande experiência como gestor público de saúde, em contato próximo com a população. Feito o diagnóstico, ele explicou:

– Então, se o sujeito não tem amigo que fala com quem decide, ele não tem amigo que marca uma audiência, o amigo que negocia um financiamento e o que elabora um projeto. É aí que entram pessoas como a Zilda Arns, que cuida dessas pessoas. Isso é importantíssimo!

Jatene falava de cadeira. Ele viu, impotente, como ministro e cidadão, a gestão da saúde pública ficar sujeita à guerra política e partidária. Viu a CPMF, um imposto destinado à saúde, ser aprovada pelo PSDB, mesmo com os votos contrários do PT e, anos depois, a mesma CPMF não ser mantida pelo Congresso durante o governo do PT por causa dos votos da oposição liderada pelo PSDB. Foi, portanto, com sincera admiração que saudou a capacidade de Zilda Arns arrancar verba dos poderosos:

– Zilda cumpriu um papel absolutamente fundamental na área de redução da mortalidade infantil, na melhoria das condições das crianças e do controle e acompanhamento das gestantes.

Na visão do sanitarista Nelson Rodrigues dos Santos, que também lutou muito em Brasília, no caso pela implantação do SUS, para ele "a expressão do dever do Estado de devolver para a população o dinheiro arrecadado com os impostos", Zilda Arns deu ao país uma prova histórica:

– Como líder de uma iniciativa sem fins lucrativos, realmente sem fins lucrativos, Zilda provou, na prática, que uma tarefa do Estado pode ser aprofundada e potencializada.

Zilda costumava ser questionada, em entrevistas, sobre se a Pastoral da Criança não estaria pretendendo substituir o Estado com sua presença crescente nas comunidades. Como aconteceu na pergunta de Marcos Kisil, professor da Faculdade de Saúde Pública da USP, no programa *Roda Viva* de 22 de outubro de 2001. Ele quis saber como ela via a relação da Pastoral com o fato de a Constituição brasileira considerar a saúde como um direito do cidadão e um dever do Estado. Resposta:

– Você sabe que, antes de começar a Pastoral da Criança, trabalhei muito em saúde pública. Por 27 anos eu fui dirigente. E o que sempre faltava era a mãe ter alguém próximo, amigo, que ensinasse, que desse apoio, e isso é difícil o governo fazer.

Ou, nas palavras de Helena, irmã de Zilda:

– Cuidar direitinho das coisas, passar adiante, não ficar só pra mim! Não, vamos passar adiante! É um saber que é ouro! Ouro para a criança.

E o que teria esse método de "passar adiante" de Zilda Arns a ver com Paulo Freire, ícone da esquerda brasileira, educador, filósofo e defensor de uma pedagogia em que o educando cria sua própria educação, fazendo ele próprio o caminho?

Tudo, pelo menos na opinião do bispo anglicano Naudal Gomes, que conheceu Zilda quando era pároco de Santa Maria, no Rio Grande do Sul, onde os anglicanos liderados por ele se juntaram aos voluntários da Pastoral da Criança para atuar na comunidade:

– Era um trabalho que lembrava muito Paulo Freire, porque a questão central era a pessoa ser a agente da mudança. As mães participavam por causa do interesse na saúde e no crescimento dos seus filhos. Era este o grande motivador do encontro das pessoas.

A sala

– Oi, Irmã Hilda! Tudo bem? Olha aqui o meu pimpolho, meu anjo da guarda. Já está com 9 anos e melhor do que está é impossível!

O relato entusiasmado da mãe, durante o encontro casual com Hilda Arns na frente da sede da Pastoral da Criança em Forquilhinha, por volta de 1994, era mais do que uma celebração. Era informação, vital para o sucesso da Pastoral. Mais ainda pelo comentário seguinte da mãe e que Hilda Arns nunca esqueceu:

— Irmã, o primeiro filho até hoje me dá um trabalho que quase não consigo dar conta! Agora, esse pimpolho aqui, como foi diferente! Depois que eu entrei na Pastoral da Criança, mudou completamente. E sabe quem mudou, irmã? Eu mudei! A criança mudou! A família mudou! A comunidade mudou!

Informação, retorno e monitoramento como esses, só que em escala nacional, eram as ferramentas das quais Zilda Arns mais sentia falta nesta mesma época, em sua breve passagem pelo serviço público federal como coordenadora de saúde materno-infantil do Ministério da Saúde, no último ano do governo Itamar Franco.

Diferentemente do que acontecia no governo, a Pastoral tinha condições de dimensionar, avaliar e quantificar e localizar cada uma das mudanças. Fossem as celebradas pela mãe de Forquilhinha com Irmã Hilda ou as de qualquer outra mãe em milhares de paróquias do Brasil. E esta constatação era do então responsável pelo próprio sistema de informações do ministério, Halim Girade, futuro consultor do UNICEF.

Halim tinha implantado uma "sala de situação" no ministério e Zilda o convidou para ir a Curitiba porque queria montar uma central semelhante na sede da Pastoral e, desse modo, tornar mais rapidamente visíveis as informações que já estavam nos computadores da entidade. Ao conhecer, porém, o conteúdo dos computadores, Halim percebeu que tinha pouco a ensinar. E que o Ministério da Saúde nunca tinha conseguido resultado parecido:

— Passei uma semana com eles, desenvolvendo as primeiras informações para a montagem dos painéis. Mas, na realidade, só fui um catalisador do processo. Depois, eles fizeram muito melhor até do que eu tinha proposto.

O que mais impressionou Halim Girade foi verificar que "pessoas absolutamente simples, muitas vezes com dificuldade da leitura", estavam na base do poderoso sistema de informações da Pastoral: um banco de dados que incluía milhares de informações sobre número de crianças, incidência de diarreia, percentual de amamentação, reidratação, pré-natal, nível de cobertura vacinal e disponibilidade de voluntários em cada paróquia de cada diocese da Igreja no país:

– Era algo que os estados e municípios nunca conseguiram.

Em 2014, o sanitarista Nelson Rodrigues dos Santos continuava impressionado com o sistema de informações gerenciais da Pastoral, depois de sucessivos *upgrades* introduzidos por Nelson Arns Neumann, àquela altura já permitindo não apenas um mapeamento preciso da pobreza no Brasil, mas um tipo de planejamento de encher os olhos de qualquer profissional de saúde pública:

– Sabendo onde está a pobreza, você pode planejar a atuação dentro das dioceses, por microcentros de trezentas residências, que é exatamente como o censo atua.

Em Florestópolis, Sônia Baise, uma das líderes pioneiras no mais antigo dos "microcentros" da Pastoral da Criança, tinha uma explicação para a qualidade das informações enviadas ao longo de três décadas para a sede em Curitiba:

– O que nós acertamos aqui foi para fora. O que nós erramos aqui ficou aqui.

Do Paraná para a Bahia, a veterana coordenadora da Pastoral no estado, Maria Olinda da Silva, fez questão de deixar claro que era a qualidade do sistema de informações desenvolvido pela Pastoral que fazia a diferença na liderança de Zilda Arns:

— Eu acho que ninguém, nenhum brasileiro conheceu o Brasil como ela conheceu. Do norte ao sul, do leste ao oeste.

Conhecer, em alguns momentos, para Zilda Arns, foi também corrigir rumos e calibrar a pontaria das ações da Pastoral, como aconteceu entre 1994 e 1995, quando o epidemiologista Cesar Victora pesquisou o trabalho de campo dos líderes e voluntários em lugares diferentes do país e descobriu que ainda faltavam alguns redutos de pobreza a serem alcançados:

— Era como se fosse assim: a classe E eles não estavam atingindo, mas a classe D eles conseguiam. Por quê? Porque eles lançaram os programas em comunidades que já eram mais ou menos organizadas. E as comunidades mais pobres não tinham nem um nível de organização pra conseguir que alguém fosse voluntário. Discutimos muito com eles isso, e eles criaram toda uma estratégia de deslocar pessoas de dentro da comunidade e procurar aquelas famílias ainda mais carentes.

A sala de situação em Curitiba também permitiu que a Pastoral passasse das cinco ações básicas de saúde do início do projeto para nada menos do que 26 programas ou iniciativas de âmbito nacional ou regional que foram brotando do monitoramento do trabalho de campo da Pastoral.

Foi o caso, por exemplo, do programa de alfabetização de jovens e adultos, que se impôs quando os líderes e voluntários começaram a se dar conta de que, quanto menor era a escolaridade da mãe, maiores eram a desnutrição e a mortalidade das crianças.

Da mesma forma, foram surgindo outros filhotes da ação da Pastoral, como o programa de geração de renda voltado especificamente para as famílias, um livreto educativo sobre Aids e a campanha nacional "A paz começa em casa", de prevenção à violência contra a criança no ambiente familiar.

Plantão

– Eu sou Zilda Arns, irmã do cardeal Dom Paulo Evaristo Arns. E preciso falar urgente com o ministro, que é muito amigo do meu irmão. O assunto interessa a ele. Não é a mim, não.

– Desculpe, senhora, ele está em reunião importante e não pode ser interrompido. E essa reunião vai longe.

– Não tem problema: eu estou para falar com ele hoje. Eu aguardo aqui, estou com meu jornalista, e nós temos muita coisa para fazer.

– Mas ele só vai sair daqui às oito, nove da noite.

– Não tem problema. Veja, por favor, um cafezinho para nós que a gente vai trabalhar aqui mesmo.

O ministro, daquela vez, não era nenhum dos "namorados" que Zilda conquistou para a Pastoral da Criança no Ministério da Saúde. Era Fernando Henrique Cardoso, ministro da Fazenda do governo Itamar Franco. E o problema que interessaria mais a ele do que a Zilda era uma séria crise nas santas casas do país.

Zilda era totalmente alinhada com as correntes do Conselho Nacional de Saúde que eram a favor de que as santas casas permanecessem filantrópicas, levantando recursos na comunidade e junto ao governo, para que eles fossem realmente em benefício público e não drenados para enriquecer especialidades médicas, como vinha acontecendo na época, segundo Nelson Rodrigues dos Santos.

As santas casas estavam prestes a entrar em greve e interromper o atendimento pelo SUS. O problema não passava nem perto das questões da Pastoral, mas Zilda já tinha tentado, sem sucesso, uma reunião dos representantes das entidades com o então ministro da Saúde Henrique Santillo. Era uma época de muitos cortes de gastos para combater a inflação. Daí a ida de Zilda ao gabinete onde nasceria o Plano Real. E uma tentativa da secretária de dissuadi-la da espera indefinida por uma conversa com FHC:

— Senhora, não adianta, ele não vai poder atender...

— O interesse é dele. Eu quero dois minutos dele.

E ali ficaram Zilda, impassível, Elson Faxina, um pouco constrangido, e a secretária, um tanto contrariada, até o início da noite. Trinta anos depois, Fernando Henrique Cardoso ainda se lembrava do dia em que, no auge do combate à inflação, viu-se obrigado a interromper uma reunião com mais de trinta pessoas.

"Eu me lembro da crise das santas casas, da pressão da doutora Zilda. Era uma pessoa determinada e ao mesmo tempo generosa, capaz! Não era um contato que você poderia esquecer. Ela sabia o que queria."

Na lembrança de Elson, Fernando Henrique deixou a reunião apenas para fazer uma cortesia com a irmã de Dom Paulo Arns e voltar rapidamente. Mas não foi bem assim:

— Doutora Zilda, a senhora aqui! Desculpe, hoje estou com muita coisa, vamos marcar outra hora.

— Não, ministro, aqui mesmo, dois minutinhos. As santas casas vão entrar em greve a semana que vem. Eu sei que o senhor está tentando salvar o país, tentando organizar o país, mas eu preciso que o senhor receba o Conselho Nacional de Saúde e o ministro Santillo urgente.

— Eu já marquei com ele!

— Mas o senhor marcou para daqui a dois meses. É muito tempo, não vai dar. Ministro, meia horinha só. É só para a gente explicar qual é a situação da saúde e pronto.

Fernando Henrique acabaria tendo de cancelar a sessão de fisioterapia que tinha marcado para as sete da manhã do dia seguinte para receber o ministro Santillo e os representantes do Conselho Nacional de Saúde envolvidos na crise das santas casas.

"Eu não tinha tempo, mas ela foi tão persistente que eu acabei recebendo no dia seguinte, tendo que cancelar atividades minhas. Mas ela foi uma pessoa ao mesmo tempo bastante agradável de convívio."

O resultado daquela persistência o próprio Fernando Henrique Cardoso atestaria trinta anos depois, ao comentar a obra social de Zilda Arns:

– A Pastoral fazia e faz uma coisa que falta no serviço público: dar atenção às pessoas. Não é simplesmente dar o remédio.

Maioridade

Quem acompanhasse os passos firmes e destemidos de Zilda Arns pela Esplanada dos Ministérios, sem cargo público ou mandato eleitoral carimbado no cartão de visitas, dificilmente poderia imaginar que a Pastoral da Criança só passou a existir juridicamente, como organismo de ação social da CNBB, a partir de 8 de julho de 1998, 15 anos depois do projeto-piloto em Florestópolis.

Antes da identidade jurídica própria da Pastoral, Zilda só pôde firmar convênios com procurações assinadas pela direção da CNBB e ainda teve de enfrentar a resistência do padre Virgílio Uchoa, que era contador da entidade e se recusava a contabilizar os recursos recebidos pela Pastoral da Criança, só o fazendo depois da intervenção de Dom Celso Queiroz, a partir de um pedido explícito de Dom Paulo Evaristo Arns.

Antes, Zilda tivera de contar, primeiro, com o aval do bispo auxiliar da arquidiocese de Curitiba, Dom Pedro Fedalto, e, depois, com a Associação Nacional de Amigos da Pastoral da Criança, a ANAPAC, entidade sem fins lucrativos, criada em 17 de maio de 1995, para dar apoio técnico e financeiro aos trabalhos da entidade. Só quando o orçamento da Pastoral ficou maior que o da própria CNBB, os bispos decidiram que era a hora de ter autonomia.

Parte da explicação para a falta de pressa da CNBB, na visão de Rogerio Arns, resumia-se em uma pergunta que os bispos se fizeram muito na época: pedir ou não pedir dinheiro ao governo?

"A resposta que a mãe sempre dava era de que o dinheiro era do povo, administrado pelo governo para o bem do povo. E houve muita conversa dela para fazer todos os bispos entenderem que o dinheiro era do Estado e não de um governo ou de um partido político."

A resistência ou o cuidado redobrado da CNBB nas relações com o governo vinha dos tempos difíceis da ditadura militar e, vaidades e egos à parte, também se devia ao fato de que outras pastorais e organismos, criados pela entidade a partir dos anos 1970, já tinham conseguido resultados importantes e transformadores, sem tanta dependência de recursos públicos.

Era o caso das Comunidades Eclesiais de Base, as CEBs, e das pastorais dos presos, das favelas, dos menores, do chamado "povo de rua" e da mulher marginalizada, entre outras. Mas Zilda Arns jamais imaginou que poderia prescindir da ajuda do governo. E deixou essa posição bem clara na entrevista ao programa *Roda Viva*:

– O governo não é capaz de fazer o trabalho da Pastoral da Criança, que é um trabalho feito, assim, com muito amor. Agora, a Pastoral precisa do governo e o governo precisa da Pastoral. Nós, sozinhos, sem parceria, não poderíamos treinar tantas lideranças. São, por mês, milhares de capacitações.

Na prática, ao longo de 15 anos, Zilda conseguiu transitar muito bem tanto pela Brasília da era de poder do PSDB de Fernando Henrique quanto pela Brasília dos anos de hegemonia do petista Luís Inácio Lula da Silva. Envolveu-se intensamente em debate de políticas públicas, mas sempre mantendo uma distância segura dos partidos.

O que não queria dizer, de acordo com o sobrinho Flávio Arns, político de carreira, que Zilda pregasse a alienação política. Muito pelo contrário:

– Ela sempre orientava as lideranças da Pastoral da Criança para participar intensamente de políticas públicas, através do Conselho da Criança e do Adolescente, no Conselho da Assistência, no Conselho da Pessoa com Deficiência e em outros órgãos onde as políticas públicas eram planejadas e discutidas.

Uma das batalhas políticas em que Zilda se envolveu com fervor foi a luta pela emenda de financiamento mínimo do SUS, uma bandeira do Conselho Nacional de Saúde que a levou a uma peregrinação pelos gabinetes de deputados e senadores.

Nem sempre, porém, as lutas que ela abraçou estiveram diretamente relacionadas à saúde. No início dos anos 2000, por exemplo, Zilda colocaria o contingente de líderes e voluntários da Pastoral da Criança a serviço da aprovação da "Lei da Ficha Limpa", um movimento para acabar com a reeleição impune de políticos corruptos. Três meses depois de Zilda mobilizar os líderes e voluntários da Pastoral em todo o país, o abaixo-assinado do movimento já tinha mais de um milhão e duzentas mil assinaturas.

Outra bandeira que Zilda apoiou com entusiasmo e que se tornaria programa de governo nos anos e mandatos presidenciais que estavam por vir era a da urgência na luta contra a pobreza. Em 2001, antes de se tornar parceira de primeira hora do programa Fome Zero, ela já declarava ao programa *Roda Viva*:

– Isso não é governo federal. É pra todos os governos, a sociedade e família. As escolas deveriam ter programas de cidadania para formação do caráter e da corresponsabilidade. Trabalham tanto com polícia, para controlar drogas. Por que não trabalham para erradicar a pobreza?

Para Fernando Henrique Cardoso, Zilda passou incólume pelas armadilhas éticas e partidárias da capital federal "porque não tinha uma visão ideologizada":

– Ela não percebia diferença de partidos, mas de pessoas, de quem estava disposto a ajudar e de quem não estava disposto a ajudar. A ideologia dela era o bem-estar dos mais pobres.

Opinião semelhante à de Elson Faxina, para quem o fato de Zilda não ser ligada aos chamados "movimentos sociais" e atuar como "uma pessoa profundamente cristã e profundamente médica" ajudou muito na hora de falar com os poderosos. Elson, no entanto, nunca conseguiu decifrar com segurança o comportamento da chefe em suas peregrinações pelo Planalto:

– Eu nunca consegui saber se era uma ingenuidade proposital, mas, quando se falava em PT e PSDB, ela mostrava que não queria muito entrar nessa discussão. Pra ela, estar ao lado do Lula ou do FHC não tinha a menor diferença, contanto que eles fossem apoiadores da causa da Pastoral.

A julgar pelo depoimento dado em 2014 por Jorge Hage Sobrinho, então ministro-chefe da Controladoria Geral da União (CGU), órgão encarregado de monitorar a lisura no uso dos gastos do governo federal, Zilda Arns conseguiu, em Brasília, ao longo de mais de 15 anos, uma façanha: naqueles corredores onde sempre foi muito fácil escorregar na cooptação partidária e no tráfico de influência, ela catequizou com sucesso tanto os tucanos quanto os petistas. E levou para as crianças da Pastoral um volume de recursos com o qual outras ONGs brasileiras jamais sonharam:

– A doutora Zilda realmente recebeu recursos vultosos de governos diversos, nos períodos mais diversos. Levantando os dados no nosso Portal da Transparência, verifica-se isso de modo muito claro. Tanto na década de 1990, nos governos do PSDB, como nos anos 2003 em diante, nos governos do Partido dos Trabalhadores, a Pastoral sempre foi uma parceira do mesmo modo, independentemente de coloração partidária.

Horário eleitoral

Em 2004, o médico petista Alexandre Padilha, futuro ministro da Saúde e da Coordenação Política dos governos petistas, tinha acabado de assumir a Divisão de Saúde Indígena do Ministério da Saúde e resolveu montar um fórum de entidades e pessoas, entre elas Zilda Arns.

Padilha queria se aconselhar sobre várias questões polêmicas da área e não se esqueceu da postura de Zilda, depois que ela marcou "uma sopinha" no hotel em que estava hospedada em Brasília:

– E aí, naquela sopinha de aspargos, ela fez um monte de cobranças e definiu quase todo o plano de trabalho que eu deveria executar.

Depois de muitos anos de sopas de aspargos nos hotéis de Brasília, entre todos os que acompanharam de perto as jornadas de Zilda na cidade em busca de recursos, há um consenso de que José Serra foi o ministro que mais facilitou a vida da Pastoral da Criança.

Ao lembrar, em 2014, o primeiro encontro com Zilda e Dom Geraldo Majella, Serra disse que logo foi mostrando que já sabia das queixas que Zilda tinha em relação ao Ministério da Saúde. E, mal se sentaram, Serra já pediu que ela duplicasse os projetos da Pastoral com a certeza de que o ministério também dobraria os recursos:

– Eles toparam na hora e então não houve discussão a respeito de que problemas havia ou do que poderia melhorar ou não. Nós simplesmente turbinamos o trabalho porque eu conhecia, sabia que era um projeto que tinha uma produtividade muito alta e que complementava as ações do poder público no Brasil.

Para Serra, Zilda combinava, como nenhuma outra pessoa que ele conheceu na vida, uma sólida formação científica e "uma forte fé cristã que humanizava o seu trabalho". Na prática, Nelson Arns Neumann sentiu, já nos dias seguintes ao primeiro encontro no ministério, que o compromisso de Serra era para valer.

O então secretário executivo Barjas Negri já tinha a máquina do ministério na mão e a rapidez com que os pleitos da Pastoral foram atendidos, na lembrança de Nelson, não teria paralelo antes ou depois de Serra:

– Nos convênios, por exemplo, a verba tinha de ser depositada no dia 5 de cada mês. Com os outros ministros, a gente tinha de ir para Brasília solicitar, fazer o empenho e cobrar a verba. Era um sofrimento. Com o Serra, se havia o recurso e se o projeto estava sendo executado, além de receber o dinheiro, a gente ganhava tempo pra trabalhar mais, em vez de ficar lá em Brasília naquele beija-mão.

A afinidade foi tanta que, em 2002, ao deixar o ministério para se lançar candidato e disputar com Lula a sucessão de Fernando Henrique Cardoso, Serra sentiu-se à vontade para usar imagens dele e de Zilda Arns na publicidade oficial. Foi quando ela apareceu num filme da campanha "Brasil, oito anos construindo o futuro", veiculado pelo governo e logo suspenso pelo Tribunal Superior Eleitoral por favorecimento ao então pré-candidato Serra.

Foi quando soou forte o alarme na Pastoral da Criança.

Irmã Beatriz Hobold, a prima de Zilda que trabalhava na representação da Pastoral em Brasília, acompanhou Nelson Arns Neumann na expedição ao comando da campanha de Serra para se certificar de que Zilda iria mesmo desaparecer da disputa eleitoral.

"O Nelson me pegou pelo braço, nós fomos lá e, no mesmo dia, não apareceu mais. Imagine se o Serra entrasse no ar com o apoio da Zilda, qual das líderes da Pastoral que não ia votar nele?"

Ajudando no combate às chamas, Zilda deu uma entrevista dizendo que sua participação não era apoio e que estava apenas cumprindo "o dever de defender um modelo de atenção à área social". E acrescentou:

– Sou suprapartidária.

Durante um almoço com o filho Rogerio, Zilda descreveu aquela saia-justa com um dos políticos que ela mais admirava, repetindo o que disse para ele:

– Ministro, pessoalmente o senhor tem todo o meu crédito. Mas institucionalmente, com a minha imagem, eu não posso participar. Isso é contra os princípios da organização.

Doze anos depois, ao comentar o episódio, Dom Geraldo Majella Agnelo acrescentou um discreto sorriso de ironia ao explicar a atitude de Zilda:

– Ela era muito objetiva. Não é que ela defendesse esse ou aquele político. Para ela, dizer que fulano fez isso ou aquilo não queria dizer, necessariamente, vote nesse fulano.

Aquele obsessivo distanciamento de siglas e candidaturas deixaria Zilda sempre à vontade para abrir as portas e os ouvidos da Pastoral da Criança não apenas para tucanos e petistas, mas também para políticos como a senadora alagoana Heloísa Helena, do PSOL, e o marxista Luciano Bivar, do PSL, candidatos à presidência em 2006.

E a regra de não envolvimento político e partidário que José Serra teve de respeitar, calado, também valia para qualquer líder da Pastoral, em qualquer parte do país. A coordenadora Maria Olinda da Silva não tinha dúvidas:

– Se uma pessoa se candidatava a vereador, deputado ou qualquer outro cargo, tinha que deixar a Pastoral imediatamente. Se não fosse eleita, aí poderia voltar para o cargo que estava exercendo.

Gilberto Carvalho, ministro poderoso nos governos Lula e Dilma Rousseff, sabia que "todo mundo que tentou, de alguma maneira, cooptar Zilda Arns ou usar a imagem dela, quebrou a cara". E presenciou pelo menos uma conversa que pode ter contribuído para que o presidente Lula não avançasse o sinal como José Serra tinha feito:

– A maneira como ela falava com o presidente Lula, aquele temperamento germânico que tinha, muito suave, mas ao mesmo tempo muito firme, era uma demonstração de que ela não estava ali de prato na mão.

Precavido, Lula só arriscou falar em eleição e voto com o sobrinho de Zilda, Flávio Arns, logo depois de sua eleição para o Senado, em 2002:

– O Lula chegou pra mim e disse: "Eu queria um sobrenome desses pra fazer a campanha." Eu perguntei por quê. E ele: a Zilda Arns, o Dom Paulo, a família toda, no decorrer da vida, construíram um caminho de credibilidade.

Lula não assediou, mas fez sempre questão de cobrir Zilda de atenções e gestos. Da nomeação dela para o Conselho de Desenvolvimento Econômico e Social, com direito a citação regular da presença de Zilda em todas as reuniões, à determinação de não contrariá-la mesmo quando correntes do Ministério da Saúde faziam alguma restrição à linha de ação da Pastoral da Criança. Gilberto Carvalho sabia qual era a resposta de Lula quando a controvérsia surgia:

– Gilberto, nós temos que apoiar essa mulher. Nós temos que apoiar a Pastoral da Criança porque eles fazem, muitas vezes, muito mais do que nós fazemos.

Na lembrança de Nelson Arns Neumann, era tal a preocupação de Lula em não ter problemas com Zilda que, ao assinar uma carta-compromisso com a Pastoral no dia 10 de setembro de 2002, em plena campanha para se reeleger presidente, ele preferiu assinar primeiro e discutir depois:

– Dona Zilda, a senhora pediu e eu assinei. Não li, mas prometo para a senhora que tudo aquilo com que eu concordar eu vou fazer.

Aos repórteres que acompanhavam a visita, Lula preferiu dizer que a área social estava contemplada pelo programa de governo do PT e que as reivindicações da Pastoral eram "compatíveis".

⁂

Zilda deu a Luis Erlanger, diretor de comunicação da TV Globo com quem ela teve muitas conversas, a impressão de que tinha uma preferência:

– Eu não vou dizer que ela era uma mulher pragmática a ponto de gostar mais de quem mais gostava dela, mas sei que, por exemplo, ela estava muito mais confortável no governo do PSDB. E tinha uma admiração pessoal enorme pelo Serra.

Quatro anos depois da morte de Zilda, tucanos e petistas ainda divergiam sobre quem apoiou mais a Pastoral. Sem questionar a simpatia pessoal que tinha por José Serra ou o apoio irrestrito que ele efetivamente deu a ela como senador e ministro, Jorge Hage Sobrinho questionou a conclusão de que os tucanos tenham sido mais generosos:

– Se olharmos o volume de recursos que a Pastoral recebeu dos governos do PT, sem dúvida nenhuma, comparando ano a ano, são volumes muito maiores do que eram nos anteriores.

Os números absolutos, à parte as dificuldades enfrentadas pela Pastoral da Criança para obtê-los, dão razão a Jorge Hage Sobrinho. Nos oito anos do governo Fernando Henrique Cardoso, a Pastoral recebeu 95 milhões de reais. Nos oito de Lula, 182 milhões. Mas fazendo-se a atualização da inflação e considerando-se o valor por criança atendida/ano, Fernando Henrique foi mais generoso com a

Pastoral, com um índice de 18,67, seguido de Lula, com 16,22 e de Dilma Rousseff, com 15,66.

O que ninguém conseguiu ignorar ou discutir foi o respeito que Zilda foi impondo ou conquistando em Brasília com o passar dos anos, à medida que a Pastoral da Criança ia transformando a realidade social do país. A veterana Ana Ruth Goes, coordenadora da Pastoral na região Norte-Nordeste, testemunhou a mudança radical:

– No começo da Pastoral, a gente chegava ao Ministério da Saúde ou à antiga Legião Brasileira de Assistência e ficava horas na sala de espera, só vendo político entrar no gabinete. A gente marcava hora, certinho, mas só era atendido no final do expediente. Aí depois, com o caminhar do tempo, menino, era a doutora Zilda chegar e as portas se abriam.

A própria Zilda, em conversa com o sanitarista Gilson Cantarino, revelou um certo espanto com a rapidez e a presteza com que passou a ser tratada pelos ministros, alguns até resolvendo tudo por telefone e a dispensando da viagem a Brasília:

– Nossa, como os ministros me tratam bem hoje em dia. Não era assim no começo, quando comecei a Pastoral.

Ao que Gilson respondeu:

– É a senhora, doutora Zilda, mais os milhões que a seguem.

7

O PREÇO DA VITRINE

— E a Pastoral, alguma novidade?
— Tem um gráfico aqui mostrando que aumentou a mortalidade infantil.
— O que vocês acham?
— Por enquanto, nada. O pessoal está falando de uma grande seca no Nordeste.
— Já apresentaram para alguém?
— Doutora Zilda acabou de apresentar no Conselho Nacional de Saúde...
— Algum impacto?
— Não. Ficou como um item de pauta...

No dia 8 de junho de 1994, Nelson Arns Neumann se despediu do então diretor da sucursal da *Folha de S. Paulo* em Brasília, Gilberto Dimenstein, durante um evento sobre comunicação social, achando que aquela conversa sobre mortalidade infantil não tinha maior importância.

Tinha. E do tamanho de uma manchete de primeira página, dois dias depois, com o seguinte título:

"Mortalidade infantil cresce 28,9% no NE, diz Pastoral".

O texto de Gilberto Dimenstein, tornando público o primeiro ponto fora da curva, em dez anos, na histórica queda na taxa de mortalidade infantil no Brasil, foi o início de uma crise cujo enredo é emblemático do comportamento da Zilda Arns em relação à mídia ao longo de sua vida pública. Uma mídia cada vez mais atenta a seus passos, à medida que a Pastoral da Criança foi crescendo em importância:

"A Pastoral da Criança, da Igreja Católica, registrou crescimento de 25% a 30% na taxa de mortalidade de crianças de zero a 1 ano, na região Nordeste, nos três primeiros meses do ano, em comparação com igual período do ano anterior. Em todo o país, o crescimento é de quase 15%."

Na interpretação de Dimenstein, a pesquisa era um indicador precioso da evolução da crise social brasileira, já que aquele era o terceiro ano consecutivo de seca, da presença do cólera, da desnutrição provocada pelo aumento do desemprego e, em especial, da crise do sistema de atendimento público de saúde. Sem contar uma redução da quantidade de crianças atingidas pela vacinação.

Era um momento em que Zilda Arns acumulava o comando da Pastoral com a direção do Departamento Materno-Infantil do Ministério da Saúde, no governo do presidente Itamar Franco, vice e sucessor de Fernando Collor. E apesar do afago de Dimenstein, lembrando que a Pastoral era então considerada pelo UNICEF um dos "exemplos mundiais de saúde pública", um incêndio estava em curso no Ministério da Saúde.

Nelson e sua equipe já tinham checado se havia algum problema interno nos procedimentos da Pastoral, um menor número de acompanhamentos, uma expansão maior para áreas mais pobres ou outros fatores que pudessem ter influenciado na elevação dos percentuais. Nada a fazer. Estava tudo certo:

– Como a gente sempre divulgou as informações como boas, também tínhamos de divulgar uma informação que não era boa. Foi por isso que a doutora Zilda pegou o papel com os resultados, foi à reunião do Conselho Nacional de Saúde, apresentou e passou a reunião sem discussão.

Na descrição de Nelson, o secretário executivo do Ministério da Saúde "ficou possesso" e uma típica reunião de crise acabou sendo convocada, com a participação de Zilda, de Dom Luciano Mendes de Almeida, então presidente da CNBB, e do ministro da Saúde da época, Henrique Santillo. Durante o encontro, Dom Luciano adotou um discurso surpreendente:

– Sr. ministro, a gente queria pedir desculpas pelo incômodo.

Ao que Zilda interveio:

– Dom Luciano, eu pedi pra checar a informação e a gente viu que de fato há indícios de que o aumento está acontecendo. Então o senhor não peça desculpas, porque faz parte do processo.

Não houve nenhum recuo ou desmentido. E três anos depois, um diretor do IBGE, Celso Simões, num encontro de mortalidade infantil no Nordeste, confirmaria para Nelson:

– Olha, de fato, em 1994 tivemos um pico de mortalidade.

※※

Por trás da postura da Pastoral no episódio, existia um olhar de Zilda para o trabalho da imprensa que muitos políticos e empresários, oscilando entre a paranoia e a vaidade cega, nunca aprendem a ter. E que ela resumia numa frase que seu assessor de imprensa Elson Faxina guardou com carinho, certo de que ela se encaixaria muito bem em qualquer *media training* do mundo executivo:

– Você responde aquilo que está ao seu alcance. Não precisa estar inventando outras coisas. E às vezes tem certas perguntas que os jornalistas fazem que também a gente não precisa responder. Nunca vá para uma rádio ou uma televisão sem saber o que vai dizer. E você tem que tomar cuidado pra não cansar quem está ouvindo.

No caso da televisão, de acordo com Elson, Zilda era uma "comunicadora por excelência" que tinha capacidade de entender tanto os limites quanto o potencial do veículo. Por isso, pensava mais em "pequenas manchetes que tinham o papel de estimular" e explicava:

– Aprendi muito que televisão não é pra conscientizar. Televisão é pra chamar a atenção.

Essa preocupação ficou evidente, por exemplo, na preparação da campanha "A paz começa em casa", que seria lançada com apoio da TV Globo. Zilda pediu uma série de modificações, antes que milhões de exemplares do folheto "Os dez mandamentos da paz na família" fossem impressos e distribuídos pela Pastoral da Criança em todo o país. Seu argumento:

– As mães não vão entender isso. Ou a gente transforma esse conhecimento em algo muito pragmático pra ser usado no dia a dia das famílias ou não adianta.

Outro sinal da importância que Zilda dava à comunicação, Elson Faxina sentia no ritmo de trabalho que tinha de se impor para acompanhá-la nas viagens pelo Brasil. Zilda não recusava convites para entrevistas ao vivo para as edições regionais do telejornal *Bom Dia*, da TV Globo, nem mesmo quando tinha todos os motivos para pedir um adiamento:

"Uma vez um voo atrasou e a gente chegou por volta de três da manhã em Natal, e eu, na mesma hora, me prontifiquei a ligar para a Globo local e desmarcar. Na mesma hora, ela disse: 'Não, está marcado, vamos lá.' Cinco e meia ela estava acordada, seis e pouco a gente estava na televisão."

– Doutora Zilda era uma usina. E quando ia dormir, ela costumava dizer que não dormia: desmaiava.

Por essa e outras atitudes é que Elson confessou ter sido muito fácil para ele trabalhar como assessor e depois, já amigo, como consultor informal de Zilda sobre questões relacionadas à mídia. E para quem estranhava e perguntava se não seria uma perda de tempo toda aquela disponibilidade para os jornalistas, a própria Zilda explicava:

– Eu nunca perco tempo. Eu invisto tempo!

Investimento que era explícito nos encontros anuais que Zilda promovia com jornalistas, comunicadores populares e formadores de opinião da área acadêmica e empresarial, cuidadosamente escolhidos e convidados para passar dois dias na sede da Pastoral em Curitiba. Zilda aproveitava esses encontros para falar da Pastoral, mas, de acordo com Elson, também ouvia muito:

– Eles recebiam antes um relatório da Pastoral. E o primeiro momento era para apresentar a Pastoral. Depois acontecia uma conversa muito franca na qual se discutia muito o que deveria mudar, como a Pastoral deveria se posicionar na mídia e os cuidados que deveríamos tomar.

Não foi por acaso, portanto, que o capítulo "estratégia de mídia" sempre fez parte dos projetos, campanhas e publicações da Pastoral. Em 1989, já nas primeiras avaliações da atuação do então recém-criado Grupo de Defesa da Saúde da Criança, do qual participavam representantes da TV Globo, da Sociedade Brasileira de Pediatria, do UNICEF, do Ministério da Saúde e da Pastoral, não foi difícil, de acordo com Nelson Arns Neumann, perceber a importância do capítulo "comunicação":

– Onde só foi a mídia, o impacto da campanha foi baixo. Onde só tinha Pastoral da Criança, impacto relativamente baixo. Onde aconteciam os dois houve uma sinergia muito boa: o pessoal ali na ponta, mostrando e entregando a colher-medida, e, ao mesmo tempo, os meios de comunicação, o rádio e a TV fazendo a propaganda.

Pregos e furos

Mas houve momentos em que Zilda se aborreceu com a imprensa. Em 1988, por exemplo, uma reportagem do programa *Fantástico*, na TV Globo, destacou, para depois contestar, a recomendação da Pastoral da Criança para que mães com anemia cozinhassem em panelas de ferro e até adicionassem um prego usado à preparação dos alimentos.

A orientação era baseada na evidência científica de que o prego, ao ser "cozido" na água fervente, liberava uma quantidade de ferro que contribuiria no combate à anemia. Zilda, na lembrança do filho Nelson, chegou a chorar muito, inconformada com o impacto negativo e em escala nacional provocado pela reportagem. Mas o *Fantástico* estava certo:

– O problema é que os pregos modernos já não tinham nada a ver com os pregos de ferro e poderiam conter outras substâncias que poderiam ser prejudiciais. A reportagem foi muito incisiva, mas não havia nada que a gente pudesse fazer a não ser aceitar e mudar a orientação.

Anos depois, outro episódio deixaria Zilda chateada, mais pelas insinuações do que pelo que havia de concreto na reportagem "A vitória dos enlatados", publicada na edição da revista *IstoÉ* de 19 de setembro de 2007. O texto, ao informar que o governo Lula estaria "trocando uma mistura nutricional consagrada há décadas por produtos industrializados", descrevia um encontro em que Clara Takaki Brandão pedia ao então vice-presidente José Alencar que ele não deixasse o governo tirar a multimistura da merenda das crianças e que o composto fosse oficialmente adotado nas escolas públicas.

A leitura da reportagem levava à conclusão de que o ministro da Saúde da época, José Gomes Temporão, e a Pastoral da Criança eram favoráveis à "política genocida" de "adversários poderosos" de Clara Takaki que estariam conseguindo "excluir a multimistura da merenda escolar para abrir espaço para o Mucilon, da Nestlé, e a farinha láctea, cujo mercado é dividido entre a Nestlé e a Procter & Gamble".

A matéria citava a posição conhecida de Zilda sobre o assunto à época, reconhecendo a importância da multimistura para diminuir os índices de desnutrição infantil, ressalvando que só ela não era capaz de acabar com a anemia e enfatizando a prioridade dada pela Pastoral da Criança ao aleitamento materno. Já o ministro Temporão preferiu apenas mandar a assessoria de imprensa informar que a multimistura era um programa que já não existia mais no ministério.

Outra insinuação que chegou à imprensa e cujas fontes Nelson Arns Neumann nunca teve dúvida de localizar nas trincheiras dos defensores radicais da multimistura foi uma doação da Nestlé que Zilda se viu obrigada a explicar. Tudo começou quando a Nestlé, que tinha assento, como indústria, na Comissão de Alimentação e Nutrição do Conselho Nacional de Saúde, quis porque quis doar um milhão de alimentos para a Pastoral da Criança.

Como a Pastoral não distribuía alimentos e a Nestlé não abria mão de que a entidade liderada por Zilda Arns fosse destinatária de pelo menos uma parte da doação, a solução foi propor que a Ordem dos Vicentinos ficasse com dois terços dos alimentos para distribuir em suas obras de caridade. O terço restante seria usado no tradicional "lanchinho" nos encontros de "celebração da vida" realizados nas comunidades pela Pastoral. Mesmo assim houve críticas às quais Nelson teve de responder:

– Os grupos do aleitamento materno reclamaram, mas foi fácil de responder: que impacto tem para um milhão e meio de crianças receber, num ano, um copo de leite?

Em maio de 2009, Zilda ficaria especialmente aborrecida com outra reportagem da *Folha de S. Paulo*, desta vez envolvendo o nome da filha Heloísa, na época superintendente da organização não governamental Gerar, dedicada à geração de empregos e ao desenvolvimento regional.

A reportagem revelava que a Gerar, cuja presidente de honra era a própria Zilda, fora condenada pela Justiça Federal no Paraná a devolver dinheiro público utilizado para pagar dirigentes e empregados. Não haveria provas, de acordo com a denúncia do Ministério Público Federal, de que a Gerar tivesse conseguido gerar emprego ou renda nos estados do Acre, Ceará, Pernambuco e Bahia, além do Distrito Federal.

O que deixou Zilda e os filhos inconformados no episódio foi o fato de eles terem sido vítimas de antiga e danosa tradição da imprensa de não dar o devido destaque para o desfecho das histórias negativas que publica, quando elas não se confirmam. A Gerar, que chegou a ter o repasse de verbas suspenso pelo Tribunal de Contas da União, acabou sendo inocentada no final do processo. Mas pouca gente soube.

Cachaça

As decepções com a imprensa não impediriam que, em 1993, Zilda resolvesse contratar o repórter e professor de jornalismo Elson Faxina como assessor. A aproximação de Elson com sua fonte preferida na área médica do governo do Paraná aconteceu depois que os dois tiveram uma longa conversa, num voo de Santiago para São Paulo. Zilda voltava de um encontro de bispos da América Latina e ele de férias.

Depois de se encantar com o trabalho de Zilda, naquela época já comandando 41 mil líderes comunitários no atendimento a cerca de quatrocentas mil crianças, Elson foi encarregado de editar uma revista comemorativa dos dez anos da Pastoral. Em seguida, elaborou, a pedido de Zilda, um plano de comunicação no qual mapeou oito públicos diferenciados, incluindo as áreas que tinham alguma resistência à Pastoral da Criança.

Como não poderia deixar de ser, Zilda aplicou, na área de comunicação da Pastoral, a fórmula de sempre: uma busca de eficiência empresarial, alimentada por um intenso compromisso com a missão religiosa. Daí a criação, sugerida por Elson Faxina, de uma rede de comunicadores solidários da Pastoral que alcançou cerca de setecentos radialistas e profissionais de mídia de todos os tamanhos e audiências divulgando o trabalho dos líderes e voluntários em todo o Brasil.

"Eu disse à doutora Zilda que esses comunicadores iam nos ajudar, mas a maioria ia querer algo em troca. O que eu podia dar em troca era capacitar o cara lá do interior a fazer um bom programa de rádio, uma boa reportagem ou a trabalhar com vídeo. E foi o que fizemos."

O jornal da Pastoral da Criança, que Elson Faxina ajudou a desenvolver, também tinha, na distribuição do espaço editorial, uma preocupação de chegar às comunidades com a mesma eficiência dos líderes e voluntários. Por isso, em média, das dezesseis páginas regulares, de dez a doze eram notícias que vinham das comunidades, escritas por pessoas das comunidades. Havia sempre um artigo de Zilda Arns, claro, mas ela mesma fazia questão de insistir:

– Nós temos que dar autoria para as comunidades. Temos de dizer para as líderes que as vitórias são delas.

O que era derrota, nas palavras de Elson, "Zilda guardava no travesseiro". E o resultado, fosse numa página do jornal da Pastoral, numa entrevista transmitida por uma rádio do interior ou em uma reportagem no horário nobre da TV aberta, em rede nacional, era sempre uma injeção a mais de ânimo no espírito dos líderes e voluntários. Como aconteceu com Josefa de Lourdes Pacheco, a Udinha, na Colônia 13 e no Campo de Crioulo, no interior de Sergipe:

"Uma coisa era você chegar na casa da mãe e falar sobre as ações básicas. Outra coisa era isso estar nos meios de comunicação. Quando ela ligava o rádio e ouvia as informações sobre higiene, o lavar as mãos, o cuidar da criança, o banho, aí era uma diferença muito grande. A gente sentia que não estava sozinha."

Da paróquia do interior do Sergipe para a sede em Curitiba, a avaliação da importância da visibilidade midiática da Pastoral da Criança, fosse em reportagens da imprensa ou em campanhas apoiadas por pequenos e grandes veículos de comunicação, não era diferente. Irmã Vera Lúcia Altoé, por exemplo, assumiu a coordenação nacional da Pastoral em 2007 considerando-se a grande beneficiada pelo carinho que Zilda sempre teve com a comunicação:

— A líder escutava sobre a Pastoral da Criança no rádio, via a doutora Zilda ou uma atividade da Pastoral na televisão e aquilo era uma bênção!

Para Nelson Arns Neumann, a visibilidade foi ainda mais decisiva nos momentos em que houve controvérsia, como na implantação do soro caseiro.

Na época em que o governo começou a distribuir os sais de reidratação oral, em vez de fazer uma oposição direta, a indústria farmacêutica lançou uma série de produtos semelhantes, contando com a tendência das pessoas de achar que o que é comprado é melhor do que o que é feito em casa. E foi nessa hora, de acordo com Nelson, que a campanha do soro caseiro ajudou muito, ao reforçar, na tela da TV, o papel das líderes:

— A campanha funcionou tão bem e os efeitos foram tão fortes que a indústria teve de abandonar a série de produtos que fazia.

Para quem conheceu a intimidade de Zilda Arns, o caráter profissional e pragmático que ela deu às ações de comunicação da Pastoral da Criança não surpreendeu. Entre suas poucas rotinas consideradas religiosas, num cotidiano marcado por muitas xícaras de chá e café forte sem açúcar, pouco cinema, alguma novela e doses maciças de leitura científica e religiosa, tinha uma da qual não abria mão e que ela chamava de "cachaça":

Assistir ao *Jornal Nacional* do começo ao fim, todas as noites.
Com todos ao redor em completo silêncio.

Fria

A impressão de Zilda Arns, do filho Rogerio e do pesquisador Regis Cabral, ao sentarem para um café, no centro de Copenhagen, depois do encontro que tinham acabado de ter com a rainha Silvia da Suécia, em 2001, não poderia ter sido melhor. A rainha fizera uma explanação bem detalhada sobre como funcionavam as candidaturas e articulações para o Prêmio Nobel da Paz. E Rogerio e Regis estavam animados com as perspectivas de Zilda ser agraciada. Ela, nem tanto:

– Eu não gosto desse negócio de Prêmio Nobel. Isso tira o foco da gente de onde a gente precisa estar atuando.

Regis Cabral, um profissional conhecido internacionalmente por seus estudos sobre transferência de tecnologia e as relações entre as universidades e o setor produtivo, era um entusiasta da candidatura de Zilda ao prêmio, ideia do jornalista Elio Gaspari, em conversa informal com o então ministro da Saúde José Serra, que a abraçou imediatamente.

Uma das estratégias sugeridas por Regis, à época vivendo na Suécia, era ocupar espaço na mídia internacional. Além disso, ele se encarregara de explicar o funcionamento da Pastoral da Criança ao então ministro da Indústria, Emprego e Comunicações da Suécia, Björn Rosengren, que tinha influência no Nobel, e a alguns deputados suecos. O argumento de Regis, que deixou Zilda mais à vontade com a candidatura, na lembrança de Rogerio, foi outro:

– Doutora Zilda, são as pessoas e instituições que levam, mas o prêmio é para a causa, aquilo que merece a atenção do planeta. A senhora leva o Prêmio Nobel pra casa, mas quem ganha são todos aqueles que lutam pela saúde infantil, pelo trabalho de base comunitária. É isso que vale a pena.

– Então, se é assim, eu vou me engajar.

A grande aliada era a rainha Silvia, uma alemã de nascimento que, além de ser filha de mãe brasileira, tinha como missão do cargo defender os interesses da família e das crianças. E estava à frente da Fundação Mundial para a Infância (World Childhood Foundation). Um ano antes, ela inaugurara um escritório da entidade no Brasil.

O lançamento oficial da candidatura dupla de Zilda e da Pastoral da Criança ao Nobel da Paz de 2001 foi feito pelo então presidente Fernando Henrique Cardoso no dia 9 de janeiro daquele ano, em solenidade no Palácio do Planalto, à qual estavam presentes a cúpula da CNBB, religiosos evangélicos, israelitas e muçulmanos.

Num dia em que a temperatura bateu os 20º negativos em Oslo, capital da Noruega, sede específica do comitê do Nobel da Paz, ao contrário de Copenhagen, que sedia as outras categorias, José Serra entregou o dossiê de vinte páginas com a defesa da candidatura. Ela era endossada por mais de quatrocentas mil assinaturas, conseguidas num prazo recorde de 45 dias com o auxílio providencial da poderosa rede de comunicação da Pastoral da Criança.

Ao lado do marido, o rei Carl Gustaf, a rainha Silvia era uma das pessoas com poder de fazer indicações ao Nobel, além dos antigos laureados e dos governos de cada país. Mas ela não podia se pronunciar contra ou a favor de candidaturas.

No final do ano, a decepção: a Organização das Nações Unidas (ONU) e seu secretário-geral, Kofi Annan, de Gana, ganharam o Prêmio Nobel por terem ajudado a "acelerar o fim de conflitos mundiais". Serra não se conformou:

– Fiquei furioso com o Comitê do Prêmio Nobel da Paz porque, na verdade, a concessão do prêmio visa ao mérito daquilo que a pessoa fez, mas também tem uma circunstância política, um objetivo político. Quando se concede o prêmio, a ideia é influenciar algo que está acontecendo no mundo. Mas este não era o caso da doutora Zilda, que tinha um trabalho de médio e longo prazo.

O primeiro indicado brasileiro para o Nobel da Paz, Dom Hélder Câmara, arcebispo de Olinda e Recife que se opôs ao golpe militar de 1964, tinha sido boicotado em casa, pela ditadura, em 1970. Uma batalha perdida desde o primeiro momento. Já a derrota da candidatura de Zilda Arns, tanto em 2001 quanto nas outras duas tentativas que se seguiram, teve várias explicações. Para Fernando Henrique Cardoso, por exemplo, foi tudo uma questão de lobby:

– O Nobel não é algo decidido por um grupo de sábios que se reúne e escolhe o premiado. É política, basicamente.

Para muitos que acompanharam a candidatura derrotada, Zilda Arns pagou o preço de ser de um país periférico e, nas palavras do americano John Donahue, ex-interlocutor de Zilda no UNICEF, de as pessoas "não terem ideia do que é o Brasil". Com a autoridade de quem passou décadas enfrentando interesses poderosos em todos os continentes, o empresário Jorge Gerdau, amigo de Zilda e um dos apoiadores da Pastoral, sabia que seria muito difícil:

– O mundo é muito grande. São disputas difíceis. Ganhar o Nobel, dentro da dimensão da humanidade, das pressões políticas e dos interesses que existem, acho que não é muito fácil. Mas acho que também não é importante.

Para Rogerio Arns, a candidatura da mãe foi atingida de forma indireta pelos atentados terroristas de 11 de setembro de 2001:

– Naquele ano era uma candidatura forte. Tinha acontecido um encontro das Nações Unidas que retomava a pauta da Cúpula Mundial pela Infância realizada em 1990. Mas o 11 de setembro provocou uma mudança do discurso.

Na visão do sanitarista Nelson Rodrigues dos Santos, além de o prêmio ser muito influenciado pelas lideranças políticas de cada país, houve fogo amigo no Brasil:

– Em uma sociedade atrasada como ainda é o Brasil, infelizmente acontece uma disputa e uma inveja entre as próprias iniciativas filantrópicas. Além disso, eu não tenho dúvida de que não interessava para muita gente colocar em grande evidência nacional ou internacional um exemplo do que é realmente ser filantrópico.

Para o primo Dom Leonardo Steiner, "talvez não tenham visto naquele trabalho tão simples e tão próximo algo tão vital". Na opinião do ex-assessor Elson Faxina, o ideal seria "esperar a visibilidade maior que veio com a internacionalização da Pastoral".

Gilberto Carvalho, ministro com endereço no Palácio do Planalto, foi testemunha do empenho do presidente Lula, também sem sucesso, nas duas candidaturas lançadas já sob o governo petista, e sentiu falta de "uma articulação internacional mais ampla, uma unanimidade na sociedade brasileira". Mas também ressalvou:

– Eu vejo certas figuras que ganham o Prêmio Nobel que não chegam aos pés da doutora Zilda, do ponto de vista de terem efetivamente contribuído com a paz no sentido de que a paz é o nome novo da justiça.

Já o executivo Emilson Alonso, que se tornou voluntário da Pastoral da Criança depois de uma carreira no mercado financeiro cujo ápice foi a presidência do HSBC da América Latina, viu outro tipo de problema na frustrante campanha para o Nobel da Paz:

– Olha, sinceramente, eu acho que faltou marketing. Porque conteúdo ela sempre teve. Faltou um marketing pessoal que ela nunca quis fazer.

⁂

A candidatura de Zilda ao Nobel ainda tinha uma espécie de bônus que muitos desconheciam: seu envolvimento pioneiro com a conceituação e a implantação da Pastoral da Pessoa Idosa, a partir de um chá de aeroporto de um dia inteiro que tomou na cidade de Londrina, em 1993, ao lado do médico e geriatra João Batista Lima Filho, à época presidente da seção paranaense da Sociedade Brasileira de Geriatria e Gerontologia.

Da conversa que os dois tiveram, saiu primeiro o manual De Bem com a Vida, que serviu de base para desencadear o processo de formação dos líderes comunitários em conteúdos científicos sobre envelhecimento e cuidados com as pessoas idosas. Seguiram-se outras etapas e progressos ao longo dos anos, sempre inspirados e coordenados por Zilda e a Pastoral, até abril de 2004, quando uma assembleia da CNBB instituiu oficialmente a Pastoral da Pessoa Idosa.

Coordenadora nacional? Zilda Arns, mas desta vez ficando acertado que ela comandaria a implantação por três anos e depois passaria a coordenação para um sucessor. Naquele ano de fundação, a nova pastoral ainda não instituída oficialmente já acompanhava, através da estrutura da Pastoral da Criança, mais de 34 mil idosos em 98 dioceses de 24 estados do Brasil.

A metodologia era a mesma utilizada pela Pastoral da Criança: o texto da multiplicação dos pães e peixes no Evangelho de Marcos, capítulo 6, versículos 34 a 44: em vez de multiplicar peixes e pães, organizar a comunidade para multiplicar os conhecimentos científicos e a solidariedade com os idosos.

Franquia

"Chegou para o embarque com uma bagagem de 90 quilos. Para uma viagem que a levaria a três continentes, seus pertences pessoais ocupavam apenas uma mala pequena. O restante do excesso de peso estava tomado por material didático, dez balanças de pesar crianças e mil colheres de medição do soro caseiro. Na bagagem de mão, acrescida de duas sacolas, a pediatra acomodou camisetas com o emblema da Pastoral e material de treinamento de parteiras leigas."

Este trecho do ensaio "Fusão invencível", escrito pela jornalista Dorrit Harazim e publicado em fevereiro de 2010 pela revista *piauí*, descreve como Zilda Arns embarcara onze anos antes, em janeiro de 2001, para a ex-colônia portuguesa de Timor Leste, para acompanhar o então presidente Fernando Henrique Cardoso ao país recém-saído de uma sangrenta guerra civil.

"Eu quis levar o máximo possível comigo, porque a posteriori tudo seria mais complicado pela distância e a difícil comunicação."

Mesmo fazendo parte da comitiva precursora da ajuda que o governo brasileiro daria à reconstrução do Timor Leste, Zilda dispensou o avião presidencial e fez questão de percorrer o trajeto de quase trinta horas entre Curitiba e Dili em voos comerciais. Chegando lá, ela repetiria o que se tornara uma espécie de franquia já em curso, à época, em Angola, Guiné-Bissau, Moçambique, Bolívia, Venezuela, Paraguai, Chile, Peru, Uruguai e Argentina.

Em todos esses países, o princípio básico da franquia, adaptado à realidade e às necessidades locais, era o mesmo que dera certo desde o primeiro momento no projeto pioneiro da paróquia de Florestópolis, a partir de 1983: a promoção de atividades e ações de saúde para redução da mortalidade infantil e materna, da desnutrição e da violência familiar.

A Igreja Católica, com um poder de mobilização, nesses países, muito semelhante ao que tinha no Brasil, foi fundamental para que Zilda Arns tivesse condições de atuar no exterior. Mas parte da visibilidade internacional do projeto, de acordo com Halim Girade, se deve ao fato de a Pastoral da Criança ter se tornado uma espécie de vitrine do UNICEF:

– Quando nós tínhamos oportunidade de ter os colegas do UNICEF no Brasil ou nos contatos com o pessoal do UNICEF lá fora, nós mostrávamos para eles a importância da Pastoral e como ela poderia mudar a vida das crianças e da família. Eles também poderiam ajudar no financiamento da Pastoral nesses países.

A imagem da Pastoral no exterior era tão boa que Zilda disse ao irmão Felippe ter recebido um pedido surpreendente:

– Até da Suíça veio um pedido para a Zilda implantar a Pastoral. Diziam que lá também havia miséria e gente necessitada. E ela teve de responder que não seria possível e que havia outros países muito mais necessitados.

Nem todas as viagens e tentativas de implantação foram bem-sucedidas porque, de acordo com Elson Faxina, nem sempre Zilda conseguiu identificar, no exterior, alguém que pudesse desempenhar o papel que ela exerce no Brasil. Como no dia em que ela voltou da Venezuela certa de que teria de começar tudo de novo:

– Não vai pra frente...

– Como, doutora Zilda? A senhora fez um trabalho legal!

– Não, a pessoa que ficou ali não vai dar conta. Nós vamos ter que voltar lá.

Já o epidemiologista Cesar Victora, parceiro de Zilda na Universidade Federal de Pelotas, até agradeceu, em 2014, a oportunidade que teve com a internacionalização do trabalho da Pastoral:

– A oportunidade de avaliar a Pastoral, para nós, foi fantástica. Eu trabalho como consultor em diversos países para a OMS, para o UNICEF, avaliando programas de saúde. E passo boa parte do meu tempo viajando à África, três, quatro vezes por ano pra avaliar programas baseado no que eu aprendi aqui com a Pastoral.

Oficialmente, no entanto, a Pastoral da Criança Internacional só seria instituída como entidade autônoma da Igreja, desta vez sem vínculos com o UNICEF, no dia 18 de novembro de 2008, em Montevidéu, no Uruguai, por Zilda Arns, dois cardeais brasileiros, Geraldo Majella Agnelo e Odilo Scherer, o monsenhor Carlos Collazzi, presidente da Conferência Episcopal Uruguaia, e o empresário Jorge Gerdau Johannpeter. Nelson Arns Neumann seria o substituto de Zilda depois de sua morte.

Adeus, UNICEF

No currículo de 26 atividades profissionais exercidas por Zilda Arns ao longo da vida, disponível no site da Pastoral da Criança em 2014, não consta qualquer referência ao fato de que ela foi consultora do UNICEF, o fundo das Nações Unidas para a infância e a juventude, entre 1984 e 1999. Ao mesmo tempo, por determinação expressa de Zilda, a menção ao UNICEF jamais deixará de constar na história da Pastoral da Criança.

A contradição é um retrato da capacidade que Zilda teve de separar a importância que o UNICEF demonstrou como indutor técnico e financeiro da Pastoral da Criança, principalmente ao longo da década de 1980, e dos crescentes conflitos e desgastes que ela sofreu a partir do início dos anos 1990, quando Cesare Florio La Rocca e o libanês Agop Kayayan substituíram John Donahue no comando da representação do UNICEF no Brasil.

Os curtos-circuitos da relação aconteceram, como não poderia deixar de ser, na hora da definição dos critérios de distribuição do dinheiro arrecadado pela TV Globo a partir de 1995, através do projeto Criança Esperança. E houve até uma ocasião em que o setor de contabilidade do UNICEF, à época subordinado ao cearense Antenor Naspolini, surpreendeu Nelson Arns Neumann durante uma reunião em Brasília com a exigência inesperada de uma avaliação dos financiamentos que a Pastoral da Criança recebia.

Era uma análise de contas que, pelas exigências e pelo prazo curtíssimo dado para as respostas técnicas, parecia mais uma auditoria destinada a constranger a Pastoral e a TV Globo. Na lembrança de Nelson, a manobra só não deu certo, porque Nelson e Zilda contaram com a ajuda de Oscar Castillo, um consultor peruano do próprio UNICEF que percebeu a natureza mais política do que financeira da questão:

– O Oscar Castillo estava de folga e pagou passagem do próprio bolso para trabalhar com a gente em segredo. Dois dias depois, voltou a Brasília no meio da folga. O UNICEF, que tinha dado dois dias para a entrega da análise, não teve como negá-la quando viu que tínhamos cumprido todas as exigências e pedidos dos técnicos.

Não era por acaso, aliás, que a TV Globo, por princípio e para evitar qualquer tipo de suspeita, literalmente não tocava nos recursos e nem tinha acesso à conta de arrecadação, deixando para o UNICEF a gestão da partilha financeira e também a própria seleção das centenas de entidades e ONGs de todo o país que poderiam receber as doações.

Acontece que Zilda perdia espaço político dentro do UNICEF na proporção inversa da simpatia e da confiança que conquistava junto ao comando da TV Globo. Já em 1997, a emissora havia determinado que 27% dos recursos do Criança Esperança fossem direto, sem passar pelo UNICEF, para o "Criança Viva", o projeto de retorno garantido e rápido que Zilda tinha prometido à Globo dois anos antes, num momento de preocupação do comando da emissora com a falta de resultados palpáveis do Criança Esperança.

Em 2000, quando assumiu a direção da Central Globo de Comunicação, departamento responsável pelo Criança Esperança, o jornalista Luis Erlanger herdou a amizade da emissora com Zilda e também as crescentes divergências com o UNICEF. Àquela altura, a Globo, através do Criança Esperança, já era o maior contribuidor privado da Pastoral da Criança. E a missão de Erlanger era manter o tratamento diferenciado. Algo que ele explicava com uma brincadeira:

– A gente roubava, no sentido bíblico, para a Pastoral da Criança. Já era uma conquista da doutora Zilda. E a Globo sempre fazia questão de garantir um percentual fixo para ela. Aí vinha o UNICEF questionando e nós dizíamos: a gente não interfere, mas vai ficar muito desconfortável se esse dinheiro não for para a doutora Zilda, ainda mais porque, tradicionalmente, ele já faz parte da base orçamentária da Pastoral.

Assim como os resultados palpáveis, rápidos e, no caso, filmáveis da ação da Pastoral da Criança em todo o país já faziam parte da pauta das equipes da Central Globo de Jornalismo recrutadas para dar visibilidade aos projetos. Para Erlanger, não poderia haver prestação de contas mais robusta e transparente sobre o que era feito com os milhões de reais que a emissora arrecadava todo mês de agosto:

– A gente via os estudos do Ministério da Saúde sobre onde a Pastoral estava presente e os índices de mortalidade infantil eram padrão europeu. Então era natural que esse apoio fosse para ela, embora houvesse muito questionamento tanto pelo UNICEF quanto depois, pela Unesco, que substituiu o UNICEF na parceria.

Halim Girade, que testemunhou, como consultor do UNICEF, a relação nem sempre fácil entre o comando da entidade e Zilda Arns, não quis falar muito dos conflitos, mas não tinha dúvida de que uma "parte significativa" do projeto Criança Esperança deveria ir mesmo para a Pastoral da Criança, "pelo número de crianças que a Pastoral estava alcançando em todo o país".

Em 2003, a Unesco (Organização das Nações Unidas para a Educação, Ciência e Cultura) entrou no lugar do UNICEF na gestão dos recursos do Criança Esperança. Pesou na decisão da emissora uma iniciativa do UNICEF de lançar no Brasil, com o Banco Itaú, um modelo de investimento socialmente responsável que teria um nome que não agradou nada ao comando da TV Globo: Esperança.

Apesar das dores de cabeça e queixas mútuas da relação que nem sempre foi boa enquanto durou, Nelson Arns Neumann não se esqueceu do balanço feito pela mãe:

– Mesmo nos piores dias, com o UNICEF não contribuindo com nada ou com o Agop Kayayan minando a relação com a Pastoral da Criança, ela sempre fez questão de manter a logomarca do UNICEF pela contribuição decisiva que eles deram no passado.

8

PERDAS E RUMOS

— A gente tem a idade com que acorda.

Quando Rogerio Arns Neumann atravessou o portão de desembarque do Aeroporto Afonso Pena, em Curitiba, chegando do Canadá para passar a Páscoa de 1998 com a família, e viu a profunda tristeza com que a mãe o esperava, sentada sozinha numa fileira de bancos, ele se lembrou da frase que ela mesma gostava de usar.

Zilda Arns dizia aos filhos que às vezes acordava com 5 anos de idade, de tanta felicidade. Em outras, com 21 anos. E havia manhãs em que, dependendo da tristeza, ela podia passar dos 100 anos. Naquele dia, para Rogerio, Zilda parecia estar com bem mais de 100 anos.

Aquele era o primeiro encontro de Rogerio com a mãe, depois que ela e o círculo mais restrito da família ficaram sabendo que a caçula Sílvia, então uma jovem solteira de 25 anos, estava tendo um relacionamento afetivo com Paulo, um homem casado que trabalhava para um fornecedor da companhia em que ela, formada em administração, estava empregada, na cidade industrial de Curitiba.

Sílvia havia saído de casa e Zilda disse a Rogerio que tinha sido diretamente envolvida no caso amoroso da filha. Fora interpelada pela mulher de Paulo no saguão do prédio residencial em que morava em Curitiba. E ela fazia uma cobrança:

— Como é que a senhora pode promover a desestruturação do meu lar?

Diante da suposição da mulher de que estivesse apoiando o romance da filha, Zilda respondeu:

— Eu te dou todo o meu apoio. O que você precisar de mim para manter o seu casamento você terá.

Seria um tempo especialmente sofrido para Zilda, à medida que foi ficando claro que o namorado de Sílvia, além de já ter um filho, levava uma vida profissional incerta, enfrentara problemas com drogas e já tinha sido denunciado à polícia por comportamento violento, segundo Rogerio Arns Neumann.

O quadro de tristezas e dificuldades se completaria um ano e meio depois daquela Páscoa de 1998, quando Sílvia revelou à mãe que estava grávida do namorado. E era um momento em que ela e Paulo já estavam no que Rogerio chamou de "vaivém" que precedeu a separação definitiva:

— Não era uma situação estável, não havia um lar formado e não foi uma gravidez planejada. A Sílvia ia para a Austrália, estava decidida a estudar, e a gente tinha até visto um curso pra ela fazer lá. E aí veio a gravidez.

A reação de Zilda foi, primeiro, um grande susto. No momento seguinte, de acordo com Rogerio, ela deu "apoio total", exortando Sílvia e Paulo a assumirem a responsabilidade de pais. Com "o melhor dos amores que tinha", nas palavras de Rogerio, Zilda acolheu o casal, primeiro em seu apartamento e depois montando outro para os dois, também em Curitiba:

— O apoio que ela deu à Sílvia foi absolutamente incondicional. Eu tive até dificuldade de entender isso na época. E a mãe respondia que, no dia em que eu fosse pai, eu entenderia.

Rogerio ficava imaginando o sofrimento de Zilda quando ela pensava no futuro de Sílvia, "independentemente de qualquer preceito religioso". E lembrou que foi "à loucura", chegando a discutir com a mãe, quando soube que ela estava ajudando a cuidar até do filho do primeiro casamento de Paulo.

– Dona Zilda, o que é isso? Bondade? Santidade?

– Rogerio, ele é uma criança! Se os adultos não se entendem, as crianças não têm nada a ver com isso.

Danilo Neumann Marques nasceria no dia 1º de julho de 2000. Viveria menos de três anos com a mãe e, como sempre aconteceu na família, seria acolhido e educado como filho pela tia Heloísa Arns Neumann.

A perda trágica de Sílvia, em 2003, faria Zilda acordar muitos dias se sentindo com mais de 100 anos.

Pelo resto da vida.

Bolsa Mãe

Se na vida familiar, mesmo quando a filha seguiu caminhos que ela nunca sonhara, Zilda Arns jamais deixou de ser mãe; na vida pública, como gestora de políticas de saúde, ela não agiu diferente. A começar pela frase que melhor sintetizava a filosofia que ela defendia:

– O dinheiro tem que ir para as mãos das mães.

Não foi por outro motivo que, na mudança de governo do PSDB para o PT, no final de 2002, Zilda apontou publicamente o que considerava ser uma série de "equívocos" na forma como o governo Lula pretendia implementar seu principal programa, o Fome Zero. Em entrevista à *Folha de S. Paulo*, ela condenou o emprego de cupons, por "abrir espaço à corrupção", e defendeu que o auxílio fosse dado em dinheiro e repassado preferencialmente às mulheres:

– Dar o dinheiro é um avanço em relação ao bônus. Implementa a cidadania. Permite que alguém o use para comprar sementes e plantar para ter alimentos, se quiser. E com o gerenciamento pela mulher, há certeza de que o dinheiro vai chegar mais às famílias.

Antes da entrevista, ainda no governo Fernando Henrique, Zilda participara de discussões que, na opinião de Nelson Arns Neumann, desaguariam nas origens do histórico programa Bolsa Família dos governos Lula e Dilma Rousseff: num jantar na casa do economista Sílvio Santana, ela conheceu detalhes do bem-sucedido Bolsa Escola, programa de transferência de renda implantado a partir de 1995 pelo governador do Distrito Federal Cristóvão Buarque, então no PT, e à época também adotado pelo Ministério da Educação.

O Bolsa Escola tinha como característica condicionar a entrega da verba à boa frequência das crianças na escola. Na mesma hora, Zilda propôs que se fizesse o mesmo para a saúde. Ou seja: se a contrapartida do Bolsa Escola era a criança frequentar as aulas, por que não dar mais dinheiro e exigir, como contrapartida, a vacinação, o aleitamento materno e a vigilância nutricional? Os participantes da reunião, de acordo com Nelson, gostaram da ideia e começaram a pressionar para que o governo Fernando Henrique implantasse o novo programa imediatamente.

Não havia verba, foi a resposta. Zilda então ofereceu os recursos que o próprio Ministério da Saúde já destinava à Pastoral da Criança. O ainda ministro e pré-candidato à presidência José Serra concordou e deu início à implantação do programa, que ganhou o nome de Bolsa Alimentação para destinar 15 reais para crianças de até 6 anos, mulheres grávidas e em fase de aleitamento materno que fossem identificadas como carentes.

Fernando Henrique inaugurou o Bolsa Alimentação, chamado pela *Folha de S. Paulo* de "um dos carros-chefes da área social na reta final do governo", no dia 17 de setembro de 2001 em São José da Tapera, no interior de Alagoas.

※ ※

Nas vésperas da posse de Lula, nos corredores da sede da Pastoral da Criança, em Curitiba, havia uma dúvida sobre como a entidade seria tratada numa administração onde não eram poucos os que achavam que Zilda Arns e seus líderes e voluntários invadiam uma área de competência e de responsabilidade do governo. Fernando Henrique, cujos programas sociais Zilda vinha elogiando abertamente, pedindo que o governo Lula não os atropelasse, resumiu o dilema político de seu sucessor em uma frase:

– Manter o que está funcionando ou mudar tudo para depois fazer alguma coisa?

A resposta de Lula não demorou. Logo depois de assumir, ele deixou claro que queria Zilda Arns como aliada, nomeando-a membro do Conselho de Segurança Alimentar e do Conselho de Desenvolvimento Econômico e Social. Zilda aceitou o convite, elogiou Lula por ter "escancarado a fome no Brasil", mas repetiu as críticas públicas ao programa Fome Zero, que Lula entregara a José Graziano, ministro extraordinário da Segurança Alimentar e Combate à Fome.

Zilda e Graziano entrariam em rotas de colisão nas quais haveria quase sempre uma multimistura de ingredientes políticos, ideológicos, técnicos e de ego em torno das políticas de combate à fome e de promoção da cidadania. Graziano, por exemplo, queria acabar com o Bolsa Alimentação, mas Zilda, segundo o filho Nelson, mobilizou até a CNBB para mantê-lo, antes de Lula decidir incorporar todos os programas sociais do governo ao Bolsa Família.

"Estava quase decidido que não ia mais ter o Bolsa Alimentação porque o programa tinha uma marca muito forte do José Serra e iam dizer que não era um programa do novo governo. Então a mãe pediu, numa reunião da CNBB, do Conselho Episcopal de Pastoral, à qual foram convidados o Graziano e o ministro Antonio Palocci."

Palocci, à época um poderoso ministro da Fazenda, decidiu manter o programa, mas, para compensar o revés político de Graziano, transferiu o Bolsa Alimentação do Ministério da Saúde para o do Desenvolvimento Social. Foi a vez de Zilda, que era contra, ter de aceitar a mudança.

O tempo mostraria que aquela discussão era apenas o início de uma polêmica sobre eficiência técnica e paternidade política dos programas sociais do governo federal que chegaria até os debates entre Dilma Rousseff e Aécio Neves, nas eleições presidenciais de 2014. Em qualquer circunstância, porém, na lembrança de Nelson, a posição de Zilda sobre o papel das mães jamais mudou. Mesmo quando nem todas as metas específicas dos programas eram atendidas:

– Ela sempre citava as avaliações do Bolsa Escola, que indicavam que as mães gastavam o dinheiro nas coisas do dia a dia, não necessariamente de escola. E o que era o dia a dia? Houve mães que gastaram em comida. Outras compraram colchões para as crianças não dormirem mais no papelão. Outras compraram telhas pra não chover dentro de casa. É óbvio que isso tinha um reflexo escolar, mas quem poderia questionar essas decisões das mães?

Viúvas da cesta

Comparável à intensidade com que Zilda defendia o protagonismo das mães, só sua radical oposição à distribuição de comida em cestas básicas, uma solução que ela considerava "perversa" por estar comprometida com o sistema eleitoreiro do Brasil, em vez de combater a desnutrição.

A perversidade que Zilda combatia onde quer que fosse começava no fato aparentemente positivo de as autoridades brasileiras usarem, com o aval do Instituto Nacional de Alimentação e Nutrição, o Inan, o chamado percentil 10, índice nutricional que indica "criança com peso adequado à idade" como referência, enquanto o critério recomendado pela OMS era o percentil 3, que significa "criança com peso baixo para a idade".

Estatisticamente, o percentil 10 significa que dez em cada cem crianças teriam o peso adequado para a idade. E o percentil 3 significa que três em cada cem crianças teriam este peso. Na prática, ao usar um critério muito mais elástico, o Ministério da Saúde, de acordo com Nelson, aumentava em mais de três vezes a possibilidade de uma criança com peso adequado ser considerada desnutrida.

Zilda alertava que a interpretação isolada e não contextualizada das chamadas curvas de percentis, além de contrariar a orientação da OMS, levava à conclusão errônea de que o Brasil tinha três vezes mais desnutridos, estatisticamente. Mais desnutridos, por exemplo, do que Angola.

A quem poderia interessar essa conta?

Aos prefeitos, claro. Na memória de Nelson, Zilda ficava inconformada quando via os próprios técnicos do Inan se renderem à lógica dos votos:

– O pessoal do Inam dizia que os prefeitos chegavam dizendo que precisavam de pelo menos 50% mais um das famílias recebendo comida para que eles fossem reeleitos.

E se alguém, mesmo assim, questionasse o combate de Zilda aos que ela chamava de "viúvas dos desnutridos", ela tirava da manga os números do governo José Sarney, que, em suas palavras, "gastou um bilhão de dólares em distribuição de comida e causou um impacto sobre a nutrição das crianças de zero vírgula zero".

Zilda não viveria para avaliar completamente os resultados do programa Bolsa Família, mas o filho Nelson, que sempre foi afinado filosoficamente com ela, dava, em 2014, todos os indícios de que a mãe comemoraria pelo menos uma transformação, ocorrida a partir do momento em que, em vez de distribuir cestas, o governo passou a entregar o dinheiro às famílias:

– Antes, 70% da farinha de mandioca consumida no Nordeste eram fabricados no norte do Paraná. Hoje você anda no Nordeste e vê florescendo casas de farinha pra tudo quanto é lado, o pessoal produzindo, animado. Acredito que parte da transformação social está acontecendo. Há quem diga: "Ah! Estão acostumando com o Bolsa Família." Nada disso! Você acha que alguém vai se acostumar com esse recurso mínimo?

Por trás da análise de Nelson e certamente de Zilda estava o olhar de milhares de líderes e voluntários da Pastoral da Criança que aprenderam, desde os tempos pioneiros de Florestópolis, em 1983, a aplicar o chamado controle social ao uso de verbas e a gastar menos e fazer mais, chegando ao custo impraticável para o governo de 1,33 reais por criança/mês. Desse modo, era como se estivessem repetindo o argumento que Zilda usou tantas vezes para responder aos que a criticaram por aceitar verbas do governo:

– É melhor que o dinheiro do povo seja aplicado no trabalho da Pastoral, de prevenção às doenças e na promoção do bem-estar das famílias, do que ser gasto na corrupção.

Mas era a própria Zilda quem ressalvava que a Pastoral da Criança tinha outro diferencial ainda mais inatingível para os agentes comunitários de saúde do Ministério da Saúde ou para qualquer gestor, em qualquer instância de governo: a mística da fé católica e uma gratificação que se obtinha em outra dimensão, situada na divisa do Estado laico com o mundo da religião. E que a veterana coordenadora Josefa de Lourdes Pacheco, a Udinha, coordenadora da Pastoral em Sergipe, assim definiu:

– Nem sempre o dinheiro resolve tudo. Ninguém tem condições de pagar um voluntário. O bem que faz à sua saúde e à sua família ninguém paga. Ser voluntário é uma bênção muito grande. Além disso, quem pode ter uma remuneração que é dada por Deus?

O pó das sandálias

– A senhora faz uma campanha pró-aborto no Brasil!

– Eu, Vossa Eminência?

– Sim! A senhora não coloca, nos materiais de divulgação da Pastoral da Criança, nada que seja contra o aborto. E a senhora já deu depoimento, dizendo que existem alguns métodos anticoncepcionais que podem ser usados. A senhora está contra o ensinamento da Igreja!

O início desconcertante da conversa de Zilda Arns com o cardeal colombiano Alfonso López Trujillo, presidente do Conselho Pontifício para a Família, em uma sala de reuniões do Vaticano, durante o consistório convocado pelo papa João Paulo II no final de fevereiro de 2001, foi testemunhado por Elson Faxina e por dois religiosos que assessoravam o cardeal.

Zilda estava em Roma para acompanhar a nomeação de Dom Geraldo Majella Agnelo para cardeal, juntamente com outros 36 bispos da Igreja. E quis aproveitar a viagem para falar sobre a Pastoral com López Trujillo, um então poderoso representante da ala conservadora da Igreja que condenava severamente o aborto, a homossexualidade, o feminismo e o uso de preservativos. Refeita do choque, Zilda aceitou o debate:

– Não! O que eu disse foi que há métodos que são abortivos e métodos que não são abortivos.

López Trujillo, que dois anos depois provocaria protestos mundo afora ao propor uma campanha mundial sobre uma suposta "ineficácia" da camisinha no combate à Aids, insistiu:

– Todos os métodos são abortivos!

– E no que o senhor se baseou pra dizer isso? O senhor se assessorou? Tem algum assessor científico pra dizer isso?

– Tenho...

A partir do momento em que ficou claro que o cardeal não recuaria, Elson Faxina começou a testemunhar uma cena que nunca tinha imaginado ser possível: Zilda Arns, a católica apostólica romana mais fervorosa que ele conhecera na vida, em confronto aberto com um cardeal da Igreja de Cristo:

– Pois o senhor devia rever esse assessor porque ele não entende nada de ciência! Eu sou médica e estou dizendo que, agindo assim, o senhor está prestando um desserviço à Igreja.

Irritado, López Trujillo continuou irredutível. Zilda também:

– O senhor precisa se informar melhor, porque sempre que a Igreja diz coisas erradas o prejuízo é muito grande. Lá na periferia, onde nós atuamos, as pessoas sabem mais que o senhor.

Como o cardeal insistia nas acusações, Zilda tomou outra atitude surpreendente: encerrou a conversa unilateralmente:

– Não tenho mais nada para conversar com o senhor!

E deixou a sala, acompanhada por um assessor de imprensa em estado de choque. A caminho da saída do Vaticano, indignada, ela recorreu a uma citação bíblica, Mateus, capítulo 10, versículo 14, para mostrar sua decepção:

— Vamos bater a sandália para não levar nem o pó desse lugar!

Dom Geraldo Majella Agnelo estava no Vaticano, soube da discussão durante a audiência, mas não estranhou nem a postura de Zilda, "uma pessoa que não tinha medo de ninguém, no sentido bom da palavra", nem o fato de López Trujillo ter usado o encontro para marcar suas posições conservadoras:

— Lá em Roma também chegavam informações, informações entre aspas do que a Zilda fazia. Mas isso passou. Ele não prejudicou nem a Pastoral da Criança, nem a pessoa da doutora Zilda. Ele viu que os bispos não a acusavam. Então ficou quieto. Depois morreu.

As informações entre aspas que chegavam ao Vaticano, já havia alguns anos, diziam mais respeito ao irmão mais velho, Dom Paulo Evaristo Arns, do que à Zilda. Em conversa gravada com o sobrinho Nelson em 2014, em rara interrupção de sua reclusão voluntária, Dom Paulo, aos 93 anos, disse que a irmã mais nova acabou recebendo críticas que, na verdade, eram direcionadas a ele:

— É engraçado porque não era resistência contra a Pastoral. Era resistência contra a nossa família. Ah! Sempre teve! Foi tanta resistência que o cardeal do Rio, Dom Eugênio Sales, chegou a dizer que eu não aceitava mais os sacramentos, o batismo, a confissão e nem a ordenação sacerdotal.

Para Dom Paulo, a resistência que Zilda encontrou no Vaticano certamente teve relação com uma carta que, muitos anos antes, tinha chegado às mãos do cardeal brasileiro Dom Agnello Rossi, antecessor de Dom Paulo na arquidiocese de São Paulo que ocupou vários cargos importantes do Vaticano.

A carta, de acordo com Dom Paulo, continha tantas críticas e denúncias de Dom Eugênio que Dom Agnelo, outro notável da ala conservadora da Igreja, mandou uma carta para Dom Paulo dizendo-se arrependido de ter passado a arquidiocese de São Paulo para ele e pedindo até que ele renunciasse ao cargo. Mas Dom Paulo não tinha só críticos e adversários no Vaticano:

— Quando é para difamar, todo mundo ajuda. Mas o papa Paulo VI, pelo contrário, ficou firme.

Nas palavras de Dom Geraldo, ditas já na vigência do pontificado do jesuíta Jorge Mario Bergoglio, "o Vaticano é assim":

— Lá também tem os prós e os contras. Eu trabalhei lá e posso dizer. É a mesma coisa que o papa atual. Ele há de ter os prós e os contras. Muito mais prós do que contras, no caso.

Outras misérias

Ao dizer "lá na periferia" e tentar chamar a atenção do cardeal López Trujillo para o desafio de falar sobre reprodução humana para os católicos do mundo real, Zilda referia-se a lugares como Bacabal, no interior do Maranhão, e a pessoas como a dona Rita, de quem ela se lembrou na entrevista ao programa *Roda Viva*. Zilda tinha acabado de explicar o processo da concepção às mulheres da comunidade quando dona Rita se aproximou, deu um grande abraço nela e comemorou:

— Hoje é o dia mais feliz de minha vida, porque eu achava que eu ficava grávida quando lavava roupa no rio São Francisco, em lua cheia.

O tipo de informação que Zilda e a Pastoral da Criança espalhavam pelas paróquias do Brasil, trabalhando com pessoas que, nas palavras dela, estavam "abaixo do conhecimento", não tinha, portanto, nada a ver com o sacrilégio insinuado pelo cardeal:

— Do jeito que estamos trabalhando, o número de filhos por família, na Pastoral da Criança, é menor do que a média brasileira, apesar de nós trabalharmos no bolsão de pobreza e miséria. Quer dizer, na hora que você educa e cria bem as crianças, cai o número de filhos. A multiplicação dos filhos se faz muito pela miséria do conhecimento.

A cobrança do cardeal López Trujillo, na opinião de Gilberto Carvalho, um católico da linha progressista que observou os anos 2000 dos gabinetes que ocupou no Palácio do Planalto, como ministro dos governos Lula e Dilma Rousseff, foi emblemática de uma época em que a Igreja sofreu, no Brasil, "um enquadramento que custou muito caro".

"Acho que nós regredimos muito no país, do ponto de vista da nossa presença no meio dos pobres, da nossa presença profética no meio dos excluídos. E a Igreja refluiu, burocratizou numa marcha que felizmente agora o papa Francisco mostra que é preciso retornar do Vaticano II, de João XXIII, de convivência com os pobres, de testemunhar junto aos pobres, que é aquilo que a doutora Zilda viveu intensamente".

Conselheira Arns

Do Vaticano para Bacabal e de Bacabal para Brasília, Zilda enfrentava desafios e polêmicas semelhantes, como representante da CNBB em congressos e simpósios ou como integrante do Conselho Nacional de Saúde, onde atuou durante 19 anos, entre 1990 e 2009. Só que, nesses casos, quase sempre, seus oponentes, quando os temas eram o aborto e o planejamento familiar, costumavam estar na outra extremidade do espectro ideológico, empurrando-a para a companhia desconfortável de conservadores como o cardeal López Trujillo.

Num desses eventos, uma conferência nacional de mulheres realizada em Brasília por volta do ano 2000, Zilda participava representando a Pastoral da Criança quando a coordenadora do evento, a jornalista e escritora feminista Rosiska Darcy de Oliveira, futura imortal da Academia Brasileira de Letras, deu a palavra a uma integrante do grupo pró-aborto. Na lembrança de Elson Faxina, que acompanhava Zilda no evento, a oradora, ligada na época ao Ministério da Assistência Social, fez um discurso "incisivo":

– Ela disse que desconhecia um manifesto contrário ao aborto feito pelo grupo liderado por Zilda durante o evento, que aquelas mulheres que estavam ali não eram representantes das mulheres, mas de uma Igreja que era só do contra e que não fazia nada por elas ou pelas crianças do Brasil.

Incomodada, Zilda pediu a palavra, dizendo que só queria corrigir algumas informações e que o plenário ia ter que escutá-la "um minutinho". E começou a dar os números que, na época, já credenciavam a Pastoral da Criança como uma das maiores ONGs do planeta, em número de famílias beneficiadas. E emendou:

– Vocês podem acreditar no que quiserem, mas nós aqui representamos um grupo que acompanha muito mais mulheres do que vocês acompanham. Eu desafio vocês a virem aqui na frente e darem os dados de quantas mulheres vocês acompanham no Brasil.

Foi quando, do silêncio solene, o plenário irrompeu num longo aplauso que, para Elson Faxina, foi o marco de uma mudança de comportamento do movimento feminista em relação a Zilda e à Pastoral da Criança: da hostilidade contra uma entidade supostamente obscurantista ao respeito. De sua parte, Zilda não se cansava de repetir:

– Eu não quero mudar a opinião das pessoas. Eu quero mudar a informação das pessoas. Primeiro elas têm que ver, pra depois entender, e aí vem o terceiro passo, que é amar.

O presidente da República da época, Fernando Henrique Cardoso, acompanhava o debate a distância, mas sabia que o principal cenário dos embates éticos, religiosos e morais relacionados à saúde era o auditório do Conselho Nacional de Saúde:

– O Conselho era o foco de tensão muito grande. A questão do aborto, por exemplo, do ponto de vista religioso era inaceitável, mas do ponto de vista médico, muitas vezes, em certas circunstâncias, se admitia. Mas a presença da doutora Zilda era tão forte na ação social que, a despeito de controvérsias com outros grupos do Conselho, ela exercia um papel de liderança muito destacado, um predomínio moral muito grande no Conselho.

Por coincidência, Fernando Henrique tinha em casa uma notável e respeitada antagonista de Zilda Arns em questões que esbarravam na doutrina católica: a antropóloga Ruth Cardoso, muito próxima do movimento feminista e presidente, na época, do projeto Comunidade Solidária, de combate à exclusão social e à pobreza.

Diferentemente do marido, amigo da família Arns a ponto de ser uma das poucas pessoas que podia aparecer na casa de dom Paulo Evaristo sem avisar, Ruth Cardoso, de acordo com Nelson Arns Neumann, tinha "um contato um pouquinho mais formal". E Fernando Henrique tinha a explicação:

– A Ruth teve formação católica e, como muitos que passam por uma formação católica, depois teve uma reação secular. Era feminista. E as feministas têm uma posição muito mais liberal do que uma pessoa de confissão religiosa como a doutora Zilda. Mas isso não impediu que trabalhassem em conjunto, nem que a Ruth tivesse admiração pela doutora Zilda.

Trincheira

Quem acreditava que a atuação de Zilda Arns no Conselho Nacional de Saúde era apenas a de uma atenta guardiã dos dogmas da Igreja Católica esquecia que, além de militante religiosa, ela era, também, uma médica sempre sintonizada com o debate sobre o futuro da saúde pública no Brasil.

Palavra do sanitarista Nelson Rodrigues dos Santos, que conheceu Zilda em 1997, quando assumiu a coordenação da secretaria executiva do Conselho, com a missão de conduzir as reuniões regulares, sempre com a participação de dezenas de conselheiros.

No retrospecto de Nelson, Zilda, como ocupante da cadeira cativa da CNBB no Conselho, usou seu "peso político" em decisões históricas do órgão, como a de apoiar a construção e sustentação do SUS, a implantação de conselhos de saúde em todo o Brasil e o movimento pela aprovação da Emenda Constitucional 29, que assegurou recursos mínimos para os serviços públicos de saúde no Brasil.

Nelson também sentiu o que chamou de "peso humanístico" de Zilda nos debates sobre políticas públicas de saúde. E uma das atuações dela que ficaram em sua memória aconteceu quando a pauta era a utilização de seres humanos em experimentos científicos.

Quem tinha proposto a pauta era William Saad Hossne, um respeitado especialista em bioética, campo interdisciplinar que reúne biologia, ciências da saúde, filosofia e direito e que estuda a ética em pesquisas puras ou aplicadas que envolvam a vida humana e animal. Fundador da Sociedade Brasileira de Bioética, Hossne, de acordo com Nelson, teve em Zilda uma grande aliada:

– Ela fez uma verdadeira dobradinha, com todo o peso que ela tinha, com o professor Hossne, levando quase a totalidade do Conselho a debates que rapidamente equipararam o Brasil às sociedades mais civilizadas.

Zilda só deixaria o Conselho Nacional de Saúde em março de 2009, para se dedicar à Pastoral da Pessoa Idosa e à coordenação da Pastoral da Criança Internacional, que a levaria ao Haiti.

Derrotas coerentes

Saiu Fernando Henrique, entrou Lula no Palácio do Planalto, e o Conselho Nacional de Saúde continuou sendo palco de incêndios ideológicos e éticos mais ou menos intensos. Na lembrança do petista Alexandre Padilha, futuro ministro da Saúde, a Conferência Nacional de Saúde realizada no final de 2003, primeiro ano de mandato de Lula, foi palco de um desses incêndios "pela expectativa de grandes transformações em todas as áreas":

– Quando surgiu o tema aborto, não deu outra: o plenário se dividiu fortemente. E a doutora Zilda teve uma posição muito clara sobre isso. Foi também decisiva para que fosse aprovada, naquela conferência, a posição que também foi a que eu sempre tive e que é a de não se mexer na legislação brasileira sobre aborto.

Nem todos concordavam. A gaúcha Clair Castilhos, sanitarista que em 2014 era secretária executiva da Rede Nacional Feminista de Saúde, Direitos Sexuais e Direitos Reprodutivos, reunindo instituições e pessoas defensoras dos chamados "direitos da mulher", foi contemporânea de Zilda Arns no Conselho Nacional de Saúde. Defensora do planejamento reprodutivo e do aborto, Clair lembrou-se de "divergências históricas", mas com uma ressalva:

– Como adversária, Zilda era difícil. Como colega do Conselho Nacional de Saúde, era competente. Mesmo que divergisse não deixava de ouvi-la. Eu lembro que o representante da Central Única dos Trabalhadores divergia dela, mas conversava e negociava muito com ela as posições de votação dentro do Conselho.

"Simpática para uns, antipática para outros", nas palavras de Clair, Zilda viveria uma derrota marcante no Conselho em 9 de março de 2005. Nesse dia, depois de cinco horas de debates em sua maioria provocados por ela, o plenário decidiu, por 27 votos favoráveis e três contrários, a interrupção da gravidez nos casos em que fosse comprovada a anencefalia, ou ausência de cérebro, e não houvesse chances de sobrevivência. Nelson Arns Neumann acompanhou o *Jornal Nacional* daquele dia ao lado dos bispos da CNBB reunidos em assembleia em Itaici, no interior de São Paulo:

– Foi muito emblemática a derrota dela, sozinha, defendendo uma postura da Igreja e da CNBB. Isso era uma característica: ela não era maria vai com as outras.

Para Nelson Rodrigues dos Santos, que conheceu Zilda em 1997, quando assumiu a coordenação da secretaria executiva do Conselho, mesmo derrotada na questão do aborto, Zilda era sensível às correntes favoráveis ao aborto, "por causa da verdadeira mortandade que resultava do aborto clandestino de milhares de mães solteiras do Brasil":

– Havia muito sofrimento no aborto clandestino de mães pobres. E a Zilda também era revoltada com essa mortandade.

Na lembrança de Elson Faxina, Zilda "não abandonava a raia nunca". Como aconteceu quando nem a presença do amigo José Serra no Ministério da Saúde impediu que o Conselho Nacional de Saúde aprovasse o direito de mulheres com complicações após abortos inseguros serem tratadas pelo SUS:

– Foi uma luta muito grande e a doutora Zilda se sentiu derrotada. Ela ficava chateada um dia, mas no dia seguinte estava na mesma luta de novo.

Causa própria

Por mais contrariada que Zilda Arns estivesse com as derrotas que sofreu em sua luta apaixonada contra o aborto, não há registro de que ela tenha usado, em suas argumentações públicas, um drama que ela viveu e que começou com uma sugestão:

— Seria bom você fazer o aborto. Porque eu não garanto que a menina vai ser 100% boa. Vai haver problema.

A menina era Sílvia Arns Neumann. E a sugestão foi feita a Zilda por um professor-doutor num consultório de Medellín, na Colômbia, em 1972, para onde ela foi, grávida, fazer um curso de especialização em pediatria social da Universidade de Antioquia. A resposta de Zilda, de acordo com o relato que fez ao filho Rogerio, foi imediata:

— Não está de acordo com meus sentimentos. Eu não posso fazer aborto.

— Você é dona do seu corpo.

— Eu sou dona do meu corpo, mas não sou dona do corpo de minha filha. Minha filha tem direito à vida. É o mais precioso direito que ela tem!

Zilda contou a Rogerio que, depois daquela consulta traumática causada por uma intensa hemorragia, ela fez o que estava ao seu alcance: foi à missa todos os dias, na Colômbia, e, depois, ao voltar para Curitiba, até o dia 11 de abril de 1973, quando viu Sílvia nascer em perfeitas condições de saúde.

※

Também não há registro de que Zilda tenha feito referência, nos debates éticos e morais do Conselho Nacional de Saúde, a outra experiência pessoal, esta de desfecho doloroso e que a marcou profundamente como mãe e médica.

Aconteceu no dia 14 de setembro de 1960, quando Zilda, já formada e fazendo residência no Hospital Cesar Pernetta, em Curitiba, entrou em trabalho de parto para ter o primeiro filho, sob os cuidados de uma médica que, de acordo com relato de Zilda a Rogerio, estava mais preocupada com o marido alcoólatra em casa do que com o que se passava no centro cirúrgico.

Logo depois do parto complicado, quando levaram o bebê para Zilda, ela percebeu que ele apresentava um quadro que depois ela identificaria como a Síndrome da Angústia Respiratória do Recém-Nascido (SARRN), ou Doença da Membrana Hialina, um distúrbio decorrente da má adaptação do feto à vida extrauterina. Ao ser alertada para a seriedade do quadro, a médica, de acordo com o relato de Zilda, não reagiu como deveria:

– Zilda, você agora é paciente, não é médica.

– Está errado! Não está dando certo. Me escuta! A cor dele, ele não vai respirar!

Marcelo Arns Neumann, que Zilda descreveu como "um menino de olhos claros, lourinho e a feição de uma criança saudável", viveu dois dias. O pai Aloysio o fotografou dentro do pequeno caixão. Mas nem ele nem Zilda conseguiram acompanhar o sepultamento. Sofreram ainda mais quando tiveram de voltar para a casa que tinham preparado para receber o primeiro filho.

Muitos anos depois, quando o Nelson Arns Neumann e a mulher Luciane perderam uma filha também com apenas três dias de vida, Zilda deixaria para trás uma grande festa de comemoração dos dez anos da Pastoral da Criança em Florestópolis e daria um conselho emblemático ao filho:

– Tire tudo o que tem de criança em casa!

Jogo duro

Do plenário do Conselho Nacional de Saúde para a sala de casa, em Curitiba, Zilda mantinha e, principalmente, esperava um padrão de conduta muito semelhante ao dela por parte da família. Nas palavras da filha Heloísa, que só começou a namorar aos 19 anos, Zilda "pegava no pé":

– A mãe tinha sempre seus princípios, religião e tudo o mais. Namoro até dez horas, por exemplo. Depois, ela foi se soltando mais. A gente até brincava com a Sílvia, que era a caçula, dizendo que os mais velhos abriram o caminho e os mais novos levaram mais fácil, podendo chegar mais tarde, essas coisas.

Para ceder e, ao mesmo tempo, não perder totalmente o controle, Zilda propunha que tudo, incluindo festas e reuniões dos filhos com os amigos, fosse feito, segundo Heloísa, na chácara da família nos arredores de Curitiba ou na casa de praia em Matinhos:

– Em vez de ficar vendo a gente saindo muito, ela fazia tudo para que nós trouxéssemos os amigos para dentro da nossa casa. Isso fazia com que a gente não quisesse sair muito. E ela foi bem esperta. E eu gosto de fazer o mesmo com meus filhos.

O estilo Zilda Arns de educar não se interrompeu nem quando Rubens, o filho mais velho, se casou com Angela Nitzsche, uma jovem que não era católica. Não é que tenha sido, nas palavras de Rubens, um drama de "fechar o tempo". Mas, periodicamente, ele ouvia:

– Eu ia à missa todo fim de semana. A gente se casou na igreja, mas depois certas coisas não funcionaram muito. Minha esposa às vezes não ia à missa. Daí a mãe chamava a gente num canto e conversava. Ela dizia: "Olha, Deus abençoa, mas Deus está vendo as coisas que vocês estão fazendo."

Sílvia

Não se sabe ao certo o que aconteceu. Não ficou sinal de freada forte no asfalto e a única testemunha conhecida foi Danilo, o único sobrevivente, a um mês de completar 3 anos de idade. E ele parecia mais ter saído de um parque de diversões, ao buscar palavras e expressões para descrever, espantado, o momento em que o choque arrancou sua cadeirinha do banco traseiro e o lançou para fora do carro, no voo salvador de 20 metros que terminou amortecido pela copa de uma árvore.

– De novo? Não!

A reação de Rogerio Arns, ao ser informado pelo telefone, no dia 24 de maio de 2003, de que a irmã Sílvia estava em estado de coma num hospital, depois de sofrer um acidente na estrada entre Curitiba e Guarapuava, a caminho de uma festa de casamento, remeteu à perda trágica do pai, Aloysio, muitos anos antes.

Rubens Arns, outro irmão, só conseguiu imaginar que tudo pode ter acontecido durante uma ultrapassagem que não deu certo e fez o carro dirigido por Sílvia sair da pista, descer um barranco e se chocar violentamente com uma árvore. Juliano, um rapaz que trabalhava com Rubens na chácara da família em Campo Largo e que acompanhava Sílvia, morreu na hora.

Uma semana antes do acidente, Sílvia, então com 31 anos, participara de um momento especial que reuniu boa parte do clã dos Arns em Curitiba: a festa de entrada de Zilda para a Academia Paranaense de Pediatria. Mais do que a cerimônia, foi uma cena da manhã seguinte, no apartamento da mãe, durante o café, que ficou para sempre na memória de Rogerio:

– É a melhor imagem que eu tenho do relacionamento da Sílvia com a mãe. Sílvia tinha dormido no apartamento com o Danilo, e elas tomaram café juntas. E teve um momento em que Sílvia abraçou a mãe e disse: "Você é a melhor mãe que eu poderia ter."

De acordo com Felippe Arns, quando Zilda chegou ao hospital para o que seria uma semana de sofrimento até a morte da filha, ela já sabia que o estado de Sílvia era "irreversível". Ao longo daquela vigília impotente, Nelson se deu conta da intensidade da fé católica da mãe:

– O arcebispo de Curitiba, dom Pedro Fedalto, que sempre deu muito apoio, passou na UTI, fez a unção dos enfermos, perdoou. E a gente notava a alegria da mãe por Sílvia poder receber aquele perdão e aquele sacramento.

Mas nem sempre a religião foi suficiente. Rubens testemunhou longos momentos em que a mãe ficou "sofrendo muito, quieta, no canto dela". E Elson Faxina, ao chegar ao hospital para abraçar Zilda, foi recebido pela chefe aos prantos e se cobrando como mãe:

– Eu queria que ela vivesse pra gente poder conversar mais.

Aquele desabafo fez Elson se lembrar de algumas raras e marcantes confidências que Zilda lhe fizera entre um e outro compromisso da Pastoral da Criança:

– Ela se sentia em dívida com a família. Sempre senti a doutora Zilda muito feliz e realizada no plano social, mas acho que a ação social a engoliu um pouco como mãe. A relação que tinha com a Sílvia era boa, mas um dia ela me disse: "Faxina, a Sílvia é um pouco revoltada e tem razão: quando ela era muito menina, eu tinha muita coisa pra fazer fora de casa."

A circunstância dramática da perda de Sílvia não impediu que Zilda cumprisse com determinação e energia o desejo expresso da filha de doar os órgãos quando morresse. Por ter participado da aprovação da Lei de Doação de Órgãos como integrante do Conselho

Nacional de Saúde, Zilda sabia de todos os ritos e protocolos legais necessários.

Quando foi confirmada a morte cerebral, no dia 30 de maio, ela determinou que o enterro fosse realizado só no dia seguinte para que nove órgãos ainda saudáveis de Sílvia fossem doados para 11 pessoas. E assim foi feito. Os anos passariam e Zilda sempre lembraria, em família e em palestras, aquele breve intervalo de alegria no momento mais doloroso de sua vida:

– Eu me lembro de quando Sílvia tirou carteira de motorista e tinha a opção de doar órgãos ou não doar. E ela, no almoço, disse: Que absurdo, mãe! Como é que uma pessoa pode não querer doar os órgãos? Para que vai querer levar com ela?

9

CRUZADAS

— E a doutora? Não vem?
Durante cerca de dois anos, a partir de 2005, de norte ao sul do país, Vera Lúcia Altoé, uma freira capixaba formada em pedagogia e teologia, pertencente à Congregação das Irmãs da Imaculada Conceição de Castres, teve de engolir em seco, contar "umas mentirinhas inofensivas" e enfrentar o estranhamento de líderes e voluntários da Pastoral da Criança que esperavam ansiosamente por Zilda Arns. Não por ela.

Chorar ela já tinha chorado muito, mas cerca de um ano antes, quando era secretária do Conselho Diretor da Pastoral, em Curitiba, foi chamada por Zilda para uma conversa. A Pastoral da Criança Internacional precisava de mais atenção e Zilda queria que Vera a sucedesse na coordenação nacional. Vera se perguntava, aflita, como suceder um ícone, "alguém que contagiava as pessoas por onde passasse". Zilda a tranquilizava:

— Irmã, já está quase tudo organizado dento do espírito da metodologia da Pastoral da Criança. E eu gostaria muito que você assumisse essa responsabilidade.

Vera Lúcia ainda tentou sugerir nomes alternativos, dizendo que no Rio e em São Paulo havia nomes mais indicados do que ela, que "morava longe, na divisa do Mato Grosso com a Bolívia". Zilda não desistiu:

— Mas eu quero você.

Antes de dar a resposta, Vera perdeu algumas noites de sono, assustada e temerosa de que sua experiência imediatamente anterior, como coordenadora da Pastoral nas dez dioceses do estado do Mato Grosso, fosse insuficiente para ela encarar o desafio.

O processo sucessório acabou demorando meses porque a direção da congregação a que Irmã Vera Lúcia pertencia teve de fazer remanejamentos das outras religiosas antes de liberá-la. Quando, finalmente, veio a liberação, Zilda só acompanhou a sucessora em duas viagens, uma para Brasília e outra para Aparecida do Norte. Nas outras, fez questão de deixar que Irmã Vera Lúcia fosse sozinha "para ir criando sua marca".

Vera passou então a cuidar da metodologia e do contato com religiosos e comunidades. E Nelson Arns Neumann assumiu o lugar da mãe na gestão da área técnica e na articulação com governos e ministérios. Nos primeiros momentos, jornalistas que acompanham as atividades da Pastoral tiveram dificuldade de entender por que Nelson, com a formação científica, a experiência de gestão e a fé católica que tinha, simplesmente não substituiu a mãe na coordenação nacional da Pastoral. Em uma das entrevistas, ele respondeu:

– Era até uma questão de sobrevivência da instituição. A Pastoral não pode ficar caracterizada como uma instituição da doutora Zilda ou da família dela. De qualquer modo, ela sempre quis que eu fizesse parte do projeto. Sempre cuidei muito da parte técnica e continuo com essa função.

Na prática, aquelas mudanças significavam que, ao longo dos anos, até janeiro de 2010, vez por outra, tanto Nelson quanto a irmã Vera Lúcia Altoé continuariam tendo de responder a uma pergunta dos líderes e voluntários da Pastoral:

– E a doutora? Não vem?

Imagem

Irmã Vera Lúcia Altoé, nos primeiros tempos de coordenadora nacional da Pastoral, costumava perder o sono às vésperas de entrevistas agendadas para jornais e emissoras de rádio e televisão. Passava horas se preparando e, sempre que podia, buscava orientação com Zilda Arns.

Compreensível. Depois de vinte anos à frente da Pastoral da Criança e mesmo tendo passado o bastão para Nelson Arns Neumann e a irmã Vera Lúcia Altoé, Zilda sabia que se tornara uma personalidade. Quisesse ou não, tinha de se preocupar com o que dizia e, principalmente, com o que diziam que ela dizia. Eram dois nomes a zelar: o dela e o da Pastoral.

Por trás de Zilda, fora os atentos bispos da CNBB, havia um contingente de milhares de coordenadores, líderes e voluntários fiéis ao que estava escrito em várias publicações da Pastoral da Criança sobre saúde, nutrição, educação e cidadania. Sem contar o conteúdo do *Jornal da Pastoral da Criança*, que circulava com tiragem mensal de cerca de 280 mil exemplares, ou três milhões e 300 mil exemplares por ano.

Na grande imprensa, Zilda era tratada como uma brasileira acima de qualquer suspeita. Literalmente. Nas palavras do jornalista Fritz Utzeri, por exemplo, ela era descrita como autora de muitos prodígios, entre eles o de "evitar o aparecimento de anjos". Nas de Dorrit Harazim, Zilda erguera "a maior teia de ação social que o Brasil já conheceu sem que, em 27 anos de existência, tenha surgido uma única suspeita de desvio de verba".

A Pastoral sempre funcionara com o que Dorrit chamou, num ensaio para a revista *piauí*, de "mordomia zero", sem carros, motorista, aluguel de jatinhos ou cargos comissionados. Zilda lia da primeira à ultima linha tudo o que assinava, e relia em caso de alguma alteração, mesmo mínima. E apesar de ter o direito de assinar cheques da Pastoral sozinha, nunca o fazia, "para dar o exemplo".

E foi a preocupação com o exemplo que esteve no centro de um momento atípico na relação de Zilda com a TV Globo em 2005, quando era intenso o debate entre as emissoras, a comunidade acadêmica e entidades da sociedade civil e do governo sobre a classificação indicativa. Em discussão, a definição de critérios e responsabilidades sobre horários específicos para exibição ou não de conteúdos adequados ou não às crianças.

Zilda assinara, pela Pastoral da Criança, um manifesto a favor da classificação indicativa. Luis Erlanger, diretor da Central Globo de Comunicação e interlocutor regular de Zilda na parceria do projeto Criança Esperança com a Pastoral, era também porta-voz da vigorosa oposição da emissora à classificação indicativa, pelas implicações que ela teria no planejamento e no conteúdo da programação do horário nobre. Quando viu o nome da Pastoral no manifesto, Erlanger se surpreendeu:

– Eu pensei: Como assim? Confia na TV Globo pra arrecadar o dinheiro para as crianças, mas não confia na TV Globo para o que vai exibir para as crianças?

E pediu uma reunião com Zilda, convicto de que "tinha uma coisa que não fechava ali". Em 2014, a poucos meses de deixar o Grupo Globo depois de quarenta anos de trabalho, Erlanger primeiro ressalvou que a reunião não era para sacar nenhum contrato da gaveta para ser discutido. Ele nem tinha esperança de mudar a posição da Zilda. Mas se lembrou de cada palavra da argumentação que fez na conversa que tiveram:

– Dona Zilda, eu entendo, mas vamos combinar o seguinte: hoje nós estamos num governo do PT, um governo bem-intencionado.

Eu sei que as pessoas que pensaram a classificação indicativa não são fascistas. Elas acham que estão cuidando bem das nossas crianças. Amanhã sai o PT e a gente está vendo que tem várias religiões de pegada fundamentalista. Vai que amanhã tem um presidente dessa religião. Ele vai botar um ministro da Justiça que é dessa religião e vai montar um departamento de classificação indicativa onde, por exemplo, pode achar que não pode mostrar imagem de santo. E aí?

Erlanger também insistiu, como vinha fazendo publicamente em nome da TV Globo, que o que estava em discussão era a liberdade de expressão. E sugeriu que a CNBB fizesse sua própria classificação indicativa para que os católicos tivessem uma orientação própria:

– Eu também disse a ela que a gente não era contra a classificação indicativa do Ministério da Justiça. O problema era o sistema que tirava o programa do ar se você não seguisse a classificação deles.

Erlanger não se esqueceu da firmeza que tomou conta do semblante de Zilda quando ela se convenceu de que deveria retirar o nome do manifesto:

– Foi uma coisa muito marcante para mim. Ela era uma pessoa muito incisiva e muito firme nos ideiais dela. Então, pra chegar lá e assinar, ela deve ter pensado bem. E aí, com a mesma firmeza, foi lá e retirou a assinatura.

Retirou e não deu outra. Elson Faxina, que acompanhou o episódio como amigo de Zilda e também como signatário potencial do manifesto a favor da classificação indicativa, viu e ouviu muita gente criticar a atitude de Zilda:

– Saiu muita crítica, inclusive do movimento social, contra ela, dizendo que a Pastoral da Criança tinha roído a corda, fez o jogo da Rede Globo, estava prestando contas à emissora porque recebia recursos deles.

Faxina também estava inconformado com a retirada da assinatura e, no primeiro encontro que tiveram, desta vez em torno de uma pizza, na casa de Zilda, ela mostrou que sabia:

– Está muito bravo comigo?
– Por quê, doutora Zilda?
– Porque eu retirei minha assinatura. Mas eu vou te explicar. Quando me trouxeram, achei que era interessante e importante. Depois fui conversar com várias pessoas e o Luis Erlanger me chamou pra conversar. E comecei a entender que essa classificação, embora pudesse ser importante, era colocar caneta demais nas mãos de um governo que amanhã poderia usar isso de forma autoritária. Então eu achei que era meio perigoso isso.

– A senhora não quer me convencer, né?
– Não! Você está certo e eu estou certa.

Faxina continuaria discordando, mas apontou o episódio como exemplo da capacidade que Zilda tinha de ouvir as pessoas e de "rever conceitos e posições".

O debate sobre a classificação indicativa teria novos desdobramentos, chegando a dividir os ministros do Supremo Tribunal Federal em novembro de 2011, quando começou o julgamento da Ação Direta de Inconstitucionalidade proposta pelo PTB, contra o artigo 254 do Estatuto da Criança e do Adolescente.

Era exatamente o artigo que estabelecia que as emissoras de televisão deveriam respeitar os horários autorizados para exibição de determinados programas, de acordo com sua classificação etária indicativa. Foi quando houve nova mobilização a favor da manutenção do artigo e mais um manifesto de entidades que incluiu os apoios do Instituto Alana e da Pastoral do Menor Nacional, entre outras.

A Pastoral da Criança, mais uma vez, não assinou o manifesto, mas passaria a integrar, junto com o Conanda, o Conselho Federal de Psicologia, a Sociedade Brasileira de Pediatria, o Instituto Alana e outras entidades, o Comitê de Acompanhamento pela Sociedade Civil para a Classificação Indicativa, criado em julho de 2012 pelo Ministério da Justiça com "função consultiva e orientadora" e sem participação ou interferência direta na classificação das obras.

Camisinhas

Se Zilda voltou atrás na posição sobre a classificação indicativa, no caso de outra colisão de princípios ocorrida em 2004, foi o UNICEF que teve de tirar o nome da Pastoral da Criança da segunda edição do Kit Família Brasileira Fortalecida, uma campanha maciça de capacitação de agentes de saúde, com álbuns ilustrados sobre as necessidades e direitos das crianças, em seus seis primeiros anos de vida.

Halim Girade foi um dos responsáveis do UNICEF pela implantação do projeto, que envolvia cinco ministérios e 28 instituições. A Pastoral dera uma contribuição considerada por ele "preciosa" nos conteúdos relacionados ao período entre o pré-natal e os 6 anos e que constavam nos onze mil kits que tinham sido distribuídos e explicados às comunidades. Mas a partir da segunda edição do kit, os assuntos HIV e Aids seriam incluídos nos álbuns.

Aí complicou. Nelson Arns Neumann foi encarregado de pedir a Halim que o nome da Pastoral fosse retirado da assinatura dos kits:

– O Nelson chegou e disse: se vocês tirarem a proposta do uso da camisinha, a Pastoral pode ficar. Do contrário, não. Mas o UNICEF não poderia retirar a menção ao uso da camisinha porque a campanha brasileira fazia parte de uma mobilização mundial de prevenção da Aids. A camisinha também era fundamental pra evitar doenças venéreas, uma gestação indesejada e, além disso, para a prevenção da Aids.

A história, na lembrança de Nelson, foi um pouco mais complexa. O manual, segundo ele, dizia que a gestante com sífilis deveria usar camisinha até que ela e o marido fossem tratados simultaneamente. Acontece que dados do próprio Ministério da Saúde apontavam que mais de 80% dos companheiros nunca eram tratados. A posição de Zilda Arns, de acordo com o filho, era a de que, a prevalecer a recomendação do manual, 80% das gestantes nunca seriam tratadas de sífilis e teriam que usar camisinha eternamente:

– A verdadeira questão não era se a gestante deveria usar ou não camisinha, mas se era ético não tratar a gestante mesmo que depois ela pudesse se reinfectar. O UNICEF quis atribuir a frase errada deles a uma resistência nossa de usar a camisinha, mas fomos muito cuidadosos de nunca colocar assim a questão.

Interpretações à parte, aquele foi mais um episódio em que a fidelidade absoluta de Zilda ao Vaticano virou munição para grupos como o bloco de feministas de esquerda que, na descrição de Dorrit Harazim, costumavam ficar "desnorteadas pela eficácia e impacto social da Pastoral". Ao confirmar a missão desconfortável que teve de desembarcar a Pastoral daquela iniciativa, Nelson revelou que poucos, na época, sabiam que, pelo mesmo motivo, o combate à Aids, Zilda enfrentava problemas na outra ponta, com os conservadores da Igreja Católica.

O grande volume de recursos que, naquela época, já havia sido destinado em escala mundial ao combate à Aids, de acordo com Nelson, criara situações de desequilíbrio orçamentário, com sérios prejuízos para quem estivesse atuando em outras áreas da saúde. Como acontecia, por exemplo, segundo ele, no Brasil:

– Houve um momento no Ministério da Saúde em que a área materno-infantil, que cuidava de tudo em relação a mulheres e crianças, tinha quatro pessoas, enquanto a de Aids tinha 120. Então o que a doutora Zilda fez? Resolveu produzir um material educativo sobre a Aids. E como se tratava de um material polêmico e que envolvia sexualidade, ela apresentou o conteúdo na Comissão de Doutrina da Fé da CNBB pra ser debatido.

Aí complicou pelo outro lado, segundo Nelson, "com programa de rádio e puxão de orelha por escrito". Dom Eugênio Sales, cardeal-arcebispo do Rio de Janeiro, escreveu mais uma de suas cartas, pedindo retificações. Zilda apenas contextualizou, mas manteve a distribuição do material e a menção à camisinha:

– O serviço de saúde orienta o uso de camisinha, mas a Igreja se baseia no princípio de que se cada mulher tiver seu marido e se cada marido tiver sua mulher, a doença não chega dentro de casa.

Cascas de banana

Irmã Beatriz Hobold, que na infância escapou de um raio mortal junto com Zilda, passou a ajudar no desmonte das armadilhas da notoriedade da prima quando saiu de Tucumã, no interior do Pará, para Brasília e se tornou representante da Pastoral da Criança no Conselho Nacional dos Direitos da Criança e do Adolescente, o Conanda.

Beatriz mal tinha se acostumado com os rituais de sobrevivência pelos gabinetes e plenários de Brasília quando, em 2001, ao chegar para uma reunião de rotina, foi interpelada por mais de uma conselheira. Uma delas provocou:

– Sua chefa, hein? Foi dar depoimento a favor do trabalho infantil! Como é que você quer atuar no Conanda?

Assustada, Beatriz ligou para seu "pronto-socorro", Nelson Arns Neumann. Tranquilo, ele matou a charada: a cobrança acontecera porque, em quase todas as aberturas de palestra que fazia, Zilda contava que o primeiro trabalho que tivera na vida foi o de segurar o rabo das vacas para que elas dessem leite, enquanto os adultos tiravam leite da vaca. E que achava que as crianças se desenvolviam melhor brincando de trabalhar.

Por mais absurdo que pudesse parecer a simples suspeita de que Zilda estivesse afrontando o Estatuto do Menor com uma suposta apologia do trabalho infantil, ela julgou necessário enviar uma carta ao Conanda. E explicar o que já vinha dizendo em entrevistas como a que deu ao programa *Roda Viva*:

– Com 5 anos eu levantava de manhã e segurava o rabo da vaca, viu? Era o meu trabalho aos 5 anos. Mas não me prejudicou. Então, a gente tinha aquela responsabilidade, desde pequeno, de colaborar na casa, sem prejudicar o estudo, o lazer, né? E nós brincávamos demais, nós líamos muitos livros.

Outra casca de banana que alguns patrulheiros depositaram no caminho de irmã Beatriz e que chegou ao Conanda aconteceu em 2006, quando uma declaração de Zilda foi interpretada como se ela estivesse a favor da diminuição da maioridade penal, medida mais comum no ideário dos defensores de soluções policialescas e repressivas para a criminalidade no Brasil.

"A doutora Zilda tinha dito que as crianças com 14, 15 e 16 anos, nas comunidades atendidas pela Pastoral da Criança, sabiam muito bem como se orientar na vida e não precisavam ser tão tuteladas. Aí já entenderam que ela estava a favor de rebaixar a idade penal."

Não faltou casca de banana para Zilda e a Pastoral nem na mídia internacional. No caso, uma surpreendente acusação de a Pastoral da Criança estar envolvida com um suposto complô internacional de esterilização forçada de mulheres em idade fértil, através da aplicação da vacina antitetânica.

Nelson Arns Neumann descobriu a origem do boato com os parceiros da Pastoral no Peru. Lá, a descrição de um dos diluentes da vacina antitetânica como sendo uma substância estéril, ou seja, uma substância desprovida de vida microbiológica, foi traduzida e interpretada como um produto capaz de deixar as mulheres estéreis.

Camisetas

Houve outras situações em que Zilda preferiu o risco de ser mal interpretada a não tomar uma atitude coerente com o que defendia e em que acreditava. Elson Faxina presenciou uma delas, mas preferiu omitir a data em que o fato ocorreu e o nome do bispo da região Norte que fez um pedido inusitado, a partir de uma queixa de senhoras católicas da sociedade local:

– Doutora Zilda, estou com um problema. Minha região é muito complicada e eu recebi um grupo de católicas reclamando que lá tem prostitutas usando a camiseta da Pastoral da Criança na paróquia delas.

A camiseta da Pastoral sempre foi emblemática, uma espécie de carteira de identidade que só pode usar quem é líder. Preocupada com a denúncia, Zilda decidiu ir à cidade e, para começar, pediu que o bispo organizasse uma reunião com as senhoras católicas.

As prostitutas eram líderes da Pastoral da Criança.

Foi a primeira descoberta de Zilda, antes da reunião convocada pelo bispo. Elson Faxina participou da reunião e não esqueceu que as mulheres agiam realmente como católicas de fé, mas também estavam muito bem-vestidas e exibindo sinais óbvios de que integravam a elite daquela diocese.

Zilda ouviu as mulheres calmamente. O discurso delas, na lembrança de Elson, era o de que seria muito ruim para a imagem da Igreja prostitutas estarem usando camisetas da Pastoral. Zilda deveria pôr um fim àquela situação constrangedora. E veio a surpresa da resposta, um dos momentos inesquecíveis do convívio de oito anos de Elson e Zilda:

— Vocês sabem quantas crianças tem lá? São dezenas de crianças. E essas mulheres são líderes da Pastoral. São mulheres que não têm emprego, foram abandonadas pelos maridos e só viram um jeito de sobreviver e manter os filhos. Agora, talvez elas estejam fazendo o trabalho da Pastoral, porque vocês não estão fazendo o que deveriam. Eu tenho certeza de que elas lá estão obedecendo muito mais a Jesus Cristo do que vocês, que vieram aqui reclamar delas.

Nas palavras de Elson, "acabou a reunião ali".

O passo seguinte de Zilda foi uma reunião com as líderes. Conversou com elas e quis saber da situação de cada uma. Algumas semanas depois, chegaria à diocese o complemento da resposta de Zilda aos bispos e às senhoras católicas do lugar: um dos projetos de geração de renda financiados e orientados pela Pastoral da Criança.

"A consciência política é o motor principal depois da fé."

Esta frase de Zilda, dita em uma entrevista à Agência Câmara de Notícias, ajuda a explicar por que ela costumava desnortear seus críticos de esquerda. Em 2014, Gilberto Carvalho, que trabalhou e até viveu em comunidades pobres, como militante da Pastoral Operária, antes de se tornar um dos mais longevos ministros do PT, disse que sabe "o que a fez tão sensível e capaz de ter posições diferenciadas da Igreja":

— Quando uma pessoa de fé se identifica com o povo, ela sabe perceber a dor, as limitações, como muitas vezes a comunhão, a compaixão têm que estar acima das regras duras.

Ajoelhou?

— Então, vamos começar nosso encontro com uma oração?

Todos respondiam em coro:

– Vamos!

– Ave-Maria cheia de graça, o senhor é convosco, bendita sois vós entre as mulheres, e bendito é o fruto do vosso ventre, Jesus...

O bispo anglicano Naudal Gomes, pároco em Santa Maria, Rio Grande do Sul, era um dos líderes da Pastoral da Criança da cidade e também um dos "não católicos romanos" do grupo que não se sentiam "fora de contexto" e respondiam prontamente ao início da Ave-Maria com a segunda parte da oração. Em 2014, cerca de vinte anos depois daquelas reuniões, já à frente do templo anglicano da região central de Curitiba, Naudal explicou:

– A gente nem olhava quem era dessa ou daquela religião e superava a questão doutrinária. O que importava era o trabalho prático e concreto em benefício das pessoas.

Três mil e 500 quilômetros ao norte de Santa Maria, nos povoados de Colônia 13 e Campo do Crioulo, no interior do Sergipe, Josefa de Lourdes Pacheco, a Udinha, testemunhava, na mesma época, momentos semelhantes de ecumenismo nas reuniões da Pastoral que liderava. Só que, para sua surpresa, a religião era outra:

– As mulheres da Assembleia de Deus, que é uma religião muito fechada, passaram até a dançar quadrilha com a gente. E às vezes nós começávamos a fazer a oração, a mística, e eu não rezava a Ave-Maria em respeito às pessoas de outras religiões presentes. E muitas vezes elas mesmas começavam a rezar a Ave-Maria!

Em Salvador, como não poderia deixar de ser, de acordo com a coordenadora Maria Olinda da Silva, o ecumenismo dentro da Pastoral da Criança extrapolava a ponto de dois pastores evangélicos serem coordenadores:

– Eles participavam dos encontros com a gente, das missas e das celebrações. É lógico que ficavam sentados durante a missa, do jeito deles, mas estavam presentes, participavam de tudo.

A própria Zilda Arns lembrou, em seu livro de memórias, a emoção que sentiu em 1996, ao visitar seis comunidades muçulmanas em Guiné-Bissau:

– Fiquei comovida de ver as pessoas de outra religião nas ações da Pastoral da Criança. Eles rezavam e cantavam conforme suas próprias tradições religiosas, enquanto pesavam as crianças e ensinavam o soro oral, exatamente como fazemos no Brasil.

O caminho das pedras para essa façanha ecumênica passava por uma frase que ela não se cansava de repetir para o assessor Elson Faxina:

– Nós temos que chegar aonde estão essas mães pobres, aonde está a mortalidade infantil, aonde está a desnutrição. Temos de chegar lá! Para isso eu preciso conhecer quem é a liderança local.

Elson contabilizou e presenciou pelo menos dez reuniões de Zilda com pastores evangélicos. E o tipo de pedido que ela fazia deixava pouca margem para uma resposta negativa:

– Não quero que o senhor seja voluntário. Só quero que o senhor indique as mulheres que poderiam se tornar voluntárias da Pastoral da Criança na sua comunidade.

O médico Halim Girade, como consultor do UNICEF envolvido na parceria com a Pastoral, disse que nunca sentiu necessidade de zelar para que o projeto não fosse demasiadamente identificado ou criticado por ser um braço da pregação católica:

– Eu nunca perguntei se havia líderes que não eram católicos. A única coisa que eu afirmo é que deu certo. E deu certo por dois motivos: o poder religioso da fé, fortíssimo, e os profissionais que desempenhavam muito bem sua função.

Luis Erlanger, interlocutor pela TV Globo na parceria com a Pastoral, teve, por muitos anos, entre suas atribuições, a missão de apagar pequenos e grandes incêndios relacionados a líderes queixosos do espaço dado pela emissora à Igreja Católica. Levando-se em conta o óbvio tratamento especial que a Pastoral tinha dentro do projeto Criança Esperança, era de esperar que houvesse muita dor de cabeça. Não foi o que aconteceu:

– O trabalho da doutora Zilda era técnico e científico. E tenho certeza de que ela não perguntava se a criança era umbandista ou evangélica. A credibilidade dela não era por ser da CNBB. Era apesar de ela ser da CNBB. A maioria da população brasileira nem sabe que a Pastoral da Criança é ligada à Igreja Católica.

O médico Reinaldo Menezes, parceiro de muitos anos de Zilda na condição de secretário-geral e presidente da Sociedade Brasileira de Pediatria, disse que, para trabalhar com ela, não precisou esquecer que "a história da Igreja teve aspectos inteiramente negativos e totalmente contrários à sua própria missão".

Reinaldo também não via "segundas intenções" religiosas ou políticas nas atitudes de Zilda. E ao confirmar a natureza radicalmente ecumênica e humanística da atuação de Zilda, acrescentou sua opinião "mais de cristão do que de católico":

– Não creio que Deus esteja tão preocupado assim com rótulos. Deus não é tão pequeno quanto a gente.

O sanitarista Nelson Rodrigues dos Santos, colega de Zilda no Conselho Nacional de Saúde por muitos anos, testemunhou muitas ocasiões nas quais, "além de passar por cima de partidos e governos", ela nunca reivindicou para a Igreja Católica "o monopólio da filantropia ou da solidariedade". E dom Geraldo Majella Agnelo, a voz mais importante da hierarquia católica nos destinos da Pastoral da Criança desde a sua fundação, ficou até bravo ao enfatizar que ela jamais foi "só para os católicos":

– De jeito nenhum! Nem pensar! Nós nunca pensamos nisso!

O que não quer dizer que Zilda não tenha enfrentado dificuldades, segundo o primo dom Leonardo Steiner:

– Essa abertura que a transcendência dá para alguém além de mim, para além de você, isso abre uma perspectiva extraordinária de existência humana. E nesse ponto a Zilda teve dificuldades pelo fato de a Pastoral da Criança atender a todos, de várias religiões. A solução foi buscar formas de oração que atendessem a todos.

Para a irmã Hilda Arns, praticar o ecumenismo na Pastoral da Criança não foi assim tão difícil:

– Quando a gente toca a Bíblia da maneira como Jesus fez, ninguém vai contra! Porque ele fez certo, com justiça e bonito, de uma maneira alegre, de uma maneira pra dar vida e saúde pra todo mundo. E a Pastoral da Criança queria isso!

Papas

Papas não precisavam de nomes para Zilda Arns.

Por tudo que ela disse, escreveu e fez ao longo da vida, eles só precisavam ser papas. O que não quer dizer que, da porta da Igreja para dentro, bem entendido, ela não cultivasse preferências e afinidades com uns e administrasse dificuldades e respeitosas discordâncias com a orientação de outros, nas conversas, artigos, palestras, debates doutrinários, eventos e estudos de que participou.

Zilda viveu a infância e a juventude sob o pontificado de Pio XI. Depois, como médica e mãe que fazia parte de uma família profundamente religiosa, foi católica fiel sob o pontificado de Pio XII. A partir de 1959, fez parte dos milhões de católicos de todo mundo que saudaram as históricas transformações litúrgicas e doutrinárias introduzidas pelo então modernizador João XXIII. E tinha 29 anos quando ele foi sucedido pelo conservador Paulo VI.

Em 1978, quando Zilda ficou viúva aos 44 anos, Paulo VI foi sucedido pelo brevíssimo João Paulo I e, um mês depois, pelo primeiro papa com quem ela se encontraria pessoalmente: Karol Józef Wojtyła, papa João Paulo II, o polonês que multiplicaria de forma exponencial o protagonismo político e social da Igreja e se tornaria um dos líderes mais influentes do século XX.

O encontro dos dois aconteceu durante uma visita de Zilda ao Vaticano, e, de acordo com Nelson Arns Neumann, a mãe "voltou completamente realizada pelo simples fato de ter estado com ele". Na época, ela era apenas a irmã médica de dom Paulo Evaristo Arns que trabalhava com saúde pública no estado do Paraná.

Dezessete anos depois, no dia 10 de maio de 2007, ao ser recebida, junto com dom Paulo, pelo alemão Joseph Ratzinger, o papa Bento XVI, em audiência reservada no Campo de Marte, São Paulo, Zilda não seria mais apenas a irmã do cardeal que já tivera sérias divergências políticas com aquele mesmo papa, nos tempos em que ele era o poderoso prefeito conservador da Congregação para a Doutrina da Fé. E Bento XVI sabia com quem estava falando ao fazer uma afirmação em tom de homenagem:

– Você é a fundadora!

Zilda, naquele momento, já era líder e dirigente de uma das maiores organizações não governamentais do planeta voltadas para a saúde, presente com seus 270 mil voluntários em mais de 4 mil municípios do maior país católico do mundo. Sem contar as unidades da Pastoral da Criança Internacional sob sua liderança em outros 17 países da África, Ásia, América Latina e Caribe. De sua parte, dom Paulo era o único bispo brasileiro à época sem cargo da Igreja que Bento receberia individualmente em sua visita ao Brasil.

A conversa dos três foi em alemão, presenciada pelo bispo auxiliar de São Paulo, dom Pedro Luiz Stringhini, e pela religiosa Devani, que cuidava do cardeal Arns, então com 86 anos. Não houve cobertura da imprensa, mas, de acordo com a *Folha de S. Paulo* do dia seguinte, Bento XVI ganhou um livro escrito por Dom Paulo, *Segredos do coração*, e uma série de obras sobre a vida do cardeal Dom Hélder Câmara, morto em 1999 e histórico líder da chamada Igreja engajada e progressista.

Zilda falou sobre a Pastoral da Criança, mas, pelo relato que fez ao filho Nelson, não o suficiente:

– Ela ficou um pouquinho frustrada. Queria mais tempo pra conversar, mas foi um encontro muito rápido. Não teve aquele impacto que teve com o João Paulo II.

De acordo com o bispo Stringhini, o "papa foi muito afável e gentil" e, ao fim do encontro, trocou "fortes abraços" com os participantes do centro. Elson Faxina, jornalista que era, não se contentou com a leitura dos jornais. Primeiro perguntou a Zilda como tinha sido o encontro. Resposta:

– Saí emocionada. Eu tenho algumas divergências com um ou outro cardeal do Vaticano, mas o papa é o meu líder espiritual.

Notório militante da Igreja engajada nas lutas sociais, Elson insistiu na conversa:

– Doutora Zilda, e essa nossa Igreja, pra onde vai com esse papa?

– Pois é. A gente tem que sobreviver a esse papa. Ele tem suas coisas boas, mas nós temos que sobreviver a ele.

– O que significa sobreviver a ele?

– Ele tem outra linha de pensamento. Para ele, esse trabalho social não tem a ver com a Igreja. Talvez ele precise entender que a Igreja precisa fazer um trabalho social. É a obra da Igreja. Senão, não é Igreja.

Em 2014, todos os que conviveram de perto com Zilda tinham certeza de que ela ficaria muito feliz com a eleição do papa Francisco, sucessor de Bento XVI. E lamentavam, nostálgicos, que ela já estivesse morta no dia da mudança, 13 de março de 2013. O irmão Felippe, por exemplo:

— Ah! Eu acho que ela teria adorado, porque o papa Francisco é único. Um jesuíta, mas com espírito franciscano.

Gilberto Carvalho, então ministro do governo Dilma Rousseff e décadas distante dos tempos de militância da Pastoral Operária da CNBB, lamentava a impossibilidade de um encontro de Zilda com o papa Francisco:

— Ela encarnava exatamente a concepção de Igreja que Francisco nos coloca. Uma Igreja em que a distância entre intenção e gesto é a mínima possível, onde há uma coerência muito forte entre o crer e o viver e o praticar.

O primo Dom Leonardo Steiner, à época secretário-geral da CNBB, também não tinha dúvidas do impacto que a eleição de Francisco teria em Zilda:

— O papa tem insistido muito na maternidade da Igreja. E a Pastoral da Criança soube ser mãe.

A mãe em que a Pastoral da Criança se transformou, na visão da prima Beatriz Hobold, era mais que um sentimento em Zilda. Era uma proposta política:

— Os filhos são tudo, mas aquele que está machucado, aquele que está sofrendo, você dá mais atenção para esse filho. Por mais que você goste de todos, você tem que dar preferência para aquele que está sofrendo. O papa Francisco faz isso. Zilda fazia isso.

Depois da Missa

Da porta da Igreja para fora, as preferências e diferenças de Zilda, dentro do espectro ideológico e doutrinário da Igreja, davam lugar aos lemas da aguerrida militante católica que se dispunha a encarar, às vezes de forma solitária, adversários e polêmicas bem mais radicais, em terrenos muito mais divididos, principalmente quando o assunto era o aborto.

Não se tratava de conquistar aliados dentro da Igreja, nem de desmontar argumentos absurdos de conservadores como o cardeal López Trujillo. O campo de batalha era a sociedade civil, onde as feministas, principais adversárias de Zilda no debate sobre o aborto, já tinham apoios importantes na política, na universidade, no meio científico e na mídia.

As feministas que Zilda enfrentava reivindicavam que a decisão de abortar passava, em primeiro lugar, pela autonomia das mulheres em relação ao próprio corpo; denunciavam a incapacidade de qualquer legislação de estancar a mortandade e os graves problemas de saúde pública decorrentes da prática de abortos ilegais e não seguros; e defendiam a legitimidade de diferentes conceitos científicos e éticos sobre o momento do início da vida humana. Entre outros argumentos mundialmente disseminados.

Zilda não se restringia à argumentação religiosa e ética. Defendia o respeito ao artigo 5º da Constituição brasileira e ao artigo 2º do Código Civil, que determinavam como sendo do Estado o dever de tutelar e proteger a vida do embrião ou do feto de qualquer ameaça, sob pena de violação dos direitos humanos. E falava como pediatra e sanitarista, como no depoimento que deu ao Instituto Humanitas, da Unisinos, em 2007:

– Tenho décadas de experiência em saúde pública. Além disso, estou à frente da Pastoral da Criança, instituição que acompanha quase dois milhões de crianças em 42 mil comunidades pobres do país. Por isso, tenho a convicção de que medidas educativas e preventivas são as únicas soluções para o problema das gestações não desejadas. Antes de qualquer coisa, é preciso diminuir a desigualdade social e dar mais oportunidades, principalmente às mulheres mais pobres.

Em questões de menor octanagem, que inspiravam leituras diferentes e coexistentes dentro da própria Igreja, como a discussão sobre os métodos contraceptivos, Zilda alinhava-se a posições mais tolerantes. Gilberto Carvalho, por exemplo, compreendia e apoiava:

– Nessa questão do anticoncepcional, ela nitidamente tinha divergências. Ela convivia no meio do povo pobre e sabia que as coisas não podiam ser do jeito que certos setores da Igreja queriam.

O filho Rubens percebeu, por exemplo, com o passar dos anos, uma crescente tolerância de Zilda em relação a temas outrora cercados de posições inflexíveis como, por exemplo, o movimento gay:

– Tinha convicções bem firmes, mas, no final da vida, estava ouvindo mais as posições do movimento gay, entendendo a posição deles. E não criticava.

O sobrinho e senador Flávio Arns, acostumado a conversar muito sobre políticas públicas com ela, lembrou que até de transexuais ela tratou, defendendo a necessidade que esse grupo tinha de atendimento, discussão e de acompanhamento de sua condição:

– Flávio, ajude a acompanhar isso no Congresso.

※ ※

Foram muitos debates e batalhas fora dos salões paroquiais e auditórios da Igreja. E pelo menos uma vez, quando perdeu na votação do Conselho Nacional de Saúde sobre o aborto de anencéfalos, em 2005, Zilda se deu o raro direito de baixar a guarda e se resignar, num desabafo para Elson Faxina:

– Olha, talvez a gente tenha de reconhecer mesmo que o Estado é laico e a Igreja é que tem o papel de conscientizar seus fiéis de que o aborto é um pecado. Não é o Estado que tem de fazer esse papel.

No dia seguinte, porém, lembrou o mesmo Elson Faxina, a guerreira estava de volta, indo até onde podia ir, em qualquer que fosse a frente de batalha, "com muita firmeza, mas também com muita elegância".

José Serra que o diga.

Ele sabia que, nos tempos de ministro da Saúde do governo Fernando Henrique, por defender a ampla distribuição de camisinhas e patrocinar campanhas publicitárias de promoção do uso de preservativos, criava uma situação não muito confortável para Zilda e para o amigo Paulo Evaristo Arns. Ao mesmo tempo, não se lembrava de os dois terem sequer insinuado que ele não deveria fazer o que estava fazendo.

A não ser, a bem da verdade, no dia em que Zilda o presenteou com um colar, ao chegar a seu gabinete:

– O que é isso, doutora Zilda?

– É para que as mulheres controlem as datas do seu ciclo mensal para poder evitar ter filhos segundo a ordenação das datas.

– Doutora Zilda, a senhora sabe que a orientação aqui e de todas as mulheres que trabalham na área da saúde da mulher não é essa.

– Eu sei. Mas onde acabar o anticoncepcional ou não tiver, eu acho que esse é um método complementar que vai convencer as pessoas de que é muito eficiente e de que poderá dar certo.

10

TESTAMENTOS

O telefone de Rogerio Arns tocou e, do outro lado da linha, era Zilda, com uma queixa surpreendente:
– Não estão querendo deixar que eu entre lá em Bangu 1!
– Como assim, mãe?
– Imagina! Eu quero visitar o Gilson Cantarino e não estão deixando!

Era julho de 2008, mas não era exatamente Bangu 1. Era Bangu 8, unidade menos famosa do complexo penitenciário do Rio de Janeiro para onde eram levados desde assassinos perigosos e chefes do crime organizado e até acusados de corrupção.

Zilda queria que a Secretaria de Justiça do Rio a autorizasse a fazer uma visita de solidariedade ao então ex-secretário estadual de Saúde, o sanitarista Gilson Cantarino, preso em julho daquele ano durante uma operação policial batizada de "Pecado Capital". Cantarino e outras 11 pessoas presas eram acusadas de pertencer a uma quadrilha suspeita de desviar mais de 60 milhões de reais destinados ao projeto "Saúde em Movimento", em 2005, durante o governo Rosinha Garotinho.

E Zilda acabou conseguindo a autorização para entrar no presídio Bangu 8 e dizer para Cantarino o que queria dizer pessoalmente:
– Eu acredito na sua inocência. E acredito em toda a história do que nós construímos juntos. Você tem que se defender. Você não pode se deixar ser bombardeado desse jeito.

De acordo com as investigações, em 2005 e 2006, verbas públicas tinham sido desviadas por meio de contratações ilícitas para a execução de projetos vinculados à Secretaria Estadual de Saúde. A ONG Fundação Procefet, contratada sem licitação para receber mais de R$ 200 milhões, era suspeita de repassar, irregularmente, serviços para mais de cem pequenas entidades.

Além da solidariedade explícita de Zilda no presídio, Cantarino teve apoio do Conselho Nacional de Secretários de Saúde, que ressaltou seus mais de trinta anos de "militância no movimento sanitário brasileiro como médico e gestor" e sua liderança na construção do SUS. Seria solto menos de três meses depois através de habeas corpus concedido pelo Supremo Tribunal Federal.

Cantarino continuaria recebendo apoio e homenagens de entidades e profissionais da área de saúde, mesmo com o arrastamento do processo de improbidade administrativa, em 2014 ainda sem julgamento, no qual era acusado de dispensar ou não exigir licitação nos contratos investigados pela operação "Pecado Capital".

Ao recordar com Rogerio a reação imediata que teve ao defender um colega em quem confiava, Zilda se lembrou de um episódio ainda do tempo em que cursava medicina em Curitiba, nos anos 1950. A turma tinha 120 alunos homens e somente seis mulheres, entre elas Zilda e uma colega negra chamada Ademozélia Pereira Trindade.

Pois foi exatamente Ademozélia, a única pessoa negra da turma, quem foi acusada de furtar um colega que, como ela, morava na Casa do Estudante Universitário de Curitiba. Quando começou uma campanha na faculdade pela expulsão de Ademozélia, Zilda se colocou ostensivamente ao lado dela até descobrirem que a acusação de furto tinha sido forjada.

Ira Santa

Se a vida pública de Zilda foi pontilhada de momentos em que ela não hesitou no apoio explícito a pessoas em quem confiava, como Gilson Cantarino, em plena operação "Pecado Capital", e Alceni Guerra, durante o massacre da licitação das bicicletas, no governo Collor, também não era difícil resgatar, entre as pessoas que trabalharam com ela, episódios e atitudes que evidenciam sua obsessão pela lisura e pelo uso responsável dos recursos públicos que conseguia para a Pastoral da Criança.

Ao receber o repórter José Maria Mayrink em Curitiba em 2004, ela deixou claro o orgulho que tinha das contas da Pastoral:

– Quando vêm os auditores e fiscais do Tribunal de Contas da União, espalhamos os documentos em cima de uma mesa grande para eles examinarem. Fazemos isso quase todos os meses e, graças a Deus, nunca tivemos problemas.

O colega do Conselho Nacional de Saúde Nelson Rodrigues dos Santos também era testemunha da indignação de Zilda com o que ele chamou de "engano filantrópico de entidades que se travestem para fazer lavagem de recursos públicos".

Mas Zilda também sentia, contida, o que o jornalista Luis Erlanger batizou de "ira santa" em relação a um obstáculo que ela materializou num salão do tamanho de uma quadra de tênis, na sede da Pastoral em Curitiba, ao qual deu o nome de "Sala Paulo Bernardo".

Era uma alusão à torturante burocracia que, segundo Zilda, imperou na gestão de Paulo Bernardo Silva à frente do Ministério do Planejamento, Orçamento e Gestão do governo Lula. Elson Faxina também era testemunha daquela ira:

– Ela deu o nome dele à sala porque o Paulo Bernardo fez uma série de exigências de notas que dificultaram muito o trabalho da

Pastoral, que teve de montar aquele espaço enorme cheio de gente para receber as notas que chegavam do Brasil inteiro e que tinham de ser lançadas uma a uma.

Erlanger, em uma visita à sede da Pastoral, viu Zilda apresentar a "Sala Paulo Bernardo", sem orgulho nenhum e com desalento, mostrando a quantidade de funcionários cuja função, "em vez de cuidar das crianças", era prestar contas de refeições e deslocamentos dos líderes e voluntários:

– Senhor Erlanger, estamos num país onde você ser honesto sai muito mais caro. Dá muito mais trabalho ser honesto.

Era ali, na "Sala Paulo Bernardo", que Zilda assistia à derrota diária de sua insistente proposta para combater o uso indevido ou o desperdício da preciosa verba da Pastoral: entregar o dinheiro às mães, "as maiores fiscais de aplicação de recursos que poderiam existir".

Gilberto Carvalho, colega de ministério de Paulo Bernardo, lamentou que, com a legislação mais dura, Zilda estivesse "pagando o preço da picaretagem de outros". E lembrou que a "ira santa" a levou ao Palácio do Planalto algumas vezes para pedir mais simplificação dos processos de prestação de contas da Pastoral:

– Eu lembro que ela dizia: Gilberto, como é que eu vou prestar conta com nota fiscal da mulher que vai à feira comprar abobrinha, comprar cenoura pra fazer a sopa das crianças? E com o barqueiro que atravessa o rio levando nossa agente pra fazer a pesagem das crianças, como é que faz?

Não fazia. E quem tinha uma explicação para o fenômeno suprapartidário da paralisia burocrática era Fernando Henrique Cardoso, ocupante do mesmo palácio durante oito anos:

– O grande problema de quem governa é fazer a burocracia funcionar. Ela tem suas próprias regras, seus pequenos poderes, seus micropoderes e não gosta de nada que venha de fora. E de fora não é só a ONG: é também o presidente, que não faz parte da burocracia.

Diante de tanta resistência e de críticos que a acusavam de ocupar o espaço da política pública, Zilda sempre dizia que fazia o que o governo não era capaz de fazer e não repetia o que só o governo podia fazer. Na entrevista que deu ao *Roda Viva*, quando Marcos Kisil perguntou se ela não temia que os recursos do governo para a Pastoral acabassem, a resposta foi curta:

– O governo não pode ser tão burro de acabar com a Pastoral da Criança, viu?

Ao que outro entrevistador, Stephen Kanitz, acrescentou, provocando risos gerais no estúdio:

– Não superestime, não superestime...

Fernando Henrique fez questão de ressalvar que a Pastoral era um exemplo de organização, eficiência e responsabilidade social. Mas ao explicar, mais do que justificar, a teia burocrática que despertava a ira de Zilda, lembrou que as ONGs, no Brasil, carregavam uma grande contradição no próprio nome:

– A experiência no Brasil era nova porque eram organizações não governamentais que precisavam de apoio governamental. Por outro lado, as ONGs às vezes não sabiam como utilizar os recursos, se atrapalhavam e, mais recentemente, se desvirtuaram. ONG virou uma maneira de pegar dinheiro do governo.

Ciumeira

SAS, Quadra 01, Bloco A, Edifício Darcy Ribeiro, Brasília, Distrito Federal.

Este era, nos tempos de Zilda, um dos endereços onde quem pegava dinheiro do governo tinha de se explicar: a Controladoria

Geral da União (CGU), órgão da presidência da República criado para defender o patrimônio público e a transparência da gestão através de auditorias e de medidas de prevenção e combate à corrupção.

O advogado, ex-prefeito de Salvador e ex-deputado Jorge Hage Sobrinho, nomeado por Lula ministro-chefe da CGU a partir de 2003, costumava ter de cinco a seis encontros anuais com Zilda. E sempre se impressionava com o fato incomum de ela, sendo a maior autoridade da Pastoral, fazer questão de responder, de corpo presente e sem intermediários, pelas contas da entidade:

– Ela compreendia a necessidade e a importância dos controles. Ela não era daqueles dirigentes de entidades que queriam demonizar a fiscalização, demonizar os controles.

"Dentro de certos limites", nas palavras de Jorge Hage, Zilda conquistou algumas simplificações nas prestações de conta de pagamentos da Pastoral feitos fora dos centros urbanos, em ambientes onde era impossível ter uma documentação mais formal. Por esse motivo e também por passar incólume por todos os crivos da CGU, Hage admitiu que Zilda despertou "um certo ciúme" em outras ONGs. Principalmente quando ele elogiava a Pastoral:

– Hoje se fala muito mal das ONGs por conta de que tantas são as que desperdiçam ou desviam o dinheiro público. E eu costumo usar a Pastoral da Criança e a doutora como exemplo de ONGs do bem, de parceria que dá certo.

E quando um dirigente não conseguia conter o ciúme, ao ouvir esse tipo de comentário, Jorge Hage respondia de primeira:

– Façam igual a ela.

As duas pastas

Nem sempre as sugestões de Zilda tiveram uma acolhida cidadã nas esferas do governo federal. Nelson Arns Neumann não se esqueceu do dia em que a mãe, como coordenadora do departamento materno-infantil do Ministério da Saúde, se indignou com a forma pela qual os técnicos do ministério encaminharam a licitação de um projeto que ela desenvolvera durante um ano e que previa a aquisição de um sistema de cartões de controle eletrônico de consultas:

– O pessoal do ministério emperrou a licitação do jeito que pôde, chegando a retirar páginas para dizer que o processo não estava completo. No final da gestão da doutora Zilda, fizeram a licitação com um preço tão absurdo que ela preferiu perder o ano de trabalho a permitir aquele roubo de recursos públicos.

Nelson também testemunhou a "ira santa" de Zilda em um episódio que, segundo ele, "beirou o absurdo" e que ocorreu nos tempos pioneiros da Pastoral, ainda no governo Sarney, durante a prestação de contas de um convênio com a Legião Brasileira de Assistência (LBA). Era época de inflação alta, de 15 a 20% ao mês. Mas era proibido, por lei, fazer, com os recursos ainda não gastos do convênio, o que todo mundo fazia na época: aplicar no *overnight*, defesa de curtíssimo prazo contra a inflação.

Inconformada com a desvalorização progressiva do dinheiro do convênio, Zilda resolveu contrariar a lei e aplicar os saldos diários. E criou, segundo Nelson, "duas pastinhas": uma com a prestação de contas do valor nominal do convênio e outra com o valor nominal mais o rendimento da aplicação financeira.

Na reunião de prestação de contas, como ela temia, o representante do governo disse que não podia aceitar os números resultantes da aplicação. E Zilda voltou para a Pastoral com a pasta recusada e o saldo da aplicação "ilegal" para gastar com as crianças. Quase trinta anos depois, já num tempo em que o governo punia quem não aplicasse os recursos de convênios, Nelson explicou:

– Jogar dinheiro fora nunca foi uma característica da minha mãe.

Benchmark

"Eu não tenho nenhuma convicção religiosa, pelo menos até a presente data."

A presente data era um dia de agosto de 2014. E o autor era um voluntário que, na época, mantinha, religiosamente, o compromisso de passar boa parte das sextas-feiras trabalhando de graça na sede da Pastoral da Criança, em Curitiba, em reuniões seguidas em torno de planilhas com Nelson Arns Neumann, a irmã Vera Lúcia Altoé e outros integrantes da direção nacional da entidade.

Antes de entrar nessa rotina, o paulista Emilson Alonso fizera carreira como executivo do mercado financeiro, chegando, em 2008, ao posto de presidente do HSBC América Latina com 52 anos de idade, uma década depois de ser contratado pelo banco inglês. O HSBC, na época, tinha mais de 128 milhões de clientes, em 10 mil agências de 83 países e com ativo de 2,3 trilhões de dólares.

Levado a se transferir para Curitiba depois que o HSBC comprou o banco paranaense Bamerindus para entrar no mercado financeiro brasileiro, Emilson acabou tendo o primeiro contato com a Pastoral por razões estritamente comerciais: o HSBC montava uma campanha publicitária para a qual procurava, nas palavras de Emilson, "uma figura de alta relevância, proeminente", que tivesse feito muito pelo Brasil e não fosse conhecida.

O ex-Bamerindus já tinha entrado para a história da propaganda brasileira com a simpatia irresistível do ator Toni Lopes, na campanha

"Gente que faz". E a ideia, na época, era associar essa nova figura ao banco, que era importante mundialmente, mas desconhecido no Brasil. Convidada pelo diretor Glen Valente, Zilda aceitou e garantiu um cachê importante para a Pastoral. No meio do processo, antes de assinar o cheque, Emilson quis conhecer a sede da Pastoral em Curitiba. E ficou impressionado com o que viu:

– Entrei na Pastoral e me apresentaram a Casa Aberta, um espaço onde se mostrava todo o trabalho que era feito lá. E o que mais me impressionou foi a característica absolutamente profissional e empresarial que tinha aquela obra, uma obra da Igreja.

O passo seguinte de Emilson foi pedir que um grupo de executivos do HSBC fosse também conhecer *in loco* as surpreendentes soluções de gestão da Pastoral no acompanhamento da distribuição de recursos e nos processos contínuos de avaliação.

"Na época, era um processo altamente disseminado em 307 dioceses de quatro mil municípios do Brasil. Distribuía dinheiro, prestava contas de uma forma bastante regular, correta e que tinha auditorias do Ministério da Saúde e do Tribunal de Contas. Era impressionante."

Tão impressionante que depois daquele cachê de Zilda, o HSBC logo se tornaria um dos maiores parceiros e apoiadores da Pastoral da Criança, algo muito fácil de referendar, segundo ele, "pela transparência muito grande do processo". Zilda, no entanto, não viveria para se alegrar com a chegada daquele novo voluntário. Em 2012, ao decidir se aposentar e permanecer em Curitiba, Emilson procurou Nelson Arns Neumann para uma conversa:

– Nelson, eu queria me aproximar da Pastoral porque o que eu sei fazer é esse negócio de administração, gestão, essa coisa toda. Tenho 36 anos de executivo, aprendi umas coisas e pergunto: você precisa de alguma coisa de estratégia, evolução futura, processos e conceitos?

A conversa durou uma tarde inteira e, ao final, o próprio Emilson se antecipou:

– Nelson, você realmente precisa.

A partir de maio de 2012, quando se responsabilizou pela implantação de alguns indicadores criados por Nelson, toda sexta-feira à tarde Emilson estaria na Pastoral da Criança:

– Meu grande barato é contribuir com coisas que possam gerar transformações. Nesse caso, um milhão e quatrocentas mil crianças é uma enorme transformação.

No caso da parceria de Zilda Arns com o empresário Jorge Gerdau Johannpeter, presidente do Conselho de Administração do Grupo Gerdau, não é que faltassem projetos de responsabilidade social a um dos grandes conglomerados siderúrgicos do mundo.

Gerdau e a mulher, entusiastas do voluntariado, já comandavam a ONG Parceiros Voluntários, que gerenciava a inserção de quatrocentos mil voluntários e projetos sociais. Mas Gerdau resolveu visitar a sede da Pastoral em Curitiba, acompanhado de pessoas da família e de executivos do grupo. Impressionado com o que chamou de "patamar de organização", "austeridade absoluta" e eficiência de gestão e segurança, Gerdau tornou-se outro dos maiores apoiadores de Zilda Arns.

Acabaria até dividindo com Zilda, anos depois, um prêmio concedido pelo Woodrow Wilson International Center for Scholars, instituto dedicado ao debate de políticas públicas e a distinguir personalidades nas áreas de cidadania corporativa e serviço público. Ele próprio justificou:

– Você tem três modos de ajudar: a gente pode doar, dá uma doação e não olha. Tem a opção de financiar e olhar onde é que foi o dinheiro. E a terceira é tentar construir junto, participando com gestão, informações, e ajudar na captação de recursos. É indiscutível esta que é a mais construtiva e a que dá melhores resultados.

Fernando Henrique Cardoso, já distante dos oito anos em que geriu o país, acrescentou uma explicação ao sucesso de Zilda que tanto encantou empresários e empreendedores:

— Liderança! Sem uma liderança que transpire solidariedade não funciona. E a preocupação com a eficiência. Nesse ponto, não nos esqueçamos de que ela era uma Arns e isso diz alguma coisa: uma cultura de não desperdício, de método de trabalho.

A derradeira

— Senhor Erlanger, precisamos da ajuda da TV Globo pra fazer com que nossas crianças parem de morrer dormindo.

— Como assim, doutora Zilda?

— Senhor Erlanger, estudos profundos e bem fundamentados mostram que a morte súbita do bebê que dorme com a barriga para baixo é 70% maior que a dos que dormem de barriga pra cima.

Erlanger, pai de seis filhos, sabia que seus problemas começariam em casa, com a mulher Mariana. Como praticamente todas as mães brasileiras, ela achava que bebê dormir de barriga pra cima era um perigo. A posição de conforto e segurança era o bebê dormindo de bruços, barriga pra baixo.

"Aí vem a doutora Zilda e diz que não! Fundamentado em pesquisa. E quando ela entrava numa campanha, ela fazia com tanta consistência, com tanta veemência e paixão que era difícil não ir adiante com ela. E aí a gente nem buscou outra assinatura pra tirar, digamos, a TV Globo da reta, caso as crianças passassem a morrer dormindo de barriga pra cima."

Era junho de 2009. E a TV Globo assinou, com o logotipo da emissora, a campanha que mostrava Zilda Arns, em pessoa, defendendo a importância de se colocar os bebês para dormirem de barriga pra cima, como forma de evitar a morte súbita, à época a maior causa de óbito entre bebês de 1 a 12 meses em países desenvolvidos.

Até Flávio Arns, o sobrinho senador, se assustou com a imagem da tia no vídeo:

— Essa da barriga pra cima até eu levei um susto, sabe? Porque todos os ensinamentos eram para nunca deixar a criança de barriga pra cima porque, se ela vomitasse, acabava engolindo e se sufocando.

Quem dava o aval científico para Zilda dizer o contrário era, mais uma vez, o epidemiologista Cesar Victora, da Universidade Federal de Pelotas. Ele já sabia que as autoridades de saúde da Austrália, dos Estados Unidos e da Inglaterra tinham feito pesquisas que haviam levado a conclusões e campanhas semelhantes. A determinação de Zilda Arns acabou permitindo que ele fizesse, em escala nacional, uma pesquisa e uma campanha similar que já estava conduzindo em Pelotas, mas que enfrentava resistência de pediatras e não conseguia repercussão fora da cidade:

— Criança de barriga pra baixo tem mais chance de se sufocar sozinha na cama. E aí não consegue acordar e morre. Se ela dorme de barriga pra cima, isso não ocorre. Engasgar não é o problema. O problema é morrer, se asfixiar.

Foi quando Zilda ligou para o "senhor Erlanger" e depois para o Ministério da Saúde e para a Sociedade Brasileira de Pediatria, que, no início da polêmica da posição de dormir do bebê, não estava totalmente convencida.

Erlanger chamou aquela mobilização de "o último grande ato de uma grande mulher".

EPÍLOGO

A DONA DOS LÍRIOS

Eram 16:53 no Haiti, 19:53 no horário de Brasília, quando Zilda, assustada com o grande estrondo e o violento tremor do prédio, correu para a escada que dava acesso ao térreo do salão em que estava reunida com dezenas de padres e religiosas da Conferência dos Religiosos do Haiti, num dos anexos da igreja Sacré Coeur, centro de Porto Príncipe.

Não adiantou. Antes de chegar à escada, ela desapareceu no meio dos escombros e passou a integrar o contingente de 316 mil pessoas que morreram durante ou após os dois minutos em que um terremoto 35 vezes mais potente do que a bomba de Hiroshima devastou o país mais pobre do Ocidente, no dia 12 de janeiro de 2010, uma terça-feira.

Zilda participara de uma missa e tinha falado por mais de uma hora sobre alguns tópicos da detalhada palestra que tinha terminado de escrever durante o fim de semana, na casa de praia de Betaras. Conversava com o padre haitiano William Smarth, diretor da Escola de Teologia de Porto Príncipe, então com 72 anos, sobre dom Paulo Evaristo Arns, que ele conhecera em 1980. Ao lado deles, a religiosa Rosangela Maria Altoé, secretária internacional da Pastoral da Criança, ajudava na tradução para o francês. Era o último compromisso do dia, depois de reuniões na embaixada brasileira, na base do Exército brasileiro no país e na Universidade Notre Dame.

Irmã Rosangela, então com 56 anos, uma das poucas sobreviventes entre as dezenas de padres e religiosas que estavam no salão situado no número 13 da rua M, no bairro de Turgeau, foi poupada por uma parede que desabou para o lado de fora do prédio, escorregou por uma laje e acabou ficando por cima dos escombros:

– Procurei a doutora Zilda entre as pessoas que estavam na rua, inutilmente. Todos, desesperados, corriam de um lado para o outro. E houve outro tremor. Aí eu tive muito medo. Os prédios começaram a cair por cima dos sobreviventes na rua. Foi um momento de extrema angústia. A gente sabia que pessoas estavam soterradas e ouvíamos gritos das crianças em uma escola que tinha desabado. Eu me senti totalmente impotente.

Em torno de Rosangela, uma cidade que, em instantes, teve quase trezentas mil casas destruídas ou seriamente danificadas e um governo sem capacidade de reagir, com apenas um ministério de pé e 30% de seus funcionários mortos. O então senador Flávio Arns, única pessoa da família na comitiva de autoridades brasileiras que embarcou para Porto Príncipe num Hércules C130 da FAB, chegou só no dia seguinte.

No lugar onde existia a igreja Sacré Coeur, Flávio viu que apenas o monumento em forma de crucifixo fora preservado. No entorno, pessoas ainda sem rumo, corpos nas calçadas cobertos por folhas de jornal, feridos à espera de socorro, quarteirões inteiros em ruínas, pás empilhadeiras coletando dezenas de mortos e o que mais o deixou chocado, quarenta horas depois do terremoto:

– As escolas! Uma cena muito triste: uma escola toda caída e a gente ainda escutando gritos de crianças e os pais desesperados na frente da escola.

Quando Flávio chegou, o corpo de Zilda já tinha sido encontrado, junto com dezenas de outros que estavam na igreja, com a ajuda do padre William Smarth, que estava a menos de um metro dela e que escapou ileso.

≫ ≪

No Brasil, Nelson Arns Neumann estava retornando de férias em João Pessoa com a mulher e os filhos. E nem se lembrava de que Zilda tinha ido para o Haiti quando recebeu um torpedo da irmã Heloísa, preocupada com a situação da mãe depois do terremoto. Uma hora e meia depois, recebeu um telefonema do então ministro Gilberto Carvalho, confirmando a morte de Zilda.

Já de volta a Curitiba, enquanto a família começava a tentar se acostumar com a nova tragédia, Nelson se recordou de um costume da mãe que, de certo modo, o confortou naquele momento: quando os filhos eram pequenos, ela gostava de rezar com eles todas as noites, na hora de dormir, e, no meio das orações, pedia sempre "três Ave-Marias para ter uma boa morte". Aos filhos meio assustados, explicava que não queria o destino de uma tia que passou uma década na cama antes de morrer.

Rogerio Arns Neumann atravessava a serra do Cafezal de carro, sozinho, de São Paulo para Curitiba, sem sinal no celular, depois da noite em claro de apreensão que se seguiu à notícia do terremoto. Quando o sinal voltou, o telefone tocou e era Gilmar, amigo e padrinho de casamento:

– Rogerio, a notícia não é boa. Onde você está?

– Gilmar, estou indo pra casa, tenho que ver meus filhos, minha esposa, me fala logo, pelo amor de Deus!

– A notícia é que sua mãe acabou falecendo.

Rogerio encostou o carro e chorou muito, por longos minutos. Depois, começou a se dar conta de que estava perdendo para sempre uma sensação que adquirira nos dias que se seguiram à morte do pai, quando, ainda um menino, ficou com muito medo de ir para um orfanato:

— Na época resolvi ficar do lado da mãe. Aonde ela ia, eu ia com ela. Se acontecesse alguma coisa, eu estava do lado dela e não ia para um orfanato. E, de repente, me dei conta de que não estava ao lado dela.

Rogerio desistiu de explicar os traumas da família:

— Não adianta: a gente vai ter que passar uma vida inteira pra entender o que aconteceu. O pai saiu de casa bem e voltou num caixão. Sílvia, mesma coisa. A mãe, mesma coisa. É difícil de entender.

O irmão Felippe Arns, que poderia acrescentar à lista de Rogerio o filho que perdeu jovem, depois de ser atacado por um enxame de marimbondos, estava em São José dos Pinhais, região metropolitana de Curitiba, trabalhando na escola profissionalizante que comandava, e empalideceu, em estado de choque:

— Você vê a pessoa saindo com todo gás, depois vem a notícia. Acabou. Foi terrível. Ninguém esperava porque a Zilda, apesar de ter 75 anos, estava com uma saúde e uma disposição fantásticas. Ela tinha muita coisa ainda para fazer.

※ ※

Entre as coisas que Zilda queria fazer, a viagem ao Haiti se tornara tão importante que ela havia até quebrado, pela segunda vez, a tradição de se dar vinte dias de férias absolutas junto com os filhos, netos e irmãos, sempre no mês de janeiro, na chácara da família em Campo Largo ou na casa de praia de Betaras. A primeira tinha sido para acompanhar o então presidente Fernando Henrique Cardoso ao Timor Leste, em 2001.

Feliz ela estava, na lembrança de Nelson. Mas também dividida, como mostrou ao irmão Felippe na hora da despedida, em Betaras:

— Pois é, Felippe, eu não queria ir porque sempre pedi para ter esses vinte dias de férias junto com a família.

Para os filhos Rogerio e Heloísa, que a acompanharam no último fim de semana em Betaras, havia um motivo a mais para Zilda quebrar o ritual familiar, além de vários adiamentos e desencontros de e-mails que já tinham atrasado aquela visita há muito prometida aos católicos haitianos: a tristeza que ela sentiu com a situação do Haiti, e que dividiu com eles, ao passar o fim de semana inteiro envolvida com textos sobre o país e com o discurso que nunca conseguiria ler na igreja Sacré Coeur.

Para Heloísa, ela disse que nunca imaginara que a miséria daquele país pudesse ter chegado ao ponto de as crianças haitianas comerem barro para tentar matar a fome. Para Rogerio, ficou na lembrança a preocupação de Zilda com a eficiência do discurso:

— Eu nunca vi a mãe se preocupar tanto com um discurso como aquele. Nos últimos dias, lá na praia, ela lia, relia, ficava na rede, chamava um filho, um neto e perguntava: vê se está boa essa parte aqui.

Heriberto, ou Frei Crisóstomo, o primogênito que falava pelos irmãos Arns, tinha morrido. As irmãs Hilda, Helena e Otília, mais velhas que Zilda, sofreram e rezaram em família. E dom Paulo Evaristo, cuja fragilidade física o fizera se impor a reclusão, em São Paulo, pediu que irmã Devanir, sua secretária pessoal, divulgasse a seguinte mensagem:

— Acabo de ouvir, emocionado, a notícia de que minha caríssima irmã Zilda Arns Neumann sofreu com o bom povo do Haiti o efeito trágico do terremoto. Que nosso Deus, em sua misericórdia, acolha no céu aqueles que na Terra lutaram pelas crianças e os desamparados. Não é hora de perder a esperança.

※ ※

Em Florestópolis, berço da Pastoral da Criança, a notícia da morte de Zilda teve um ingrediente a mais de dor e perplexidade: em novembro, ela havia voltado à cidade para inaugurar um centro de atendimento integrado batizado com o nome dela. E ao se despedir da veterana coordenadora Sônia Baise, fez um pedido tristemente profético:

— Rezem por mim que estou indo para o Haiti.

Dois meses depois da volta a Florestópolis, Zilda vivera outro momento marcante em Curitiba: a celebração dos cinquenta anos de formatura de sua turma na Faculdade de Medicina da Universidade Federal do Paraná. Foram três dias de celebrações, passeios, jantares e reencontros emocionantes que incluíram palestras dos médicos sobre suas respectivas trajetórias. O filho Rogerio estava por perto e testemunhou:

— Ela estava encantada de poder voltar à turma dela e mostrar tudo o que tinha feito.

No escritório da Pastoral da Criança em Brasília, a coordenadora Vânia Lucia Ferreira quase se arrependia de ter sido responsável pelos trâmites da viagem para o Haiti. Principalmente porque, devido a uma série de desencontros burocráticos, as passagens de Zilda e da irmã Rosangela Maria Altoé, fornecidas pela Agência Brasileira de Cooperação, por pouco não foram emitidas a tempo. Vânia chegou a ligar para Zilda:

— Doutora, não é para a senhora ir nessa viagem. Está tudo dando errado.

— Vânia, eu tenho que estar no Haiti no dia 12.

Também em Brasília, mas numa casa do Lago Sul, o pediatra e velho parceiro Márcio Lisboa, ao saber da notícia, não se conformou:

— Até certo ponto aquilo abalou um pouco a minha religião. Como uma pessoa que teve uma vida dedicada ao próximo, religiosa, pode morrer numa igreja num terremoto? Quando se pensa nisso em termos de religião, você fica meio combalido.

No Rio de Janeiro, Reinaldo Menezes, outro pediatra e parceiro importante, interpretou a perda de Zilda de modo diferente. Em 2014, ele só conseguiu explicar por que considerou a morte dela "simbolicamente muito adequada" em meio a pausas emocionadas:

— Ela estava numa missão benemérita, num país que vivia uma tragédia. Ela estava presente, dando apoio. Simbolicamente, eu diria que foi uma morte abençoada, um resumo de toda uma vida no momento da morte.

Reações semelhantes tiveram o ex-assessor de imprensa Elson Faxina, que disse nunca ter conseguido imaginar Zilda Arns morrendo "velhinha e parada num asilo ou em casa", e o epidemiologista Cesar Victora, para quem ela "jamais ia morrer em casa, aposentada e vendo televisão".

Outra lembrança intercalada por pausas emocionadas aconteceu na sede do Grupo Gerdau em São Paulo, quando Jorge Gerdau Johannpeter tentou explicar o que sentiu:

— Eu senti uma dor enorme. Ela era uma pessoa com quem eu me relacionava não por laços sanguíneos ou familiares, mas por me identificar nos valores e ideais. Foi como se fosse um ente próximo da família que eu tivesse perdido.

No Palácio do Planalto, eram cerca de 8 da manhã da quarta-feira, 13 de janeiro, quando o ministro Gilberto Carvalho chegou à sala do então presidente Lula abatido e deu a notícia de que Zilda Arns provavelmente estava entre os mortos.

"O presidente Lula abaixou a cabeça, muito emocionado. E disse: primeiro, temos de confirmar isso o mais rápido possível. E eu quero saber como falo com a família, os filhos dela".

Não há registro de queixas da família Arns em relação ao comportamento do governo brasileiro. Até porque o terremoto no Haiti também alterou a rotina do presidente Lula desde as primeiras horas da manhã, quando ele convocou uma reunião com os ministros Nelson Jobim, Gilberto Carvalho, Dilma Rousseff, Alexandre Padilha e o chefe do gabinete militar, general Félix.

Havia um desconforto do governo brasileiro com a atitude dos americanos de praticamente tomarem conta do aeroporto de Porto Príncipe e das ações de ajuda aos haitianos, já que, desde 2004, o Brasil tinha o comando do braço militar da Minustah, a missão da ONU para a estabilização no Haiti. A negociação foi dura para garantir a ida do avião que levou as autoridades brasileiras e, no dia 15, voltou ao Brasil também com o corpo de Zilda Arns dentro de um caixão.

A imprensa dedicou um grande espaço para a cobertura do terremoto, que também matara 14 militares brasileiros, e, especificamente, da morte de Zilda Arns, com perfis, reportagens de repercussão e análises de sua trajetória à frente da Pastoral da Criança. E não demorou muito para que os jornalistas encontrassem, no último parágrafo da palestra que ela preparou para os religiosos haitianos, uma espécie de testamento poético:

– Como os pássaros, que cuidam de seus filhos ao fazer um ninho no alto das árvores e nas montanhas, longe de predadores, ameaças e perigos, e mais perto de Deus, deveríamos cuidar de nossos filhos como um bem sagrado, promover o respeito a seus direitos e protegê-los.

※

Quando o corpo de Zilda foi desembarcado do avião presidencial, sob o olhar de centenas de pessoas que foram ao aeroporto Afonso Pena, na manhã da sexta-feira, 15 de janeiro, a família já tinha feito um pedido expresso para que o dinheiro das coroas de flores fosse depositado na conta bancária da Pastoral da Criança.

Mesmo com o voto explícito da família pela discrição, Curitiba parou para dar adeus a Zilda. E Flávio Arns ficou emocionado no cortejo do aeroporto até o Palácio das Araucárias, local do velório, quando viu as pessoas pararem nas ruas e avenidas da cidade para aplaudir a passagem do caminhão dos bombeiros que levava o corpo.

"Foi como se todo mundo quisesse dizer: Você foi grande!"

※※※

"Dom Hélder Câmara dizia que há pessoas que a gente não enterra. A gente semeia. Este é o caso de Zilda Arns. Ela vai estar cada vez mais presente e já se tornou imortal."

Muitas frases como esta de José Serra foram ditas e repetidas ao longo das 28 horas de duração do velório no palácio do governo do Paraná. O presidente Lula também esteve pessoalmente, e pediu a Deus que surgissem "outras pessoas como Zilda no Brasil".

Fora os políticos e personalidades, uma comportada e silenciosa fila de líderes, admiradores e amigos anônimos de Zilda virou a noite subindo a rampa do palácio para passar em frente ao caixão. De certa forma, tornavam realidade, pela última vez, as façanhas política e social que ela conseguira em mais de meio século de vida pública. A prima Beatriz Hobold percebeu:

– Era uma contradição. Às vezes parecia mais uma reunião de políticos. Dali a pouco aqueles líderes vinham lá e se benziam, se ajoelhavam e rezavam. Índios apareceram com faixas de agradecimento. Índios que estavam de luto.

※※※

No final da tarde seguinte, 16 de janeiro, quando o cortejo se aproximou da entrada do Cemitério de Água Verde, os filhos e irmãos de Zilda se viram obrigados, mais uma vez, a fazer o que tinham aprendido durante décadas: dividir a mãe e a irmã, respectivamente, com os brasileiros. Voltaram atrás na decisão de restringir o acesso ao jazigo dos Arns Neumann apenas aos parentes e amigos.

Cerca de duzentas pessoas, a maioria líderes e voluntários das pastorais da Criança e da Pessoa Idosa, puderam então testemunhar a revoada de pombos que precedeu a chegada do caixão, coberto com a bandeira do Brasil, ao jazigo onde estavam sepultados Aloysio, Marcelo e Sílvia.

O primo dom Leonardo Steiner, um dos quatro bispos presentes, à época responsável pela prelazia de São Félix do Araguaia, surpreendeu a todos quando, além de conduzir as orações de praxe, repetiu um costume da comunidade de pioneiros de Forquilhinha nos momentos íntimos e especiais: puxou, em alemão, um canto a Nossa Senhora que muitos dos presentes, emocionados, não tiveram qualquer dificuldade de acompanhar.

※ ※

Na hora em que o caixão ia descer à sepultura, a irmã Hilda Arns resolveu se despedir.

No dia anterior, ainda na sede da Pastoral da Criança em Forquilhinha, antes de viajar para Curitiba, ela percebeu que lírios brancos e altos estavam em flor no canteiro da entrada. Isso em janeiro. Completamente fora de época. Tocada pelo simbolismo e impressionada com a beleza dos lírios, pensou em levá-los para o enterro de Zilda:

— Meu Deus do céu, que coisa linda! Parece que todos os lírios estão abanando para a Zilda. Ah! Se eu pudesse levar um feixe pra ela...

Desistiu de levar, certa de que os lírios iam murchar. Resignada, seguiu para o adeus a Tipsi. No dia seguinte, no final do velório, foi abordada por uma líder da Pastoral da Criança, mulher simples, com um feixe de lírios brancos tão bonitos e tão fora de época quanto os de Forquilhinha:

— Irmã, a senhora vai para o cemitério? A senhora não quer levar esses lírios pra ela?

Hilda até agradeceu. Levou o feixe para o cemitério e, quando a bandeira do Brasil foi retirada do caixão, se aproximou do jazigo. Sem deixar que a emoção embargasse a voz poderosa e falando como se Zilda, esquecida, estivesse deixando algo para trás, botou o feixe de lírios sobre o caixão e se despediu como queria:

– Aqui, Zilda! Elas são pra ti! São as crianças! Todas as crianças te agradecem!

ENTREVISTADOS

Adib Jatene
Alceni Guerra
Alexandre Padilha
Ana Ruth Goes
Beatriz Hobold
Cesar Victora
Elson Faxina
Emilson Alonso
Felippe Arns
Fernando Henrique Cardoso
Flávio Arns
Geraldo Majella Agnelo
Gilberto Carvalho
Halim Girade
Helena Arns
Heloísa Arns Neumann
Hilda Arns
Irmã Irma Rodrigues da Silva
Jair Grava
John Donahue
Jorge Gerdau Johannpeter
Jorge Hage Sobrinho

José Maria Mayrink
José Serra
Josefa de Lourdes Pacheco
Leonardo Steiner
Luis Erlanger
Márcio Lisboa
Maria Figueiredo
Maria Olinda da Silva
Naudal Gomes
Nelson Arns Neumann
Nelson Rodrigues dos Santos
Paulo Evaristo Arns
Reinaldo Menezes
Rogerio Arns Neumann
Rubens Arns Neumann
Sônia Baise
Vânia Lúcia Ferreira Leite
Vera Lúcia Altoé

FONTES

A Gazeta
Agência Câmara de Notícias
Agência de Notícias do Estado do Paraná
APRODEF
BBC Brasil
Berkley Center
BOL
CNBB
Diário Catarinense

Diocese de Bacabal
El País
Elio Gaspari
Escola Social Clélia Merloni
O Estado de S. Paulo
Folha de S. Paulo
G1
Gazeta do Povo
Hospital Pequeno Príncipe
Instituto Humanitas Unisinos
JusBrasil
Marlene de Fáveri
Ministério das Relações Exteriores
O Globo
Pasquim
Pastoral da Criança
Priscila Perazzo
Programa *Roda Viva* (TV Cultura/SP)
Revista *Época*
Revista *IstoÉ*
Revista *piauí*
Revista *Sociologia*
Revista *Veja*
Terra
TV Globo
UNICEF
UOL Notícias
Wikipedia
www.webradio.saude.gov.br

ZILDA ARNS NEUMANN

Médica pediatra e sanitarista;
Acadêmica nacional de medicina;
Acadêmica nacional imortal de economia;
Fundadora e coordenadora internacional da Pastoral da Criança;
Coordenadora nacional da Pastoral da Pessoa Idosa;
Conselheira do CDES da Presidência da República.

FORMAÇÃO

Curso Universitário
1953-1959
Curso de Medicina – Universidade Federal do Paraná, Curitiba, PR, Brasil.

Cursos de Especialização
1977
Curso de Especialização em Educação em Saúde Materno-Infantil – Faculdade de Saúde Pública – USP, São Paulo, SP, Brasil.
Curso de Especialização em Saúde Pública para Graduados em Medicina – Faculdade de Saúde Pública – USP, São Paulo, SP, Brasil.

1975

Curso de Especialização em Administração de Programas de Saúde Materno-Infantil – Opas – Organização Pan-Americana de Saúde /OMS – Organização Mundial da Saúde e Ministério da Saúde, Rio de Janeiro, RJ, Brasil.

1972

Curso de Especialização em Pediatria Social – Universidade de Antioquia, Medellín, Colômbia.

1967

Curso de Especialização em Pediatria – Sociedade Brasileira de Pediatria, Rio de Janeiro, RJ, Brasil.

1961

Curso de Especialização em Educação Física, Curitiba, PR, Brasil.

Cursos de Aperfeiçoamento

1982

Treinamento em Principles of the Management of Family Health and Family Planning Programs – Johns Hopkins University, Baltimore, EUA.

1981

Estágio em Educação em Saúde no Miami Hospital de Ohio, EUA, e em diversas comunidades vinculadas ao Programa Paraná/Ohio, junto ao trabalho de voluntários, sob o patrocínio do programa, em Cleveland, Ohio, EUA.

1977
Curso de Higiene Materno-Infantil. Curso de Dinâmica Populacional. Curso de Epidemiologia e Profilaxia das Doenças de Nutrição – Faculdade de Saúde Pública – USP, São Paulo, SP, Brasil.

ATIVIDADES PROFISSIONAIS
Fundadora e Coordenadora Nacional da Pastoral da Criança – 1983-2008.

- Foi convidada pela Conferência Nacional dos Bispos do Brasil, com o apoio do UNICEF, a trabalhar com a Igreja em um programa pela sobrevivência infantil. Planejou o trabalho junto com dom Geraldo Majella Agnelo, arcebispo de Londrina. As atividades seriam desempenhadas por líderes comunitários junto às famílias carentes, através de uma metodologia em que as mulheres são agentes de transformação da sua família e da comunidade.

- Operacionalizou esse trabalho com base na mística cristã e na partilha de conhecimentos científicos sobre Ações Básicas de Saúde, Nutrição e Educação, para que fosse concretizado por líderes comunitários junto às famílias vizinhas. O trabalho foi chamado Pastoral da Criança. O que o destacou desde o início foi a mística cristã, o treinamento dos agentes selecionados na própria comunidade, o sistema de informação, acompanhamento, animação, troca de experiências e avaliação contínuas.

- Com vinte anos de fundação, a Pastoral da Criança está implantada em todo o território brasileiro, nos 27 estados. São 3.549 municípios, 268 dioceses, 5.517 paróquias, 32.222 comunidades e 122.026 líderes voluntários capacitados, acompanhando 1.590.312 crianças menores de 6 anos de idade, 71.797 gestantes e beneficiando 1.156.554 famílias (dados do ano de 2002).

Coordenadora da Pastoral da Criança Internacional, desde 2006.

A Pastoral da Criança firmou um consórcio com a entidade camiliana Salute e Sviluppo, com sede na Itália, para desenvolver a Pastoral da Criança Internacional (PCI). Em 2008, foi fundada a Pastoral da Criança Internacional, com sede no Uruguai.

Coordenadora Nacional da Pastoral da Pessoa Idosa desde 2004, nomeada pela Conferência Nacional dos Bispos do Brasil–CNBB, coordenadora nacional da Pastoral da Pessoa Idosa.

Conselheira do Conselho Nacional de Saúde de 1991-2009, como Representante Titular da CNBB – Conferência Nacional dos Bispos do Brasil.

Coordenadora da Comissão Intersetorial de Saúde do Índio, do Conselho Nacional de Saúde, 1998-2007.

Membro do Conselho Curador e Fiscal da Fundação Roberto Marinho, desde 2001.

Membro del Equipo de Reflexión de Pastoral de la Infancia del Departamento de Justicia y Solidaridad del Consejo Episcopal Latinoamericano – Celam, desde 2008.

Conselheira no Conselho de Desenvolvimento Econômico e Social – CDES, desde 2003.

Conselheira no Conselho Nacional de Segurança Alimentar e Nutricional – CONSEA, 2003-2007.

Membro da Comissão Nacional sobre Determinantes Sociais da Saúde, desde 2006.

Conselheira no Conselho de Administração da Bolsa de Valores Sociais, desde 2003.

Eleita Membro Suplente do Conselho da República, 2001.

Conselheira no Conselho da Comunidade Solidária, 1999-2002.

Membro da Equipe da Coordenação da 9ª, 10ª, 11ª Conferência Nacional de Saúde, 1992, 1996 e 2000.

Coordenadora da VIII e IX Plenárias Nacionais de Conselheiros de Saúde do Brasil, 1999 e 2000.

Membro do Conselho Nacional dos Direitos da Criança e do Adolescente, 1994-1996.

Coordenadora Materno-Infantil do Ministério da Saúde, 1993-1995.

Cofundadora do Comitê de Mortalidade Infantil do Ministério da Saúde, 1994.

Diretora do Departamento de Saúde Materno-Infantil e Coordenadora Intersecretarial do Programa de Saúde Escolar do Departamento de Saúde Pública do Estado do Paraná, 1980-1982.
- Destacou-se na reorganização dos Postos de Saúde do estado, priorizando Ações Básicas de Saúde Materno-Infantis. Introduziu a Terapia da Reidratação Oral, Aleitamento Materno e Educação para o Planejamento Familiar, dando ênfase aos Métodos Naturais. Junto à Secretaria de Educação, iniciou o Programa de Saúde Escolar. Nesse programa de Saúde Escolar, destacaram-se a introdução dos "Bochechos de Flúor", as Clínicas Odontológicas Volantes, o Programa de Informações sobre o Aleitamento Materno e o Saneamento Básico para Pais, Mestres e Alunos.

Coordenadora da Campanha de Vacinação Sabin, 1980.
- Em 1980, surgiu a epidemia de Poliomielite em União da Vitória, Paraná. O secretário de Saúde a nomeou para coordenar a Campanha da Vacinação Sabin, cujo modelo serviu de base ao Ministério da Saúde, na extensão da campanha a todos os estados do Brasil.

Coordenadora do Ano Internacional da Criança do Estado do Paraná, 1979.
- Destacou-se por operacionalizar um Plano Intersetorial em benefício da criança, no qual se integravam as Secretarias de Saúde, Educação, Agricultura, prefeituras e Igreja. As entidades planejaram, executaram e acompanharam juntas as atividades de Nutrição (aleitamento materno, hortas comunitárias e domiciliares, utilização da soja na alimentação), Saneamento Básico, especialmente dirigido às escolas, Imunizações das

gestantes e das crianças menores de 4 anos e escolares. Com o patrocínio do UNICEF e do Ministério da Saúde, coordenou cinco Encontros Regionais com esses organismos.

Diretora da Divisão de Proteção Social do Departamento Estadual da Criança – Secretaria de Saúde Pública, 1967-1978.

- Nesse mesmo período, de 1967 a 1974, ocupou concomitantemente a chefia da Divisão de Proteção Social do Departamento Estadual da Criança, quando estendeu os benefícios dos Clubes de Mães aos municípios do interior do Paraná, criando 333 unidades, realizando cursos para orientadoras de Clubes de Mães, com o apoio da Associação de Proteção Saza Lattes. Ao mesmo tempo, implantou o fichário central, onde se disciplinavam as referências e contrarreferências dos Postos de Saúde oficiais e particulares, para evitar duplicidade no atendimento à Saúde Materno-Infantil.

Diretora Técnica da APMI Saza Lattes, 1965-1978.

- Em 1965, foi nomeada Diretora Técnica da entidade filantrópica APMI Saza Lattes. Ocupou o cargo até 1978. Destacou-se na organização de 21 Postos de Saúde e 26 Clubes de Mães, que funcionavam ao lado dos Postos e integrados aos Programas de Educação em Saúde. As alunas da Escola de Magistério de Educação Familiar faziam estágios nos Clubes de Mães. Os médicos residentes em Pediatria do Hospital de Crianças Cezar Pernetta, ligado à Universidade Católica do Paraná, faziam estágios nos Postos de Saúde Materno-Infantis da APMI da Saza Lattes. A organização, a participação comunitária e o trabalho interdisciplinar articulado fizeram com que essa entidade fosse considerada modelo em assistência materno-infantil por diversas organizações científicas e pelo Ministério da Saúde.

Médica Pediatra do Hospital de Crianças Cezar Pernetta, 1955--1964.
- No primeiro ano de Medicina, 1954, morou no Hospital Nossa Senhora das Graças, das Irmãs de São Vicente de Paula, em Curitiba, trabalhando voluntariamente na maternidade. A partir do segundo ano, 1955 a 1959, trabalhou voluntariamente no ambulatório e enfermaria de crianças menores de um ano, no Hospital de Crianças Cezar Pernetta da Secretaria de Saúde Pública do Paraná. Em 1960 foi nomeada Médica do Quadro Estatutário da Secretaria de Saúde do Estado do Paraná, continuando a atender a menores de 1 ano de idade, até 1964, no mesmo hospital. Nesse ano, a Assistência Materno-Infantil de Curitiba começou a ser descentralizada para as periferias. Nisto, a dra. Zilda foi transferida para o trabalho alternado de atendimento à saúde da criança na periferia, em dois Postos de Saúde da Associação de Proteção à Maternidade e à Infância Saza Lattes.

PARTICIPAÇÃO EM EVENTOS INTERNACIONAIS

SIGNIS World Congress 2009 – Chian Mai, Tailândia, novembro, 2009.
- Palestra na Sessão Plenária 1 – Direitos Humanos – Direitos da Infância.

II Congresso Internacional de Direitos Humanos – São Paulo, setembro, 2008.
- Palestra sobre Redução da Mortalidade Infantil.

VI Encontro Internacional do Terceiro Setor – Economia Social – Porto Alegre, junho, 2007.
- Palestra sobre Família e Criança: vinculações e garantias dos direitos na preservação das sociedades.

I Encontro dos Bispos Responsáveis pela Infância na América Latina e Caribe – Curitiba, maio de 2006.
- Palestra sobre a Pastoral da Criança.

Lançamento da Campanha da Fraternidade da ADVENIAT na Alemanha – Alemanha, novembro de 2005.
- Foi convidada pela ADVENIAT para lançar a Campanha da Fraternidade nas cidades de Berlim, Frankfurt, Koblenz-Gondorf, Reil e Trier.

Seminário sobre Parceria Público-Privada (PPP) para o Social – São Paulo, Brasil, agosto de 2005.
- Palestra sobre PPP Social: O que esperar da Empresa e do Governo.

Foro Intercontinental 2005 – Madri, Espanha, abril de 2005.
- Palestra de encerramento sobre a Pastoral da Criança.

Seminário Internacional do FUTURECOM 2003 – Florianópolis, Brasil, outubro de 2003.
- Participação no painel "Telecomunicações na Educação Promovendo o Aumento da Inclusão Social".

I Congresso Internacional sobre o Direito da Criança e do Adolescente à Convivência Familiar e Comunitária – São Paulo, Brasil, outubro de 2003.
- Palestra sobre "Institucionalização e Desinstitucionalização de Crianças e Adolescentes e a Doutrina da Proteção Integral", evento promovido pelas Aldeias Infantis SOS Brasil.

Encontro Latino-Americano sobre Sociedade Civil, Nações Unidas e Governança Global – Rio de Janeiro, Brasil, setembro de 2003.
- Participação em debate sobre Sociedade Civil, Nações Unidas e Governança Global, a convite do ex-presidente da República do Brasil, Fernando Henrique Cardoso.

Seminário – Taller Internacional sobre Cooperación Técnica en el Área Social – Buenos Aires, Argentina, abril de 2003.
- Participação, a convite da ABC – Agência Brasileira de Cooperação, do Ministério das Relações Exteriores, para apresentar a experiência da Pastoral da Criança.

II Seminário Mundial da Paz – Passo Fundo, Brasil, agosto de 2002.
- Palestra sobre "A Importância da Paz Mundial para o Brasil", dentro da programação do VI Festival Internacional de Folclore de Passo Fundo.

Sessão Especial da Assembleia Geral das Nações Unidas sobre Crianças – Nova York, EUA, maio de 2002.
- Participação, como Membro da Delegação Brasileira, nos painéis: "Healthy Mothers, Healthy Babies – Concluding Remarks" e "Improving Children's Environmental Health".

II Fórum Social Mundial – Porto Alegre, Brasil, fevereiro de 2002.
- Palestra de abertura da Oficina "Globalização e Controle Populacional", promovida pelo Movimento em Defesa da Vida.

Fórum Mundial de Empoderamento e Ação Tequestitengo – México, outubro de 2001.
- Evento patrocinado pelo Banco Mundial.

II Congresso de Secretários Municipais de Saúde das Américas – Havana, Cuba, junho de 1997.
- Participação, a convite do Comitê Organizador do Congresso e da Embaixada de Cuba no Brasil por indicação do Prêmio Brasileiro Bem-Sucedido, para apresentar a experiência da Pastoral da Criança.

Simpósio Internacional de Pediatria – Rio de Janeiro, Brasil, outubro de 1997.
- Convidada pela Sociedade Brasileira de Pediatria para debater Atenção Integrada às Doenças Prevalentes na Infância – AIDPI.

Seminário Internacional sobre Políticas e Programas Voltados para a Família – Fortaleza, Brasil, outubro de 1997.
- Participação como palestrante. Seminário promovido pelo FNUAP.

Christian Womens Conference – Midrand, África do Sul, outubro de 1996.
- A convite do UNICEF, proferiu palestra sobre a Experiência da Pastoral da Criança na Redução de Mortalidade Materno--Infantil e Violência Familiar.

Congresso Internacional de Bioética – Roma, Itália, fevereiro de 1996.
- Participação como Coordenadora Nacional da Pastoral da Criança e Representante da CNBB – Conferência Nacional dos Bispos do Brasil.

I Congresso Latino-Americano de Doutrina Social da Igreja – Santiago, Chile, outubro de 1991.
- O principal tema debatido foi a implementação da Pastoral da Criança, Pastoral da Mulher e a Pastoral da Família, como instrumentos de promoção dos Direitos Humanos e do desenvolvimento das comunidades mais carentes desse continente.

NGO's Meeting on Breast-Feeding – Nova York, EUA, fevereiro de 1991.
- Apresentação da experiência da Pastoral da Criança na implementação do Programa de Aleitamento Materno em nível comunitário. Evento promovido pelo UNICEF.

International Nutrition Planners Forum – 5th International Conference – Seul, Coreia, agosto de 1989.
- Apresentação da Pastoral da Criança, escolhida entre as seis melhores experiências internacionais em Saúde e Nutrição comunitárias. O objetivo principal da Conferência foi o cruzamento de elementos essenciais das seis experiências enfocando especialmente "Crucial Elements of Successful Community Nutrition Programs".

Christian Medical Commission: Troca de Experiências em Comunidades Pobres – Salvador, Brasil, maio de 1989.

- Participação como representante do Vaticano e Igreja Católica Romana. Essa reunião foi precedida pela visita de diversas dioceses brasileiras, para observar o desenvolvimento da Pastoral da Criança e de outras experiências. Foram feitas conferências e debates sobre o tema "Visão Cristã da Saúde, Cura e Bem-Estar", nas experiências realizadas pelas diversas Igrejas Cristãs.

Christian Medical Commission: Teologia Cristã da Saúde, Cura e Bem-Estar – Tagaytay City, Filipinas, janeiro de 1988.
- Participação como representante do Vaticano e Igreja Católica Romana, para aprofundar a Teologia Cristã da Saúde, Cura e Bem-Estar.

Christian Medical Commission: Saúde, Cura e Bem-Estar – Atlanta, EUA, abril de 1986.
- Participação como representante do Vaticano e Igreja Católica Romana, para debater o tema central: Saúde, Cura e Bem-Estar, em seus Aspectos Humanos e Cristãos.

Cozinhas Comunitárias – Lima e Chimbote, Peru, dezembro de 1984.
- Apresentação da Pastoral da Criança a Coordenadores das Cozinhas Comunitárias de Lima e Chimbote. Estágio em favelas de Lima e Chimbote para observar o desenvolvimento das Cozinhas Comunitárias. Evento patrocinado pelo UNICEF.

Primera Reunion de Asesores en APS/Nutrición – Bogotá, Colômbia, agosto de 1984.
- Evento patrocinado pelo UNICEF.

38ª Assembleia Mundial de Saúde – Genebra, Suíça, maio de 1984.
- Representante da Igreja Católica, juntamente com a dra. Margareth Marquardt, médica da Alemanha e missionária da África.

REUNIÕES E MISSÕES INTERNACIONAIS DA PASTORAL DA CRIANÇA

Dilli e Baucau, Timor Leste, outubro de 2009.
- Participou de reuniões com bispos de Dilli e Baucau; com organismos internacionais (OMS, FAO, UNICEF etc.); com o sr. José Ramos Horta – presidente de Timor Leste; com a equipe da Coordenação da Pastoral da Criança.

Lima e Trujillo, Peru, agosto de 2009.
- Participou de reuniões com Ministério da Saúde, UNICEF e Opas; com a diocese de Trujillo para conhecer melhor a organização da Igreja Católica local; Conferência e debate sobre a Pastoral da Criança.

Bruxelas, Bélgica, julho de 2009.
- Participou da Mesa-Redonda da Sociedade Civil, sob a responsabilidade do CDES e do Cese (Conselho Econômico e Social Europeu), instituída pelo Plano de Ações assinado na Cúpula de Chefes de Estado Brasil/União Europeia em dezembro de 2008.

Montevidéu, Uruguai, abril de 2009.
- Participou da Assembleia dos Bispos do Uruguai. Reuniu-se com organismos internacionais, UNICEF, Opas, organismos nacionais como o Ministério da Saúde, CAFI, HSBC

e encontro com a primeira-dama do país, para apresentar a metodologia da Pastoral da Criança, os materiais educativos e o sistema de informação informatizado.

Botogá e Tolu, Colômbia, fevereiro de 2009.
- Encontro das Equipes de Reflexão e Apoio do Celam.

Guatemala e Antígua, Guatemala, janeiro de 2009.
- Reuniu-se com autoridades do governo e UNICEF. Em Antígua, participou da conferência sobre organizações religiosas que atuam no campo do desenvolvimento mundial e questões das crianças e jovens da América Latina.

Luanda, Benguela e Huambo, Angola, outubro de 2008.
- Visita às cidades de Luanda, Benguela e Huambo, em Angola, onde reuniu-se com bispos, autoridades e instituições para articular e firmar parcerias em favor da Pastoral da Criança em Angola para abrir caminhos para a sua autossustentação.

Assunção, Paraguai, março de 2008.
- Participou da Assembleia dos bispos do Paraguai, reuniu-se com autoridades e instituições para articular e firmar parcerias em favor da Pastoral del Niño y de la Niña do Paraguai para abrir caminhos para a sua autossustentação.

Bissau e Bafatá, Guiné Bissau, março de 2007.
- Visita às cidades de Bissau e Bafatá, em Guiné Bissau, África, a convite do bispo de Bafatá, dom Pedro Zilli, com o objetivo de fortalecer a Pastoral da Criança que está iniciando no país e abrir caminhos para a sua autossustentação.

Díli e Laleia, Timor Leste, agosto de 2006.
- Visita às cidades de Díli e Laleia em Timor Leste a convite da Agência Brasileira de Cooperação com o objetivo de formar uma Coordenação Nacional da Pastoral da Criança no país, fortalecer o voluntariado, fazer contatos e abrir caminhos para a sua autossustentação.

Santa Cruz de La Sierra e La Paz, Bolívia, outubro de 2005.
- Visita às cidades de Santa Cruz de La Sierra e La Paz, na Bolívia, com o objetivo de formar uma Coordenação Nacional da Pastoral da Criança no país, fortalecer o voluntariado, fazer contatos e abrir caminhos para a sua autossustentação.

Caacupé e Assunção, Paraguai, setembro de 2005.
- Visita às cidades de Caacupé e Assunção, no Paraguai, para comemorar os dez anos da Pastoral del Niño y de la Niña no país e fortalecer o voluntariado, fazer contatos e abrir caminhos para a sua autossustentação.

Bogotá e Medellín, Colômbia, julho de 2005.
- Visita às cidades de Bogotá e Medellín, na Colômbia, a convite da Coordenação Nacional da Pastoral de la Primera Infancia, com o objetivo de fortalecer o voluntariado, fazer contatos e abrir caminhos para a sua autossustentação.

Cidade do México, México, maio de 2004.
- Participação no Encontro Sub-Regional Centro-americano e Caribenho, para a expansão da Pastoral da Criança em Belize, Cuba, Equador, Jamaica, México e República Dominicana.

Cidade do Panamá, Panamá, setembro de 2003.
- Participação no Encontro Sub-Regional Centro América, para a expansão da Pastoral da Criança na Costa Rica, em El Salvador, na Guatemala, em Honduras, na Nicarágua e no Panamá.

Lima, Peru, maio de 2003.
- Participação no Encontro Sub-Regional do Grupo Andino, para a expansão da Pastoral da Criança na Bolívia, Colômbia, Equador, Peru e Venezuela.

Ypacaraí, Paraguai, março de 2003.
- Participação no Encontro Sub-Regional do Grupo Cone Sul, para a expansão da Pastoral da Criança na Argentina, Chile, Paraguai e Uruguai.

Assunção, Paraguai, novembro de 2002.
- Participação da Missão Diplomática ao Paraguai, com o apoio da ABC – Agência Brasileira de Cooperação – do Ministério das Relações Exteriores.

Curitiba, Brasil, setembro de 2002.
- Coordenação do Encontro sobre a Expansão da Pastoral da Criança na América Latina e Caribe, com a participação de representantes do UNICEF, Celam, CLAR, CRB e ABC/MRE.

Luanda e Benguela, Angola, junho de 2002.
- Participação da Missão Técnica a Angola, chefiada pela ABC – Agência Brasileira de Cooperação – do Ministério das Relações Exteriores, para implementação da metodologia da Pastoral da Criança naquele país.

Dili, Timor Leste, janeiro de 2001.
- Integrante da Comitiva Presidencial Brasileira em viagem ao Timor Leste representando o Ministério da Saúde e com o objetivo de implantar a Pastoral da Criança naquele país.

Lima, Peru, outubro de 1997.
- Participação no II Encontro Nacional da Pastoral da Infância do Peru, a convite da Conferência Episcopal Peruana. Estavam presentes 36 dioceses do Peru que já implantaram a Pastoral da Criança.

Bissau, Guiné-Bissau, março de 1997.
- Visita a Bissau e interior, a convite da Cáritas Internacional, para apresentar a experiência da Pastoral da Criança no Brasil às lideranças religiosas, civis e públicas e para visitar seis comunidades católicas e muçulmanas, onde a Pastoral da Criança já estava implantada por uma missionária brasileira.

Luanda e Benguela, Angola, outubro de 1996.
- Visita a Luanda e a diocese de Benguela, especialmente convidada pela Conferência Nacional dos Bispos de Angola para a implantação da primeira experiência da Pastoral da Criança na diocese de Benguela.

Curitiba, Fortaleza e Salvador, Brasil, maio de 1991.
- Coordenação do Seminário, estágio de observação e debates sobre a Pastoral da Criança, para bispos, sacerdotes e leigos, diretores de programas de 12 países da América Latina e da América Central.

Santo Domingo, República Dominicana, dezembro de 1989.
- Apresentação das experiências da Pastoral da Criança no Brasil no Encuentro de la Pastoral de la Infancia, patrocinado pelo Celam, UNICEF e CELAC.

Quito, Equador, abril de 1989.
- Participação no Encuentro Bolivariano y Centroamericano de Pastoral de la Infancia, promovido pelo Celam, UNICEF e Celac, como representante do Brasil.

Brasília e Londrina, Brasil, outubro de 1986.
- Coordenação do seminário, patrocinado pelo UNICEF, para bispos de 11 países da América Latina e da América Central, sobre a Mística Cristã, Objetivos e Metodologia Comunitária da Pastoral da Criança.

LIVRO PUBLICADO

- NEUMANN, Zilda Arns. **Depoimentos brasileiros Zilda Arns Neumann**. Belo Horizonte: Leitura, 2003.

PARTICIPAÇÃO EM EVENTOS NACIONAIS

5ª Conferência Brasileira de Mídia Cidadã
Guarapuava, PR, outubro de 2009.
- Palestra de abertura sobre Comunicação e Educação a Serviço da Vida e da Esperança na Pastoral da Criança, promovida pela Unicentro e Cátedra Unesco de Comunicação para o Desenvolvimento Regional (vinculada à Universidade Metodista de São Paulo).

Congresso dos Representantes da Marca Purific
Salvador, BA, outubro de 2009.
- Palestra sobre a Pastoral da Criança.

I Simpósio Franco-Brasileiro da Pessoa Idosa
João Pessoa, PB, agosto de 2009.
- Moderadora na abertura da Conferência "Envelhecimento e Longevidade na Pós-Modernidade".

I Fórum Temático – Fundamentos para uma Sociedade Participativa e Solidária
Tubarão, SC, junho de 2009.
- Palestra "Implicações da Participação e da Solidariedade na Dimensão Social", promovido pela Unisul – Universidade do Sul de Santa Catarina.

Associação dos Dirigentes Cristãos de Empresa
São Paulo, SP, junho de 2009.
- Palestra "A Solidariedade na Igreja com a Pastoral da Criança e Pastoral da Pessoa Idosa".

26º Congresso Estadual de Vereadores do estado do Paraná
Curitiba, PR, junho de 2009.
- Palestra "Políticas Públicas de Proteção à Criança", promovida pela Uvepar – União dos Vereadores do Paraná.

Encontro Distrital do Rotary Clube
Maringá, PR, maio de 2009.
- Palestra "O Mundo Precisa de Solidariedade".

V Congresso de Odontologia do Mercosul
Curitiba, PR, maio de 2009.
- Palestra "Responsabilidade Social".

VII Encontro Nacional da Mulher Contabilista
Vitória, ES, maio de 2009.
- Palestra "A Importância do Papel da Mulher na Sociedade para Construção de um País mais Justo".

III Encontro sobre Captação de Órgãos e Tecidos para Transplantes
Curitiba, PR, maio de 2009.
- Palestra "Importância da Doação", no Hospital do Trabalhador.

Experiência da Pastoral da Criança
Rio de Janeiro, RJ, março de 2009.
- Palestra na PUC – Pontifícia Universidade Católica do Estado do Rio de Janeiro.

Seminário "A Pessoa Idosa e o Meio Ambiente"
Manaus, AM, setembro de 2007.
- Mesa-Redonda sobre a Pastoral da Pessoa Idosa na Região Amazônica.

33º CONARH – Congresso Nacional sobre Gestão de Pessoas
São Paulo, SP, agosto de 2007.
- Palestra "Liderança sem Hora Marcada".

Congresso Brasileiro da Rede Mundial de Religiões para as Crianças
Curitiba, PR, abril de 2006.
- Palestra sobre a Pastoral da Criança.

II Seminário de Atenção à Saúde do Idoso no SUS – Ampliando o Cuidado e I Encontro Nacional de Coordenadores de Centros de Referência em Atenção à Saúde do Idoso
Brasília, DF, abril de 2006.
- Palestra de abertura.

Fórum do CONASS: Saúde e Democracia: Uma Visão de Futuro para o Brasil
Rio de Janeiro, RJ, março de 2006.
- Coordenação da Mesa: O Terceiro Setor, a Sociedade e os Horizontes da Saúde no Brasil.

I Encontro de Administradores Regionais da Funai e Chefes de Distritos Sanitários da Funasa
Brasília, DF, fevereiro de 2006.
- Palestra "Políticas Públicas e Ações para os Povos Indígenas".

Fórum Mundial de Turismo pela Paz e Desenvolvimento Sustentável
Salvador, BA, novembro, 2004.
- Palestra de abertura sobre a Pastoral da Criança.

II Encontro de Prefeitos Eleitos do Estado da Bahia
Salvador, BA, novembro de 2004.
- Participou de mesa temática "Parcerias para o Desenvolvimento Sustentável".

I Seminário Nacional de Educação Fiscal na Receita Federal
Brasília, DF, outubro de 2004.
- Palestra "Ética e Prática Social."

II Congresso Internacional de Educação
São Paulo, SP, outubro de 2004.
- Palestra "A Educação como Elemento de Conquista da Cidadania."

IV Encontro Verde das Américas – Conferência das Américas para o Meio Ambiente e Desenvolvimento Sustentável
Rio de Janeiro, RJ, setembro de 2004.
- Palestra sobre a experiência da Pastoral da Criança.

Ciclo de Debates AGENDA BRASIL I
São Paulo, SP, agosto de 2004.
- Palestra sobre questões da pobreza, desigualdade social, deficiências assistenciais e possíveis caminhos práticos para sua solução.

Videoconferência no Iesde – Inteligência Educacional e Sistemas de Ensino
Curitiba, PR, agosto, 2004.
- Palestra sobre a Pastoral da Criança.

XIV Encontro da Associação das Universidades de Língua Portuguesa

São Paulo, SP, julho de 2004.

- Palestra "Atuação da Pastoral da Criança no Brasil e na África".

XIV Congresso Brasileiro do CACB – Confederação das Associações Comerciais e Empresariais do Brasil

Curitiba, PR, julho, 2004.

- Palestra "A Empresa Brasileira e sua Responsabilidade Social".

Projeto Diálogo Público do Tribunal de Contas da União

Brasília, DF, julho de 2004.

- Palestra "Controle Social".

XI Congresso Regional Sul da Pastoral Familiar

Franca, SP, julho de 2004.

- Palestra "A História da Pastoral da Criança".

Revezamento da Tocha Olímpica

Rio de Janeiro, RJ, junho de 2004.

- Foi escolhida para participar do Revezamento da Tocha Olímpica no Brasil.

Fórum sobre Inclusão Social e Desenvolvimento

São Paulo, SP, março de 2004.

- Palestra sobre "Políticas de Inclusão Social", promovida pela Globo News.

I Congresso da Pastoral da Criança
Curitiba, PR, dezembro de 2004.
- Palestras, participação nos grupos, participação em oficinas sobre temas relacionados à Pastoral da Criança.

Associação de Voluntários do Hospital Universitário de Brasília
Brasília, DF, novembro de 2003.
- Palestra "Voluntarismo, Cidadania e Solidariedade".

II Fórum Internacional Saúde Bucal de Mato Grosso do Sul
Campo Grande, MS, novembro de 2003.
- Palestra "Participação Indígena no Controle Social e Construção do SUS".

Seminário sobre Responsabilidade Social
Santos, SP, novembro de 2003.
- Palestra "Envolvimento do Empresariado com a Pastoral da Criança e a Responsabilidade Social".

I Ciclo de Debates Metodista
São Bernardo do Campo, SP, novembro de 2003.
- Palestra "Mobilização das Comunidades e o Papel da Ação do Governo no Combate à Fome".

Fórum Contextualização da Situação da Infância no Maranhão e a Pastoral da Criança
São Luís, MA, setembro de 2003.
- Palestra "O Desenvolvimento da Infância e a Proposta da Pastoral da Criança".

Programa Fome Zero
Brasília, DF, janeiro de 2003.
- Participação no lançamento institucional do Programa.

Campanha Nacional para Eliminação da Hanseníase no Brasil
Brasília, DF, janeiro de 2003.
- Participação no lançamento oficial da Campanha.

Fórum Social da Publicidade
Porto Alegre, RS, janeiro de 2003.
- Palestra "A Parceria das Empresas de Desenvolvimento Sustentável nos Movimentos Sociais". Evento promovido pela ALAP – Associação Latino-Americana de Agências de Publicidade, em parceria com a Assembleia Legislativa do Rio Grande do Sul.

Curso de Verão 2003
São Paulo, SP, janeiro de 2003.
- Palestra "Saúde: Cuidar da Vida e da Integridade da Criação". Evento promovido pelo CESEP – Centro Ecumênico de Serviços à Evangelização e Educação Popular, em parceria com a PUC-SP.

1º Seminário Catarinense de Responsabilidade Social
Forquilhinha, SC, novembro de 2002.
- Palestra "A Pastoral da Criança – Responsabilidade Social". Evento promovido pela Associação de Amigos da Pastoral da Criança – Diocese de Criciúma e Prefeitura Municipal de Forquilhinha, estado de Santa Catarina.

I Jornada de Pediatria Social do ABC

Santo André, SP, novembro de 2002.
- Palestra "As Razões do Sucesso da Pastoral da Criança". Evento promovido pela Faculdade de Medicina do ABC.

Fórum do Conselho Acadêmico da Sociedade Brasileira de Pediatria

Rio de Janeiro, RJ, outubro de 2002.
- Palestra "Ações da Pastoral da Criança da CNBB". Evento promovido pela Sociedade Brasileira de Pediatria.

XXXI Encontro Paranaense de Pediatria

Curitiba, PR, setembro de 2002.
- Palestra "Projetos Sociais: Importância e Impacto na Redução da Morbimortalidade Infantil". Evento patrocinado pela Sociedade Paranaense de Pediatria.

VII Congresso Médico de Brasília

Brasília, DF, agosto de 2002.
- Palestra "A Criança e seu Futuro no Brasil". Evento promovido pela Associação Médica de Brasília.

Fórum Itinerante Rio + 10 – Onde Estamos e para Onde Vamos

Brasília, DF, agosto de 2002.
- Participação na mesa-redonda intitulada "Responsabilidade Social Corporativa – Redução da Pobreza".

NA'AMAT
Curitiba, PR, agosto de 2002.
- Palestra "Voluntariado", promovida pela NA'AMAT – Organização Judaica das Pioneiras de Cultura e Beneficência.

IV Conferência dos Chefes de Estado e de Governo da CPLP
Brasília, DF, julho de 2002.
- Participou da sessão de abertura da IV Conferência de Chefes de Estado e de Governo da CPLP (Comunidade dos Países de Língua Portuguesa) com a presença de representantes de Portugal, Angola, Moçambique, Cabo Verde, Guiné-Bissau, São Tomé e Príncipe e Timor Leste.

Encontro Nacional de Experiências Sociais Inovadoras
Brasília, DF, junho de 2002.
- Palestra no Seminário de Capacitação e Socialização do Conhecimento para o Fortalecimento Institucional das Entidades da Sociedade Civil, "A Universalização das Políticas Públicas de Combate à Pobreza". Evento promovido pelo Banco Mundial.

Seminário CPLP – Oportunidades e Perspectivas
Brasília, DF, maio de 2002.
- Palestra no Seminário CPLP – Comunidade dos Países de Língua Portuguesa –, no Painel Parcerias, Convergências e Interesses, "O Poder da Esperança". Evento promovido pelo IPRI/FUNAG (Instituto de Pesquisa e Relações Internacionais).

Fórum Rio + 10 – Onde Estamos e para Onde Vamos
São Paulo, SP, abril de 2002.
- Palestra "Responsabilidade Social Corporativa – Redução da Pobreza".

13º Ciclo de Palestras e Debates
Belo Horizonte, MG, abril de 2002.
- Palestra "Construção Efetiva da Paz – como ela se dá no trabalho da Pastoral da Criança no Brasil e fora do país". Evento patrocinado pela PUC/MG.

V Congresso Brasileiro de Epidemiologia
Curitiba, PR, março de 2002.
- Palestra "Pastoral da Criança".

Tribunal Regional Federal da 3ª Região
São Paulo, SP, março de 2002.
- Palestra "Solidariedade e Voluntariado: A Experiência da Pastoral da Criança".

Conferência Latino-Americana sobre População e Desenvolvimento
Brasília, DF, março de 2001.
- Palestra "A Pastoral da Criança – Um Abençoado Instrumento a Serviço da População e Desenvolvimento".

Semana Integrada da Família
Santos, SP, dezembro de 2000.
- Palestra "Cidadania, Trabalho Voluntário e Promoção e Defesa dos Direitos Humanos". Evento promovido pelo SESC de Santos.

Seminário Nacional e II Encontro Latino-Americano sobre "Pobreza – o Desafio para o Século XXI"
Rio de Janeiro, RJ, setembro de 2000.
- Palestra "Pobreza e Desenvolvimento". Seminário promovido pelo Centro Brasileiro de Cooperação e Intercâmbio de Serviços Sociais.

I Encontro Internacional dos Bons Tratos na Família
Curitiba, PR, agosto de 2000.
- Palestra "Experiência na Defesa dos Bons Tratos na Família". Evento promovido pela Universidade Federal do Paraná.

Serão Brasileiro de Pediatria
Londrina, PR, agosto de 2000.
- Palestra "Desnutrição – Qual a Realidade?". Evento promovido pela Associação Médica de Londrina.

Oficina de Articulação Solidária entre a Coordenação Nacional de DST/MS e a Comissão Nacional de DST/Aids
Brasília, DF, agosto de 1999.
- Palestra "Educação e Participação Comunitária no Controle da Doença e a Importância de um Bom Sistema de Informação nas Pastorais", na Pastoral da Saúde da CNBB.

III Conferência Municipal de Saúde
Niterói, RJ, julho de 1999.
- Palestra "Sistema Único de Saúde e sua Participação no Controle Social".

XIII Congresso Brasileiro de Educação Infantil
João Pessoa, PB, julho de 1999.
- Palestra de abertura "Sistema de Garantia dos Direitos da Criança". Congresso organizado pela OMEP.

Comitê de Mortalidade Materna e do Programa Criança Cidadã
Aracaju, SE, julho de 1999.
- Proferiu palestra de abertura. Evento promovido pela Secretaria Estadual de Saúde.

Campanha Mundo Jovem
São Paulo, SP, março de 1999.
- Participou do lançamento da Campanha Mundo Jovem, da Pastoral da Criança realizada no Teatro Alfa Real, com a presença da primeira-dama, sra. Ruth Cardoso, presidente do Conselho da Comunidade Solidária, do sr. José Serra, Ministro da Saúde, do sr. José Gregori, Secretário Nacional dos Direitos Humanos, e de representantes de organizações da sociedade civil e de dezenas de artistas que colaboraram com a campanha.

Lançamento da Campanha "A Paz Começa em Casa"
Salvador, BA, março de 1999.
- Participou do lançamento da Campanha Nacional da Pastoral da Criança contra a Violência Familiar, que contou com a presença de dom Geraldo Majella Agnelo, arcebispo de São Salvador, e de representantes da ONU, entre outros.

Comemoração do Dia Internacional da Mulher
Goiânia, GO, março de 1999.
- Palestra "A Mulher Brasileira no Final do Milênio", realizada na Assembleia Legislativa.

Campanha de Prevenção da Violência Intrafamiliar
Brasília, DF, novembro de 1998.
- Participação no lançamento oficial da Campanha.

XIV Congresso Nacional de Secretários Municipais de Saúde – CONASEMS "Descentralização: Gestão Local Construindo Municípios Saudáveis"
Goiânia, GO, novembro de 1998.
- Participou como coordenadora da mesa-redonda de debates sobre o tema: "Se Quiseres Escrever o Mundo, Cante Primeiro tua Aldeia".

Oficina de Trabalho para Multiplicadores de Informação entre Conselheiros Indígenas de Saúde
Brasília, DF, outubro de 1998.
- Palestra "O Papel dos Conselheiros". Estavam presentes índios representantes de 34 Distritos Indígenas.

Seminário sobre Voluntariado
Rio de Janeiro, RJ, outubro de 1998.
- Participou do debate promovido pelo Projeto Brasil 500 anos, da Rede Globo de Televisão.

Workshop: Distritos Sanitários Especiais Indígenas, Gerência e Modelos Organizacionais
Brasília, DF, outubro de 1998.
- Palestra sobre o Sistema Único de Saúde, promovido pela Fundação Nacional de Saúde.

Seminário Nacional de Prefeitos Municipais e Secretários de Saúde sobre Municipalização
Atibaia, SP, agosto de 1998.
- Participação como palestrante. Este seminário foi promovido pela Associação Brasileira de Prefeitos Municipais.

Oficina sobre Política Nacional de Alimentação e Nutrição
Brasília, DF, julho de 1998.
- Esta oficina foi promovida pelo Ministério da Saúde.

Campanha "Uma Vida sem Violência é um Direito Nosso"
Brasília, DF, julho de 1998.
- Participação na reunião para elaboração do Pacto Comunitário contra a Violência Familiar, iniciativa da Organização das Nações Unidas e do Ministério da Justiça.

Experiência da Pastoral da Criança
Brasília, DF, junho de 1998.
- Palestra na Embaixada da Alemanha.

Reunião de Intercâmbio de Experiências de Programas de Atendimento a Crianças e Adolescentes nos Países do Mercosul
Rio de Janeiro, RJ, maio de 1998.
- Reunião promovida pelo Ministério da Previdência e Assistência Social.

Encontro Nacional de Aleitamento Materno
Londrina, PR, setembro de 1997.
- Participação como palestrante.

XX Instituto Rotário
Curitiba, PR, setembro de 1997.
- Palestra "A Erradicação da Miséria na Visão da Instituição Privada".

12º Congresso Brasileiro de Educação Infantil
Campo Grande, MS, julho de 1997.
- Participação como palestrante neste congresso promovido pela OMEP.

Encontros Regionais de Saúde Materno-Infantil
Brasil, fevereiro a agosto de 1994.
- Coordenação de 15 Encontros Regionais, integrando as Entidades Governamentais e Não Governamentais mais expressivas do país além de gestores de saúde. Estes eventos foram promovidos pelo Ministério da Saúde.

- Participou ainda de inúmeros eventos promovidos pela Sociedade Brasileira de Pediatria. Ênfase especial na participação das Assembleias dos Bispos do Brasil, em Itaici; nos Encontros Regionais anuais de Coordenadores Estaduais e Diocesanos da Pastoral da Criança e Pastoral da Pessoa Idosa; em reuniões mensais do Grupo de Defesa da Criança juntamente com a Sociedade Brasileira de Pediatria, o UNICEF e outras organizações; visitas pastorais às dioceses e comunidades para o contato direto com líderes e famílias acompanhadas pela Pastoral da Criança.

MENÇÕES ESPECIAIS

Internacionais

Novembro de 2009 – Recebeu o Prêmio UNICEF – Comitê Espanhol 2009, em Madri, Espanha.

Outubro de 2007 – Recebeu o Prêmio Woodrow Wilson para o Serviço Público do Centro Internacional para Acadêmicos Woodrow Wilson da Instituição Smithsonian, concedido a líderes que se destacam para melhorar a qualidade de vida dentro e além dos limites no qual eles vivem através do envolvimento coorporativo e serviço público.

Novembro de 2006 – Recebeu a Medalha "Simón Bolívar" da Câmara Internacional de Pesquisa e Integração Social reconhecendo a liderança, dignidade, méritos profissionais e amor à humanidade, prestados à causa da Integração na América Latina.

Novembro de 2006 – Recebeu o Opus Prize, da Opus Prize Foundation, pelo inovador programa de saúde pública que ajuda milhares de famílias carentes. South Bend, Indiana, EUA.

Novembro de 2005 – Recebeu o Prêmio Social 2005 da Câmara de Comércio Brasil-Espanha. Madri.

Dezembro de 2002 – Recebeu, em Washington, o Prêmio "Heroína da Saúde Pública das Américas" em reconhecimento a sua contribuição à saúde das pessoas das Américas, concedido pela Organização Pan-Americana de Saúde – Opas, por ocasião da comemoração do 100º aniversário de fundação da Opas.

Setembro de 2001 – Recebeu a Medalha "Paul Harris" concedida pelo Rotary Internacional.

Agosto de 2000 – Recebeu a Medalha "Simón Bolívar" da Câmara Internacional de Pesquisa e Integração Social reconhecendo a liderança, dignidade, méritos profissionais e amor à humanidade, prestados à causa da Integração na América Latina.

Julho de 1997 – Recebeu o Prêmio Humanitário 1997 do Lions Clubes Internacional, a mais alta honraria dessa Associação, em reconhecimento pelo destacado alcance de seu trabalho junto à Pastoral da Criança. Filadélfia, EUA.

Setembro de 1994 – Recebeu o Prêmio Internacional Opas em Administração Sanitária, por seu destacado trabalho na administração de programas em diversos níveis públicos e, particularmente, em saúde materno-infantil, tanto em instituições governamentais como não governamentais e em âmbitos estatal e nacional. O prêmio foi entregue durante a XXIV Conferência Sanitária Pan-Americana, em Washington.

Novembro de 1991 – Foi indicada pelo Ministério da Saúde do Brasil para concorrer ao Prêmio Internacional atribuído pelo Comitê do Memorial Nathalie Massé, da França, na Área de Saúde.

Nacionais

Novembro de 2009 – Recebeu a Medalha de Mérito Oswaldo Cruz, na categoria Ouro, outorgado pelo Ministério da Saúde, em Brasília, DF.

Agosto de 2009 – Recebeu a Medalha de Mérito Santa Cruz, outorgada pelo município, com anuência da Câmara Municipal, em Maceió, AL.

Julho de 2009 – Recebeu a Comenda Dr. Homero de Mello Braga – destaque na Área Social, da Sociedade Paranaense de Pediatria, em Curitiba, PR.

Maio de 2009 – Recebeu o Prêmio Mercosul de Odontologia, em Curitiba, PR.

Março de 2009 – Recebeu o Título "Membro Honorário" da Academia de Medicina do Piauí, em Teresina.

Setembro de 2008 – Recebeu o título de "Membro Titular Acadêmica Imortal" da Academia Nacional de Economia, no Rio de Janeiro, RJ.

Agosto de 2008 – Recebeu a Comenda Dom Luciano Mendes de Almeida do Mérito Educacional e de Responsabilidade Social, em sessão solene da Faculdade Arquidiocesana Dom Luciano Mendes de Almeida, em Mariana, MG.

Julho de 2008 – Recebeu o Título de Honorário Nacional, concedido pela Academia Nacional de Medicina, no Rio de Janeiro, RJ.

Junho de 2008 – Recebeu o Título Doutor "Honoris Causa" em sessão pública e solene da Universidade do sul de Santa Catarina-Unisul, em Tubarão.

Março de 2008 – Recebeu o título de "Acadêmica Titular" da Academia Paranaense de Pediatria, ocupando a cadeira nº 3, cujo patrono é o acadêmico Júlio Moreira.

Março de 2008 – Recebeu o Prêmio de Empreendedor 2008 na categoria Responsabilidade Social, concedido pela Ernst & Young, em São Paulo, SP.

Março de 2008 – Recebeu a Comenda Maria Ortiz, a mais alta honraria concedida a mulheres no estado do Espírito Santo, pela Assembleia Legislativa, em Vitória.

Dezembro de 2007 – Recebeu o IV Prêmio "Paul Donovan Kigar", concedido pela Associação dos Moradores e Amigos da Reserva da Biosfera de São Paulo, em São Paulo, SP.

Novembro de 2007 – Recebeu o Prêmio "Barão de Ramalho", concedido pelo Instituto dos Advogados do Brasil, em São Paulo, SP.

Novembro de 2007 – Recebeu o "Brasília Top Prêmio 2007", categoria Homenagem Especial, concedido pelo Hospital de Brasília, em Brasília, DF.

Outubro de 2007 – Recebeu o Título de Acadêmico Imortal da Academia Nacional de Economia, ocupando a cátedra nº 157, cujo patrono é o acadêmico Último de Carvalho.

Setembro de 2007 – Recebeu a Comenda do Ministério Público, concedida pelo Conselho da Medalha do Mérito do Ministério Público de Minas Gerais, em Belo Horizonte.

Maio de 2007 – Recebeu a Ordem do Mérito Ministério Público do Distrito Federal e Territórios 2007, em Brasília, DF.

Maio de 2007 – Foi eleita Personalidade Cidadania 2007 em uma iniciativa conjunta da Unesco, da Associação Brasileira de Imprensa e da *Folha Dirigida*, no Rio de Janeiro.

Abril de 2007 – Recebeu o Prêmio Personalidade Empresarial Feminina de 2007, concedido pelo Grupo de Líderes Empresariais – Lide, com apoio do Lidem – Grupo de Mulheres Líderes Empresariais, em Comandatuba, BA.

Novembro de 2006 – Recebeu o Prêmio Mulheres Mais Influentes Forbes Brasil como Destaque Nacional – Terceira Edição, São Paulo, SP.

Outubro de 2006 – Recebeu a Medalha do Mérito Legislativo, da Câmara Municipal de São Raimundo Nonato, PI.

Outubro de 2006 – Recebeu a Medalha do Mérito Legislativo, da Câmara Municipal de Parnaíba, PI.

Outubro de 2006 – Recebeu a Medalha do Mérito Legislativo, da Câmara Municipal de Teresina, PI.

Setembro de 2006 – Recebeu a Medalha Presidente Juscelino Kubitschek, do Governo do Estado de Minas Gerais, Diamantina.

Agosto de 2006 – Recebeu a Medalha de Honra ao Mérito José Rodrigues de Jesus, da Câmara de Vereadores de Caruaru, PE.

Agosto de 2006 – Recebeu a Medalha OAB/PE, da Ordem dos Advogados do Brasil, em Recife, PE.

Julho de 2006 – Recebeu a Medalha Mérito Farroupilha, da Assembleia Legislativa do Rio Grande do Sul, Porto Alegre.

Julho de 2006 – Recebeu o Diploma Embaixadora da Paz, da Organização do Festival Mundial da Paz, Curitiba, PR.

Junho de 2006 – Recebeu o Prêmio Hospitalar 2006 – Personalidade do Ano na Área de Saúde, São Paulo, SP.

Janeiro de 2006 – Dentro da campanha "Mil Mulheres para a Paz" foi uma das indicadas ao Prêmio Nobel da Paz juntamente com outras 999 mulheres de todo o mundo.

Novembro de 2005 – Recebeu o Prêmio ABAPORU, do Movimento Capivari Solidário, Capivari, SP.

Novembro de 2005 – Foi homenageada pela Câmara de Vereadores de Botucatu, SP.

Junho de 2005 – Recebeu a Medalha João Pacífico, da Câmara dos Vereadores de Cordeirópolis, SP.

Maio de 2005 – Recebeu o Grande Colar do Mérito da Justiça do Trabalho da 15ª Região, Campinas, SP.

Março de 2005 – Recebeu o Diploma Mulher Cidadã Bertha Lutz, do Senado Federal, Brasília, DF.

Fevereiro de 2005 – Recebeu o Diploma e a Medalha "O Pacificador da ONU Sérgio Vieira de Mello", concedido pelo Parlamento Mundial de Segurança e Paz, Recife, PE.

Dezembro de 2004 – Recebeu o Troféu de Destaque Nacional Social", prêmio principal do evento "As mulheres mais influentes do Brasil" promovido pela revista *Forbes* do Brasil com o apoio da *Gazeta Mercantil* e do *Jornal do Brasil*.

Novembro de 2004 – Recebeu o Título Doutor "Honoris Causa" em sessão pública e solene do Conselho Universitário da Pontifícia Universidade Católica do Paraná, Campus de Londrina, PR.

Setembro de 2004 – Recebeu Medalha de Mérito em Administração do Conselho Federal de Administração, Florianópolis, SC.

Setembro de 2004 – Recebeu o Prêmio Verde das Américas 2004, no IV Encontro Verde das Américas – Conferência das Américas para o Meio Ambiente e Desenvolvimento Sustentável, Rio de Janeiro, RJ.

Maio de 2004 – Recebeu o Título Doutor "Honoris Causa" em sessão pública e solene do Conselho Universitário da Universidade Federal de Santa Catarina, Florianópolis.

Abril de 2004 – Recebeu o Prêmio Zilda Arns de Responsabilidade Social, promovido pela ADVB-PR – Associação dos Dirigentes de Vendas e Marketing do Brasil e pela comunidade empresarial paranaense, Curitiba, PR.

Março de 2004 – Recebeu o Prêmio TOP SOCIAL NORDESTE 2004, promovido pela ADVB – Associação dos Dirigentes de Vendas e Marketing do Brasil, Recife, PE.

Março de 2004 – Recebeu o Prêmio Personalidade do Ano, concedido pelo jornal *O Globo*, Rio de Janeiro, RJ.

Março de 2004 – Recebeu o Diploma Mulher-Cidadã Carlota Pereira de Queirós, no Salão Nobre do Congresso Nacional, Brasília, DF.

Março de 2004 – Recebeu o Título Doutor "Honoris Causa" em sessão pública e solene do Conselho Universitário da Universidade Federal do Paraná, PR.

Novembro de 2003 – Recebeu a Medalha de Ouro e Diploma de honra ao mérito, concedidos pela Associação dos Ex-Alunos da Universidade Federal do Paraná, Curitiba, PR.

Novembro de 2003 – Recebeu o Grande-Colar do Mérito do Tribunal de Contas da União, presidente do Tribunal de Contas dr. Valmir Campelo, em Brasília, DF.

Outubro de 2003 – Recebeu a Medalha Getúlio Vargas, do prefeito da cidade de Volta Redonda, sr. Antonio Francisco Neto, e do presidente da Câmara Municipal, sr. Maurício Pessoa Garcia Júnior, em Volta Redonda, RJ.

Setembro de 2003 – Recebeu o Prêmio Cidadania Mundial 2003, instituído pela Comunidade Bahá'í, Brasília, DF.

Junho de 2003 – Foi homenageada pelos alunos do curso de medicina da UNICENP com a inauguração do Centro Acadêmico Zilda Arns, em Curitiba, PR.

Junho de 2003 – Recebeu o Diploma de Mérito pela Valorização da Vida, instituído pela Secretaria Nacional Antidrogas e referendado pelo Ministro Chefe do Gabinete de Segurança Institucional da Presidência da República e Presidente do Conselho Nacional Antidrogas.

Maio de 2003 – Recebeu o Título "Acadêmico Honorário" da Academia Paranaense de Medicina, em Curitiba.

Abril de 2003 – Recebeu a Medalha da Inconfidência, do Governo do Estado de Minas Gerais, em Belo Horizonte.

Janeiro de 2003 – Recebeu o Diploma de Vulto Emérito Brasileiro – Profissional "Qualidade Total" e Troféu "Profissional Modelo para o Século XXI", concedido pela Fecopar – Federação dos Contabilistas do Paraná, Instituto Indicare e Curso de Formação de Consultores Contábil-Financeiros, da Universidade Federal do Paraná, Curitiba.

Dezembro de 2002 – Recebeu a Insígnia da Ordem do Mérito Médico, na classe Comendador, concedida pelo Ministério da Saúde, em Brasília, DF.

Novembro de 2002 – Recebeu a Medalha Mérito Legislativo Câmara dos Deputados, concedida pelo deputado Aécio Neves, presidente da Câmara dos Deputados, em Brasília, DF.

Novembro de 2002 – Recebeu o Título Doutor "Honoris Causa" concedido pela Universidade do Extremo Sul Catarinense, de Criciúma, estado de Santa Catarina.

Agosto de 2002 – Recebeu a Comenda da Ordem do Mérito Judiciário do Trabalho, grau Comendador, concedida pelo Tribunal Superior do Trabalho, em Brasília, DF.

Junho de 2002 – Recebeu o troféu Guerreiro do Paraná, concedido pela Assembleia Legislativa do Estado do Paraná e Movimento Pró-Paraná, em Curitiba.

Maio de 2002 – Recebeu a Comenda da Ordem do Pinheiro, grau Oficial, concedida pelo governador do estado do Paraná, Jaime Lerner.

Abril de 2002 – Recebeu homenagem como Personalidade da Ação Social no VI Crystal Fashion, Curitiba, PR.

Março de 2002 – Recebeu a Medalha da Abolição concedida pela Universidade do Estado do Rio Grande do Norte, Mossoró.

Março de 2002 – Recebeu o Troféu Santa Mônica Clube de Campo – Mulher Destaque.

Dezembro de 2001 – Recebeu o 7º Prêmio Nacional de Seguridade Social, categoria Assistência Social, concedido pelo Instituto Cultural de Seguridade Social.

Novembro de 2001 – Recebeu homenagens da Câmara Municipal de Santo André, estado de São Paulo.

Novembro de 2001 – Recebeu homenagens da Câmara dos Deputados de Brasília, DF.

Novembro de 2001 – Recebeu o Prêmio de Direitos Humanos 2000 da Associação das Nações Unidas – Brasil.

Novembro de 2001 – Recebeu homenagens da Associação das Médicas Católicas de São Paulo.

Outubro de 2001 – Recebeu a Comenda da Ordem do Rio Branco, grau Comendador, concedida pelo presidente Fernando Henrique Cardoso.

Setembro de 2001 – Recebeu a Medalha Anita Garibaldi, concedida pelo governador do estado de Santa Catarina, Espiridião Amim.

Agosto de 2001 – Recebeu o Prêmio de Honra ao Mérito na Assembleia Legislativa de Santa Catarina.

Julho de 2001 – Recebeu o Prêmio de Uma das 20 Líderes Sociais do Brasil de 2001 – Instituto Ethos e *Gazeta Mercantil*.

Julho de 2001 – Recebeu a Medalha de Mérito Antonieta de Barros concedida pela Assembleia Legislativa de Florianópolis, estado de Santa Catarina.

Junho de 2001 – Recebeu o Prêmio Destaque Social do Instituto ADVB de São Paulo.

Junho de 2001 – Recebeu a Medalha Pedro Ernesto da Câmara Municipal do Rio de Janeiro, estado do Rio de Janeiro.

Maio de 2001 – Foi homenageada pela Câmara Municipal de São Paulo, estado de São Paulo.

Maio de 2001 – Recebeu Honra ao Mérito da Câmara Municipal de Belo Horizonte, estado de Minas Gerais.

Abril de 2001 – Recebeu Honra ao Mérito da Prefeitura Municipal de Forquilhinha, estado de Santa Catarina.

Abril de 2001 – Recebeu Moção de Aplauso e Incentivo da Prefeitura Municipal de Andradina, estado de São Paulo.

Março de 2001 – Recebeu o Prêmio Mulher 2001 da Anatel (Agência Nacional de Telecomunicações).

Dezembro de 2000 – Recebeu da OAB – São Paulo o Prêmio Franz de Castro Holzwarth de 2000, em razão da corajosa semeadura do resgate da dignidade das crianças e adolescentes.

Dezembro de 2000 – Recebeu o troféu Talento do Ano, da Associação Comercial do Paraná, o qual valoriza e destaca os profissionais e empresas paranaenses.

Dezembro de 2000 – Recebeu da USP – Universidade de São Paulo, o Prêmio USP de Direitos Humanos – 2000 – Categoria Individual, que tem por objetivo identificar e distinguir, anualmente, pessoas e instituições que tenham contribuído para a difusão, disseminação e divulgação dos Direitos Humanos no Brasil.

Dezembro de 2000 – Recebeu da Câmara Municipal de Santos, estado de São Paulo, a Medalha de Honra ao Mérito Brás Cubas, pelos relevantes serviços prestados à cidade.

Outubro de 2000 – Recebeu a Medalha de Lucas – Tributo ao Mérito Médico do Conselho Regional de Medicina do Estado do Paraná, outorgada a médicos que se destacam pela prestação de serviços médicos à comunidade.

Setembro de 2000 – Recebeu a Comenda Grão de Café, Cambé, PR.

Julho de 2000 – Recebeu homenagem da Sociedade Brasileira de Pediatria pela importante contribuição aos pediatras e às crianças brasileiras, Rio de Janeiro, RJ.

Maio de 2000 – Recebeu homenagem do Conselho Nacional de Mulheres do Brasil na categoria Mulher-Medicina, Academia Brasileira de Letras, Rio de Janeiro, RJ.

Dezembro de 1999 – Recebeu a Medalha de Direitos Humanos da Entidade Judaica B'nai B'rith, em reconhecimento ao trabalho da Pastoral da Criança no Brasil, São Paulo, SP.

Junho de 1999 – Recebeu a Comenda Medalha do Mérito Agrônomo Francisco Parentes, concedida pela Prefeitura Municipal de Floriano, estado do Piauí.

Abril de 1999 – Recebeu a Medalha de Honra ao Mérito Legislativo de Campo Grande pelo trabalho da Pastoral no município.

Novembro de 1998 – Recebeu o Diploma de Destaque Comunitário concedido pela Federação Israelita do Paraná por seus relevantes serviços prestados à infância carente, Curitiba.

Maio de 1998 – Recebeu o Prêmio Jean Harris, outorgado pelo Rotary International em reconhecimento à extraordinária atuação pelo desenvolvimento e progresso da mulher na sociedade, em Curitiba, PR.

Novembro de 1997 – Recebeu do presidente Fernando Henrique Cardoso a Menção Honrosa Direitos Humanos, pelo relevante trabalho realizado a favor dos direitos humanos.

Outubro de 1997 – Foi uma das finalistas do Prêmio Cláudia, concedido pela revista homônima para as mulheres que mais se destacaram em ações sociais durante o ano.

Outubro de 1996 – Foi homenageada pela Associação Brasileira de Mulheres Médicas do Estado do Paraná pelo grande trabalho na área social que vem desenvolvendo durante sua vida profissional.

Outubro de 1994 – Recebeu a comenda da Ordem Nacional do Mérito Educativo, no Grau de Cavaleiro. A Comenda foi outorgada pelo presidente da República, Itamar Franco, na qualidade de

Grão-Mestre das Ordens Brasileiras, no dia 19 de outubro de 1994, no Palácio do Planalto em Brasília, DF.

Dezembro de 1988 – Recebeu Menção Especial do UNICEF–Brasil, como Personalidade Brasileira de Destaque no Trabalho em Prol da Saúde da Criança.

Novembro de 1978 – O Ministério da Saúde promoveu um Concurso Nacional em nível de Secretarias de Saúde estaduais, de relatos de experiências em Educação com Saúde em postos de saúde, hospitais e escolas. O primeiro prêmio foi concedido à dra. Zilda Arns Neumann pelo trabalho: Minha Experiência em Educação e Saúde em Postos de Saúde, apresentado no Colóquio Franco-Brasileiro de Educação Sanitária na Área Materno-Infantil, promovido pelo Ministério da Saúde do Brasil e Universidade René Descartes, França. A experiência foi debatida entre os cientistas franceses e brasileiros no Ministério das Relações Exteriores.

TÍTULOS DE CIDADÃ HONORÁRIA

Estados:

Rio de Janeiro – junho de 1998

Paraíba – agosto de 2000

Alagoas – novembro de 2000

Mato Grosso – março de 2001

Rio Grande do Norte – agosto de 2001

Paraná – outubro de 2001

Pará – abril de 2002

Mato Grosso do Sul – abril de 2003

Espírito Santo – agosto de 2004

Tocantins – agosto de 2004

Ceará – março de 2009

Cidades:

Curitiba, estado do Paraná – setembro de 1994
Morada Nova, estado do Ceará – outubro de 1997
Belém, estado do Pará – outubro de 1998
Floriano, estado do Piauí – junho de 1999
São José dos Campos, estado de São Paulo – junho de 2000
João Pessoa, estado da Paraíba – agosto de 2000
Maceió, estado de Alagoas – novembro de 2000
Londrina, estado do Paraná – julho de 2001
Salvador, estado da Bahia – agosto de 2001
São José dos Pinhais, estado do Paraná – setembro de 2001
Guarapuava, estado do Paraná – setembro de 2001
São Paulo, estado de São Paulo – outubro de 2001
Guapimirim, estado do Rio de Janeiro – novembro de 2001
Teresina, estado do Piauí – novembro de 2001
Matinhos, estado do Paraná – março de 2002
Almirante Tamandaré, estado do Paraná – abril de 2002
Colombo, estado do Paraná – maio de 2002
Campinas, estado de São Paulo – junho de 2002
Petrópolis, estado do Rio de Janeiro – agosto de 2002
Mossoró, estado do Rio Grande do Norte – setembro de 2002
Maringá, estado do Paraná – julho de 2003
Sarandi, estado do Paraná – julho de 2003
Volta Redonda, estado do Rio de Janeiro – outubro de 2003
Embu das Artes, estado de São Paulo – outubro de 2003
Belo Horizonte, estado de Minas Gerais – maio de 2004
Porto Nacional, estado do Tocantins – agosto de 2004
Alvorada, estado do Tocantins – agosto de 2004
Joinville, estado de Santa Catarina – agosto de 2004
Niterói, estado do Rio de Janeiro – setembro de 2004

Rio de Janeiro, estado do Rio de Janeiro – setembro de 2004
Brasília, Distrito Federal – outubro de 2004
Osasco, São Paulo – setembro de 2005
Fortaleza, Ceará – abril de 2006
Marechal Cândido Rondon, Paraná – agosto de 2006
Sete Lagoas, estado de Minas Gerais – novembro de 2007
São Luis, Maranhão – junho de 2008
Barra, Bahia – outubro de 2009

PRÊMIOS CONCEDIDOS À PASTORAL DA CRIANÇA

2005 – Prêmio Objetivos de Desenvolvimento do Milênio, práticas inovadoras receberam do presidente Luiz Inácio Lula da Silva a homenagem, uma iniciativa do governo federal, do Programa das Nações Unidas para o Desenvolvimento (PNUD) e do Movimento Nacional pela Cidadania e Solidariedade, em Brasília.

2005 – Recebeu, em Alcalá, Espanha, o Prêmio Rey de España de Derechos Humanos das mãos do rei da Espanha, don Juan Carlos I. A Pastoral da Criança foi escolhida entre outras 46 candidaturas de 17 países, levando-se em conta os critérios de continuidade, imparcialidade, inserção na sociedade civil, perspectivas para o futuro, universo de beneficiários, situação socioeconômica dos países e compromisso com o respeito aos direitos humanos.

2005 – Indicada Oficial do Governo Brasileiro ao Prêmio Nobel da Paz.

2004 – Recebeu o Certificado BNP Paribas de Cidadania, concedido pela Fundação BNP Paribas, em São Paulo, SP.

2004 – A Pastoral da Criança foi escolhida como uma das cinquenta melhores Entidades sem Fins Lucrativos do Brasil, recebendo o Prêmio Bem Eficiente, outorgado pela Kanitz & Associados, em São Paulo, SP.

2003 – A Pastoral da Criança recebeu, na Suécia, o Prêmio de Honra da organização sueca Children's World, em reconhecimento aos serviços prestados para garantir os direitos da criança relativos a saúde, nutrição, educação e cidadania.

2003 – Indicada Oficial do Governo Brasileiro ao Prêmio Nobel da Paz.

2002 – Indicada Oficial do Governo Brasileiro ao Prêmio Nobel da Paz.

2001 – Indicada Oficial do Governo Brasileiro ao Prêmio Nobel da Paz.

2000 – A Pastoral da Criança recebeu, em Brasília, o Prêmio Unesco na categoria Direitos Humanos e Cultura de Paz, concedido a instituições e/ou pessoas que se destacaram por ações de elevada relevância social nessas áreas.

1999/2000 – A Pastoral da Criança recebeu o Prêmio As Maiores Equipes de Voluntários, classificada pela Fundação Kanitz como 1ª colocada entre as maiores equipes de voluntários do Brasil.

1998 – A Pastoral da Criança recebeu o prêmio de Consagração Pública Municipal, concedido pela Câmara Municipal de Curitiba pelos relevantes serviços prestados à comunidade curitibana em sua área de atuação.

1997 – A Pastoral da Criança foi escolhida como uma das 50 Melhores Entidades sem Fins Lucrativos do Brasil, recebendo o Prêmio Bem Eficiente, outorgado pela Kanitz & Associados, em São Paulo, SP.

1993 – A Pastoral da Criança recebeu o Prêmio Direitos Humanos, concedido pela Câmara Municipal de Fortaleza, estado do Ceará, pelos serviços prestados à população carente local.

1993 – A Sociedade Brasileira de Pediatria concedeu Prêmio à Pastoral da Criança "por relevantes serviços prestados à criança e ao adolescente brasileiros".

1993 – A Pastoral da Criança recebeu Menção Honrosa do UNICEF, quando da concessão do Prêmio Maurice Pate 1993 ao governo do estado do Ceará, Brasil, em reconhecimento à expressiva redução da mortalidade infantil em todo o estado, que ganhou notoriedade internacional.

1993 – A Pastoral da Criança recebeu o Prêmio dos Direitos Humanos Liberté, Egalité, Fraternité, da República Francesa, pela prevenção da violência infantil.

1991 – O UNICEF-Brasil elegeu a dra. Zilda Arns Neumann para receber o Prêmio Criança e Paz, na Área de Saúde, concedido à Pastoral da Criança.

1991 – Indicada pelo UNICEF, a Pastoral da Criança foi escolhida entre as seis melhores experiências internacionais em Saúde e Nutrição Comunitária no INPF – International Nutrition Planners Forum. O UNICEF fez a indicação fundamentada na apresentação da experiência feita pela sua Coordenadora Nacional, dra. Zilda Arns Neumann, que debateu com cientistas e representantes das cinco outras experiências, tendo como tema central "Crucial Elements of Successful Community Nutrition Programs", durante a Fifth International Conference, realizada em Seul, Coreia do Sul, em agosto de 1989.

PASTORAL DA CRIANÇA

LINHA DO TEMPO (1982-2014)

1982 – Primeiros contatos entre James Grant, diretor executivo do UNICEF, com Dom Paulo Evaristo Arns, cardeal arcebispo de São

Paulo, realizados em uma reunião sobre a Paz Mundial, promovida pela Organização das Nações Unidas (ONU), na cidade de Genebra, Suíça. Nesta ocasião, mr. Grant e D. Paulo observaram o alto índice de mortalidade infantil no Brasil, cogitando, assim, a possibilidade de um programa encabeçado pela Igreja Católica Apostólica Romana, devido à importância desta no país. Dom Paulo Evaristo Arns encaminhou a ideia à sua irmã Zilda Arns Neumann, médica sanitarista especializada em saúde materno-infantil que, com o apoio da Conferência Nacional dos Bispos do Brasil (CNBB), começou os primeiros esboços do Projeto Pastoral da Criança.

1983 – Início da primeira experiência em Florestópolis, Arquidiocese de Londrina, estado do Paraná, do Projeto Pastoral da Criança com apoio do UNICEF.

1984 – Consolidação da primeira experiência de Florestópolis com baixa de mais de 70% de internações hospitalares e 50% da mortalidade infantil entre as crianças, atendidas de zero a 5 anos.
- Expansão para seis arquidioceses em cinco estados brasileiros: São Paulo, Rio Grande do Sul, Alagoas, Maranhão, Santa Catarina.
- Publicação do *Manual de Identificação precoce de deficiências infantis*.

1985 – Expansão para quatrocentas comunidades em vinte estados brasileiros.
- Início da realização de nove seminários com a participação de 677 pessoas representando 133 dioceses.
- Apoio do Ministério da Saúde – DNES.

- Inicio do trabalho de Alimentação Alternativa. Projeto que visava enriquecer a alimentação do dia a dia, com a maior variedade possível de alimentos disponíveis na própria região.
- Principais entidades envolvidas na execução da Pastoral da Criança: CNBB, UNICEF e CRB. Outros colaboradores: Ministério da Saúde – INAN, Secretarias estaduais e municipais de Saúde, Educação e Agricultura. Ministério da Previdência e Assistência Social; prefeituras municipais.

1986 – Consolidação das experiências em 333 paróquias e 690 comunidades.
- Implantação gradual do Sistema de Acompanhamento e Avaliação de Ações Básicas de Saúde e das Condições da Coordenação.
- Aprofundamento da Mística da Pastoral da Criança: Caridade, Formação do Leigo e Celebração da Palavra de Deus.
- Apoio da MISREOR ao Nordeste.
- Início das negociações com outras áreas governamentais, como o Inan – Instituto Nacional de Alimentação e Nutrição do Ministério da Saúde e o INAMPS – Instituto Nacional de Assistência Médica da Previdência Social do Ministério da Previdência e Assistência Social.
- Seminário Latino-Americano da Pastoral da Criança com a presença de bispos e assessores do Conselho Episcopal Latino-Americano (Celam) e outros de 14 países da América Latina: Bolívia, Colômbia, Equador, Nicarágua, El Salvador, Honduras, México, Haiti, Chile, Guatemala, Peru, Paraguai, República Dominicana e Venezuela.
- Números do ano de 1986: 133 dioceses com Pastoral da Criança com atuação em 334 paróquias, 690 comunidades,

7.479 líderes que acompanham cem mil famílias com 58.556 crianças e 3.714 gestantes.

1987 – Lançado o primeiro *Guia do Líder*, instrumento de ajuda para o líder orientar gestantes e pais sobre temas como pré-natal, aleitamento materno, vacinas, alimentação saudável, desenvolvimento infantil e cidadania.
- Lançada a Campanha Nacional do Soro Caseiro, com a participação maciça de coordenadores e líderes da Pastoral da Criança.
- Lançado o primeiro *Jornal da Pastoral da Criança*.
- O Ministério da Saúde, CNBB e o Instituto Nacional de Alimentação e Nutrição (Inan) criam convênio com finalidade de implementar ações básicas de saúde em comunidades carentes.
- Foi implantada no mês de janeiro a Folha de Acompanhamento e Avaliação das Ações Básicas de Saúde, Nutrição e Educação na comunidade – FABS.

1988 – Aprovada na Assembleia Geral da CNBB, realizada na cidade de Itaici em São Paulo, a difusão do soro caseiro.

1989 – Lançado o programa de Geração de Renda para as famílias com crianças acompanhadas em ações básicas de saúde, nutrição e educação.
- A Pastoral da Criança foi escolhida entre as seis melhores experiências mundiais com trabalhos comunitários de Saúde e Nutrição pelo International Nutrition Planners Forum – Fifth International Conference, apresentada em Seul, na Coreia do Sul.

- A Pastoral da Criança, através das líderes comunitárias, sistematizou o controle das infecções respiratórias agudas a nível domiciliar; a medicina caseira através de plantas medicinais e outras práticas domésticas; além da identificação precoce da deficiência infantil.

1990 – Início do Programa de Rádio *Viva a Vida* da Pastoral da Criança.
- Lançado o livreto educativo *Aids: Saber para Educar*, com a finalidade de somar informações para as líderes da Pastoral da Criança.
- Ano Internacional da Alfabetização. Pastoral da Criança lança o programa de alfabetização de jovens e adultos.
- Início do processo de capacitação de conselheiros da Pastoral da Criança para participar nos conselhos estaduais e municipais de saúde.
- Nova versão do *Guia do Líder*: a versão contou com conteúdo relativo ao desenvolvimento psicológico da criança que tinha por base uma concepção histórico-cultural do desenvolvimento, a qual não é a visão dominante sobre desenvolvimento em nossa sociedade. A nova ação foi denominada de Educação Essencial.

1991 – Foi mudado na Pastoral da Criança, o termo "Alimentação Alternativa" para "Alternativas Alimentares", com o objetivo de reforçar a intenção de não substituir, mas, sim, acrescentar novos alimentos à alimentação de costume.
- A Pastoral da Criança recebe o prêmio de Melhor Serviço de Saúde Comunitária.

1992 – O governo francês concedeu à Pastoral da Criança o prêmio Direitos Humanos Liberté, Egalité, Fraternité, em reconhecimento ao potencial de combate contra a violência à criança a nível familiar.

1993 – A Sociedade Brasileira de Pediatria premiou a Pastoral da Criança "por relevantes serviços prestados à criança e ao adolescente brasileiro".
- Criada a ANAPAC – Associação dos Amigos da Pastoral da Criança, que tem por objetivo geral dar apoio técnico e financeiro aos trabalhos da Pastoral da Criança.
- Comemoração dos dez anos da Pastoral da Criança: Aconteceu no dia 11 de setembro de 1993 a celebração dos dez anos da Pastoral da Criança. A data foi comemorada com romaria em Ação de Graças ao Santuário de Nossa Senhora Aparecida, em Aparecida do Norte, São Paulo. Na época, a Pastoral da Criança contava com o trabalho voluntário de 57 mil líderes.
- Criação do Centro Regional de Desenvolvimento Infantil (CRDI), com finalidade de buscar soluções na área de desenvolvimento infantil para criança de zero a 3 anos de idade, moradoras das zonas rurais no Nordeste brasileiro.

1994 – Foram mudados os nomes "Alternativas Alimentares" e "Alimentação Alternativa" para "Alimentação Enriquecida", pois dava a conotação positiva e de fácil compreensão ao que era proposto: enriquecer a alimentação de costume.

1995 – A Pastoral da Criança torna-se Organismo de Ação Social da CNBB com estatuto e regimento interno próprios.
- A partir deste ano, a Pastoral da Criança passa a receber recursos do programa Criança Esperança/Rede Globo. Com

estes recursos, a Pastoral da Criança passou a desenvolver um projeto especial intitulado Criança Viva, que consistia em ampliar as ações básicas de saúde, nutrição e educação em municípios onde a mortalidade materno-infantil ainda era fortemente presente.

1996 – Inicia-se a expansão da Pastoral da Criança para outros países: A Pastoral da Criança Internacional.
- Criação da Rebidia – Rede Brasileira de Informação e Documentação sobre Infância e Adolescência, gerenciada pela Pastoral da Criança.

1997 – A Pastoral da Criança recebeu novos recursos do programa Criança Esperança, possibilitando, assim, ampliação do projeto Criança Viva para mais 220 municípios brasileiros do país.

1998 – A Pastoral da Criança, Organismo de Ação Social da CNBB, conforme a Lei nº 12.205 de 8 de julho de 1998, recebeu do Poder Executivo do estado do Paraná, no dia 9 de setembro, parte de um imóvel de sua propriedade, designado como Lar Hermínia Lupion situado nesta capital, tendo esta cessão duração de vinte anos, prorrogável mediante consenso entre as duas partes.

1999 – Lançamento da campanha nacional de prevenção à violência contra a criança no ambiente familiar intitulada: "A paz começa em casa".

2000 – Nova versão do *Guia do Líder*: a versão contou com informações sobre saúde, nutrição, doenças, aprendizagem e desenvolvimento da criança, apresentadas não mais como ações estanques, mas sob a forma do ciclo vital, que vai da gestação aos 6 anos de idade, numa abordagem integral do desenvolvimento infantil. Essa abordagem permite compreender como todas as condições do ambiente participam do desenvolvimento.

2001 – A Pastoral da Criança foi indicada oficialmente pelo Governo Federal Brasileiro ao Prêmio Nobel da Paz de 2001.

2002 – Resultado da pesquisa sobre multimistura em Pelotas, RS.

2003 – Início da união entre a Asa Brasil (Articulação do Semiárido Brasileiro) com a Pastoral da Criança em prol do Programa de formação e mobilização social para a convivência com o semiárido: um milhão de cisternas rurais – P1MC.

- 14 de dezembro: comemoração dos vinte anos da Pastoral da Criança: quatrocentos coordenadores estaduais e de setores se reuniram para o I Congresso da entidade, que aconteceu em Curitiba, PR, onde foram debatidas as principais ações da Pastoral realizadas nas dioceses. O evento foi encerrado com uma missa campal em Ação de Graças, realizada no estádio de futebol Joaquim Américo, arena da baixada.

2004 – Lançado o programa Saúde Bucal da Pastoral da Criança.

2005 – Emissão do 1º Certificado do Conselho Municipal dos Direitos da Criança e do Adolescente.

2006 – A Pastoral da Criança atinge o acompanhamento de 1.935.048 crianças mensalmente.

- Implantação do projeto de Articuladores junto ao Conselho Municipal de Saúde: formação de voluntários da Pastoral da

Criança para atuarem junto ao Conselho Municipal de Saúde. O articulador estuda a história da morte de crianças menores de um ano no município. Mensalmente o articulador envia para a Coordenação Nacional da Pastoral da Criança a Folha de Acompanhamento do Conselho de Saúde, FAC–Saúde.

2007 – Comemoração dos 25 anos da Pastoral da Criança e realização do II Congresso na cidade de São Paulo.
- Nova versão do *Guia do Líder* com informações sobre o período gestacional e a prevenção da obesidade infantil, além dos conhecimentos já contidos e conhecidos.
- Escolhida a nova Coordenadora Nacional da Pastoral da Criança: irmã Vera Lúcia Altoé.
- Dom Aldo Di Cillo Pagotto é o presidente do Conselho Diretor da Pastoral da Criança.

2008 – Efetua-se a Fundação Oficial da Pastoral da Criança Internacional, em Montevidéu, Uruguai com o objetivo de transferir a metodologia para outros países com desigualdade social na América Latina.

2009 – Início do projeto Acompanhamento Nutricional.

2010 – Falecimento da dra. Zilda Arns Neumann, vítima de um terremoto ocorrido na cidade de Porto Príncipe, Haiti.

2011 – Campanha permanente chamada Antibiótico, primeira dose imediata, que tem o objetivo de alertar a população sobre a importância de ministrar a primeira dose de antibiótico nas unidades básicas de saúde logo após a consulta, em especial, nos casos de crianças com suspeita de pneumonia. "Quanto mais cedo começar o

tratamento, mais fácil é a cura" é a mensagem da Campanha http://pastoraldacrianca.org.br/pt/campanhaantibiotico
- Início do projeto Mil dias: A Pastoral da Criança começou a introduzir nos materiais educativos como os cuidados nos primeiros mil dias de vida podem ajudar em nossa saúde para sempre.

2013 – Comemoração dos trinta anos da Pastoral da Criança e III Congresso em Aparecida do Norte, São Paulo.

2014 – Abertura do Museu da Vida.

LINHA DO TEMPO DO BRASIL (1978-2014)

- 1978: Ditadura Civil-Militar – O presidente Ernesto Geisel extinguiu os Atos Institucionais, inclusive o ato AI-5, assim como restabeleceu o direito jurídico do habeas corpus.

- 1979: Ditadura Civil-Militar – Assume a Presidência da República Federativa do Brasil o geógrafo, político e militar João Figueiredo.

- 1980: Ditadura Civil-Militar – Campanha do Soro Oral e Vacinação contra a Poliomielite (Gotinhas Sabin).

- 1981: Ditadura Civil-Militar – Programa de Incentivo ao Aleitamento Materno, encabeçado pelo governo federal.

- 1980: Ditadura Civil-Militar – O governo Figueiredo restabelece as eleições diretas para governador de estado.

- 1983: Ditadura Civil-Militar – Início da campanha por eleições diretas para presidente da República.

- 1984: Ditadura Civil-Militar – Lançada a proposta de eleições diretas para a presidência da República no Brasil com a Emenda Constitucional Dante de Oliveira. Entretanto, a proposta de Emenda Constitucional foi rejeitada pelo Congresso.

- 1985: Fim do mandato de João Figueiredo. Eleição indireta de Tancredo Neves para a Presidência da República. No entanto este adoeceu gravemente antes da posse e veio a falecer no dia 21 de abril do mesmo ano. Foi José Sarney, vice-presidente, quem assumiu o posto.

- 1986: Governo Sarney lança como medida econômica o Plano Cruzado, uma tentativa de controlar a inflação da economia.
- 8ª Conferência Nacional de Saúde: Marco da Reforma Sanitária. Saúde com direito.
- Reformulação do Sistema Nacional de Saúde e Financiamento Setorial.

- 1987: Fracassado, o Plano Cruzado foi substituído pelo Plano Bresser, lançado pelo então ministro da Fazenda Luiz Carlos Bresser Pereira.

- 1988: Governo Sarney – Elaborada a nova Constituição brasileira, na qual se determinou como dever do Estado garantir saúde a toda a população e, para tanto, criou o Sistema Único de Saúde.

- 1989: Após os desajustes causados pelo Plano Bresser às cadernetas de poupança, foi lançado o Plano Verão, outra tentativa de controlar a fase inflacionária do país, elaborada pelo ministro da Fazenda Maílson Ferreira da Nóbrega.
- Fim do mandato de José Sarney, e depois de quase trinta anos sem eleições diretas, os brasileiros voltam às urnas para escolher o presidente da República.

- 1990: Início do governo de Fernando Collor de Mello, primeiro presidente eleito após a Ditadura Civil-Militar.
- Queda do Produto Interno Bruto (PIB) em 4,1%, a maior já então ocorrida no Brasil.
- Congresso Nacional aprova a Lei Orgânica da Saúde que detalha o funcionamento do SUS.

- 1992: Elaboração da CPI Podridão do Governo Collor.
- Movimento Estudantil Caras Pintadas: reivindicação em favor do impeachment do então presidente Collor, baseado nas denúncias de corrupção e nas políticas econômicas insatisfatórias para a população brasileira.

- 1993: Assume a Presidência o vice de Fernando Collor de Mello, Itamar Franco. Há no país uma hiperinflação econômica, densa desigualdade social e desconfiança política.

- 1994: Governo Itamar Franco – Elaboração e execução do Plano Real, a nova moeda brasileira, criada com o objetivo de alavancar a economia nacional e diminuir ao máximo possível a inflação existente. Esta medida foi elaborada com o auxílio de uma equipe de economistas reunida pelo então ministro da Fazenda Fernando Henrique Cardoso.

- 1995: Início do governo de Fernando Henrique Cardoso e continuidade do Plano Real.

- 1997: O governo federal consegue aprovar no Congresso a Emenda Constitucional que permitia a reeleição do presidente da República bem como a de governadores e de prefeitos, estabelecendo o mandato em quatro anos.

- 1998: Ao vencer as eleições de 1998, Fernando Henrique Cardoso tornou-se o primeiro presidente do Brasil a ser eleito duas vezes consecutivas.

- 1999: Nos primeiros dias do ano, uma crise aguda desencadeada no exterior abateu-se fortemente sobre o Brasil.

- 2000: Comemoração dos quinhentos anos de Descobrimento do Brasil e aumento da crise econômica. Os efeitos da crise – especialmente o crescimento do desemprego – aumentaram a insatisfação popular. Essa insatisfação refletiu-se nas eleições municipais realizadas em todo o país: a oposição venceu em 12 das 26 capitais.

- 2001: Ano Internacional do Voluntariado.

- 2002: Realizadas as maiores eleições da história do Brasil: mais de 115 milhões de eleitores habilitaram-se a votar. O fato mais marcante dessas eleições foi a vitória do ex-líder operário

Luiz Inácio Lula da Silva, do Partido dos Trabalhadores, que disputava a Presidência da República pela quarta vez.

- 2003: Implantado o programa Fome Zero, em substituição ao Programa Comunidade Solidária.

- 2005: Falecimento do papa João Paulo II, Karol Józef Wojtyła, e eleição de Joseph Aloisius Ratzinger como papa Bento XVI.

- 2006: Marcos Pontes é o primeiro astronauta brasileiro a partir rumo à Estação Espacial Internacional a bordo da nave russa *Soyuz TMA-8*.
- O presidente da República, Luiz Inácio Lula da Silva se reelege e vence Geraldo Alckmim.

- 2007: O papa Bento XVI faz visita de cinco dias ao Brasil.
- O monumento do Cristo Redentor é eleito uma das novas Sete Maravilhas do Mundo.

- 2008: Ano Internacional do Saneamento.

- 2009: Inicia-se no México a pandemia da Gripe Suína (Influenza A H1N1).
- O Brasil possui o maior saldo de empregos desde o ano de 1992.
- A cidade do Rio de Janeiro conquista o título de primeira sede sul-americana a sediar as Olimpíadas, que se realizarão no ano de 2016.
- Problema na Usina Hidroelétrica de Itaipu leva 18 estados brasileiros ao apagão.

- 2010: Brasil elege a candidata Dilma Rousseff, do Partido dos Trabalhadores, primeira mulher presidente no Brasil.

- 2011: Dilma Rousseff toma posse na Presidência. O Brasil teve destaque no cenário internacional ao ter Dilma abrindo a Assembleia Geral da ONU.
- Aprovada pela Câmara, a Lei da Palmada, que proíbe os pais de baterem nas crianças e define a punição para os responsáveis pela agressão.

- 2012: A presidente Dilma Rousseff instala a Comissão da Verdade, que passará os próximos dois anos apurando violações dos direitos humanos ocorridas entre 1946 e 1988, período que inclui a Ditadura Civil-Militar.

- 2013: O papa Bento XVI abdica de seu posto de pontífice, sendo o cardeal argentino Jorge Mario Bergoglio eleito como novo papa. Bergoglio é o primeiro pontífice latino-americano e também o primeiro jesuíta, escolhendo se chamar papa Francisco.
- Governo Federal lança o programa Mais Médicos com o objetivo de levar médicos brasileiros e estrangeiros até as áreas carentes das periferias das grandes cidades e ao interior do país.
- Realizada a Jornada Mundial da Juventude na cidade do Rio de Janeiro, primeiro evento em que o papa Francisco participa.

- 2014: Copa do Mundo de Futebol realizada em 12 cidades brasileiras: Belo Horizonte, Brasília, Cuiabá, Curitiba, Fortaleza, Natal, Manaus, Porto Alegre, Recife, Rio de Janeiro, Salvador, São Paulo. Seleção alemã vence a Copa do Mundo.
- Beto Richa é reeleito governador do estado do Paraná e permanece no Governo Federal.

Impressão e Acabamento:
LIS GRÁFICA E EDITORA LTDA.